JN281588

MACD開発者が明かす勝利の方程式

アペル流
テクニカル売買のコツ

Technical Analysis : Power Tools for Active Investors
by Gerald Appel

ジェラルド・アペル【著】
長尾慎太郎【監修】
株式会社オーバルネクスト　翻訳グループ【訳】

Pan Rolling

Authorized translation from the English language edition, entitled TECHNICAL ANALYSIS :
POWER TOOLS FOR ACTIVE INVESTORS 1st Edition ISBN : 0131479024 by Gerald Appel,
published by Pearson Education Inc., publishing as Financial Times, Prentice Hall

Copyright © 2005 Pearson Education Inc.

All rights reserved. No part of this book may be reproduced or transmitted in any form or by
any means, electronic or mechanical, including photocopying, recording or any information
storage retrieval system, without permission from Pearson Education Inc.

Japanese language edition published by Pan Rolling Co., Ltd., Copyright C 2006

Japanese translation rights arranged with, Pearson Education Inc., publishing as Financial
Times Prentice Hall Through The English Agency(Japan)Ltd., Tokyo Japan

日本語版への序文

 1990年の初め、私は名誉にも日本の株式や商品のプロのトレーダーたちに招待されて、東京でテクニカル分析、特に私の開発したテクニカル指標であるMACD（移動平均収束拡散法）についての講義を行った。

 当時の日本の習慣——今もあるのかどうかは知らないが——では、若い聴衆たちは私の講演の合間や直後には、何の質問もしなかった。私はこの習慣について、日本人は講演者が答えられないような質問を発したり、講義が説明不足であったことをほのめかして、講演者に恥をかかせるのを避けているのだ、と理解していた（これは素晴らしい習慣であり、その後、私は米国での講演のたびにこの習慣を教えた）。

 しかし、私の講義が終わるやいなや、出席者らは数グループに分かれてパソコンの前に集まり、日本の株価や商品相場のチャートを表示して、MACDに関する私の説明が日本の市場にも適用できるのかどうか試し始めた。聴衆が喜び、私が安心したのは、MACDはまさに日本の市場にも当てはまり、活発な取引に適用可能だったことだ。

 2004年のフィジーでも同様の経験があった。ここでも、オーストラリアやニュージーランドから来た株式トレーダーを対象に、テクニカル分析の講義を行った。またまた、米国でのヒストリカルな株価変動に基づいて開発された指標や取引戦略がほかの国の株式市場にも当てはまるのかどうか、いくつかの質問が出された。そして再び、私自身が使用している取引手法をオーストラリアの株価に当てはめた結果、株価変動についての一定の基本原則、すなわち、モメンタム、時間、出来高、収束と分散などについての理解や応用に関する基本原則は万国共通であり、多くの種類の投資や、世界の多くの地域を通じて、適用可能なことに気づいた。

米国人の多くが「ローソク足」を米国の株価や債券市場に適用してみて、有益なツールになると気づいたように、本書を読んだ日本の読者も、ここで学ぶテクニカルツールや分析テクニックの多くが、日本の市場に適用して有効であることを確認してもらえると信じている。

　1990年当時、日本の株価が大天井を付けてしまったことに気づいていた人は少なかった。それ以降の日本の株価が横ばいから弱気に推移し、そのときの株価の高値が再び突破されるのに15年もかかることを予測した人も少なかった。しかし、本書が執筆された1990～2005年の期間は、皆ではないものの、多くのバイ・アンド・ホールドを主要な戦略とする日本の投資家にとって、総じて失望的な15年間となった。

　そのため日本の株式も次第に安定した勝利の道に復帰するとみられているのに、トレンドのない相場環境が長く続いたことから、あまり積極的ではない投資家は意欲を失っているようだ。ただ、これからの市場環境のなかでの相場の上げ下げは、積極的な株式投資家、すなわち成功する市場タイミングで使用するテクニックやツール、予測の方法、それに基づく行動、株価の変動からの利益の獲得などを学んだ投資家には、有利な機会となろう。

　本書は、読者に対して、そうしたテクニックやツールを身につけさせるために執筆したものである。私は可能なかぎり、使用した解説や例を明確かつ簡潔にするように努力したものの、それでも本書は複雑となり、私の言葉でいうと、充実した内容、そして詳細多岐にわたったものとなった。これらの習得には、ある程度の時間と労力がかかるものの、私は、読者の皆様がその努力が報われるものであることに気づかれると期待し、かつ自信を持っている。

　私の分析に関心を持っていただいた読者全員に感謝し、皆様の将来の投資の成功を祈ります。

ジェラルド・アペル

私の孫たちへ──エミリー、キャロライン、アレキサンドラ。世界中のたくさんの子供たちが明るく平和な未来を楽しめるように

CONTENTS

日本語版への序文   1
はしがき   15
謝辞   17
著者について   18

はじめに   19

●第1章● 余分な飾りのない投資戦略   23

パート1──適切な投資対象の選択   23
リスク──ボラティリティの大きい株式ミューチュアル・ポートフォリオとボラティリティの小さい株式ミューチュアル・ポートフォリオの報酬比較   25
    損益レシオ   26
ドローダウン──最大リスクの大きさ   28
最終結果──ボラティリティの低いほうが利益率は高い   31
レース中に賭け馬の変更   33
レラティブストレングス投資   34
    レラティブストレングス投資戦略テスト──レラティブストレングス投資の14年間の実績   37
    四半期ごとリバランスでの投資結果（1990/6～2003/10）   40
    バイ・アンド・ホールドでの投資結果──S&P500指数指標   41
リスクの拡大──よりアグレッシブなミューチュアルファンドのポートフォリオ維持   43
    所見   44
資金の上乗せ──ボラティリティがより大きいミューチュアルファンドへのレラティブストレングス選択のコンセプトを適用した効果   44
    総合的な所見   45
レラティブストレングス投資に関する簡単なおさらい   47
本章の要約   48

目次

●第2章● お手軽で迅速な2つの株式市場ムード指標　49

ハイリスク・ローリスクの投資環境を認識する　49
ナスダックとニューヨーク証券取引所株価指数のレラティブストレングス指標　51
　ナスダック・NYSE株価指数のレラティブストレングス指標の維持と解説　53
　所見　57
中期の金融フィルターを用いて市場のムードを測定する　60
金融モデル　62
　構成要因　62
　中期の金融フィルターの算出と規則　63
　所見　66
2つの指標を組み合わせる　67
　ポイントとカウンターポイント　67
　所見　69
　最終的な長期にわたる統計値　70
本章の要約　71

●第3章● 移動平均線と変化率──トレンドとモメンタムの追跡　73

移動平均線の目的　73
　中期の移動平均線　76
　長期的な200日移動平均線　76
　長期の週足移動平均の使用　77
　移動平均線と超長期移動平均線　79
移動平均線──その神話と誤解　79
移動平均で市場のサイクルの四段階を見極める　82
　第一段階　82
　第一段階の移動平均線のパターン　83

CONTENTS

第二段階	84
第二段階の上昇期の移動平均線のパターン	84
第三段階	85
第三段階のディストリビューション時期の 移動平均線のパターン	85
第四段階	86
変化率──株式市場のモメンタム測定およびその分析法	**87**
変化率のコンセプトとそのメンテナンス	87
変化率の算出方法	89
強気相場と弱気相場の変化率のパターン	91
市場トレンドに対する買われ過ぎと売られ過ぎの 変化率水準調整	92
変化率の水準に関するより詳細な検討	94
トリプルモメンタム・ナスダック指数売買モデル	**96**
算出方法	97
調査構造に関する注記	101
変化率パターンと株式市場サイクルでの4つの段階	**103**

●第4章● 美しい図形以上のもの ──パワーツールのチャートパターン　105

シナジーというコンセプト	**106**
パワフルチャートフォーメーション	**108**
例1	110
例2	110
例3	111
ウエッジ──株の買い時期と株の売り時期	**111**
ウエッジ	111
下降ウエッジ	114
適切な戦略	115
チャートパターンのシナジー	**115**

ヘッド・アンド・ショルダーズ	**116**
ヘッド・アンド・ショルダーズのフォーメーションで下値目標価格を設定する	**118**
底で形成される逆ヘッド・アンド・ショルダーズ	**120**
マーケットモメンタム指標による確認	**122**
株価が下落していたなら、出来高急増は強力な強気サイン	**122**
セリングクライマックス	**123**
支持線と抵抗線	**124**
支持価格帯	**124**
支持価格帯	**126**
抵抗価格帯	**127**
例──1999〜2003年の株式市況（チャート4.4）	**128**
相場の下降トレンド	**129**
メジャートレンドシナジーの実践	**130**
トレンドラインの特徴	**130**
逆転するトレンドラインの支持帯と抵抗帯	**132**
支持線と抵抗線によるチャネル	**133**
チャネルパターンによる早期の警告	**134**
拡大したチャネル支持線	**135**
抵抗価格帯の上昇	**136**
ダマシの上放れと下放れ──主要な相場パターン	**137**
重要な売りシグナル	**137**
重要な買いシグナル	**138**
カギとなる事柄	**139**

●第5章● 政治、季節、時間のサイクル──市場の波動に乗る　　**141**

株式市場のカレンダーベースのサイクル	**142**
日	**142**
祝日前のパターン	**143**
最高の月と最悪の月	**143**
最高の6カ月間と最悪の6カ月間	**145**

CONTENTS

   表の評価　　　　　　　　　　　　　　　　　　　　　**146**
   大統領選挙と株式市場サイクル　　　　　　　　　　　**147**
   コメント　　　　　　　　　　　　　　　　　　　　　**148**
時間サイクル──4日から4年　　　　　　　　　　　**149**
   市場サイクルの例──53日市場サイクル　　　　　　**149**
市場サイクルのセグメント　　　　　　　　　　　　　**152**
   セグメント化の重要性　　　　　　　　　　　　　　　**153**
   強気のサイクルパターンと弱気のサイクルパターンの区別　**155**
   相乗効果のコンセプトを忘れないために……　　　　　**155**
市場サイクルの長さ　　　　　　　　　　　　　　　　**156**
   非常に重要かつ安定している4年市場サイクル　　　　**157**
   中期の市場サイクルと確認指標　　　　　　　　　　　**159**
確認指標はどのように株価推移の理由づけを行うのか　**161**
   8〜9月サイクル　　　　　　　　　　　　　　　　　**161**
   10〜11月サイクル　　　　　　　　　　　　　　　　**162**
   11月〜1月初めの市場サイクル　　　　　　　　　　　**162**
   1〜3月サイクル　　　　　　　　　　　　　　　　　**163**
18カ月市場サイクルと変化率による確認　　　　　　**163**
   変化率とサイクルパターン間の相乗効果　　　　　　　**163**
   変化率の指標を記入　　　　　　　　　　　　　　　　**165**
   将来の読者のために　　　　　　　　　　　　　　　　**166**
   デイトレーディングと短期サイクル　　　　　　　　　**166**
Tフォーメーション──究極のサイクルパワーツールか？　**168**
Tフォーメーションの形成　　　　　　　　　　　　　**169**
   エリア1　　　　　　　　　　　　　　　　　　　　　**169**
   エリア2　　　　　　　　　　　　　　　　　　　　　**171**
   エリア3　　　　　　　　　　　　　　　　　　　　　**172**
   エリア4　　　　　　　　　　　　　　　　　　　　　**172**
   相乗効果の応用を含むTフォーメーションの例　　　　**173**
   Tフォーメーションと株価のミラーパターン　　　　　**174**
   Tフォーメーションと長期タイムフレーム　　　　　　**177**
   補足指標　　　　　　　　　　　　　　　　　　　　　**178**
   Tフォーメーションに関する最後の説明　　　　　　　**179**

まとめ	180
株式市場へのシーズナル的な影響と暦の影響	180
タイムサイクル	180
Tフォーメーション	181

●第6章● 大底拾い、天井確認、トレンドフォロー ──モメンタムオシレーターと市場の幅の指標を組み合わせたパワーツールで売買のタイミングを改善　183

これまでに学んだことの簡単な復習	183
「外部的」ではなく「内部的」な株式市場	184
市場の幅の計測	186
新高値と新安値	186
株式市場の価格トレンドにおける新高値・新安値の確認	187
強気と弱気の確認(1995～2004年)	188
株式市場が底値圏を形成している局面での新安値	190
株式投資家の勝算が非常に高いときに、新高値・新安値の指標を作成して株式投資を継続する	192
解釈方法	193
新高値÷(新高値+新安値)レシオをナスダック総合指数に適用	196
弱気の前の市場の比較	199
NYSEの騰落ライン	199
騰落の幅のデータに関して	199
概説	200
チャート6.4──2002年から2004年にかけての騰落ライン	201
騰落ラインの21日間の変化率	202
買われ過ぎの水準	202
売られ過ぎの水準	203
強気市場の高値局面での市場の幅のパターン	204
1997～2000年──市場の幅の移動期	204
基調転換	205

CONTENTS

続いて起こった市場の幅の弱気のダイバージェンス　　206
若干より敏感な騰落ラインの変化率の指標を使用する　　208
10日変化率の指標　　208
週間のインパルス（衝撃）継続シグナル　　209
まずは指数平滑移動平均線の説明　　210
指数平滑移動平均線の平滑定数　　211
例1　　211
例2　　212
例3　　212
指数平均の安定化　　213
指数平滑移動平均線に固有の特質　　214
週間インパルス（衝撃）シグナル　　215
毎週必要とされるデータ項目　　215
買いと売りのシグナル　　218
週間の市場の幅のインパルスシグナルの基本コンセプト　　219
最後のコメント　　221
日次ベースの市場の幅のインパルスシグナル　　222
日次ベースの市場の幅のインパルスシグナルの構築と維持　　223
日次の市場の幅インパルスシグナルのパフォーマンス記録　　225
ナスダック総合指数の取引に対する日次ベースの市場の幅のインパルスシグナルの適用　　227
注意　　228

●第7章● 出来高の極限、ボラティリティ、ボラティリティ指数（VIX）――クライマックスの水準や、相場の底値での買いのチャンスを認識する　　229

天井――嵐の前の静けさ、大底――静けさの前の嵐　　229
TRIN――多目的型の市場ムード指標　　231
TRINの計算に必要なデータ　　232
TRINの計算　　232

TRINの値の解釈　　　　　　　　　　　　　　　234
底値模索ツールとしてのTRIN　　　　　　　　236
ボラティリティ指数（VIX）と重要な株価の買いゾーン　239
ボラティリティ指数　　　　　　　　　　　　　240
オプションの理論値　　　　　　　　　　　　　241
インプライドボラティリティ　　　　　　　　　241
VIXのレンジ　　　　　　　　　　　　　　　242
VIXから生じる強気ムード　　　　　　　　　　243
まとめ　　　　　　　　　　　　　　　　　　　244
メジャーリバーサル・ボラティリティモデル　　　　244
メジャーリバーサル・ボラティリティモデルの計算方法　245
メジャーマーケット・リバーサルの買いシグナル　245
1970～1979年の10年間　　　　　　　　　　247
1979～1989年の10年間　　　　　　　　　　247
1989～1999年の10年間　　　　　　　　　　249
1999年以降──結果はばらばら　　　　　　　250
理想のシナリオ　　　　　　　　　　　　　　　253

●第8章● 高度なMACD──究極の
　　　　　　市場タイミング指標なのか？　　　　　255

解説の範囲　　　　　　　　　　　　　　　　　　　256
MACDの基本組成　　　　　　　　　　　　　　　256
基本コンセプト　　　　　　　　　　　　　　　258
トレンドの確認　　　　　　　　　　　　　　　259
シグナルライン　　　　　　　　　　　　　　　259
重要な補足の売買ルール　　　　　　　　　　　262
補足ルールの論理的根拠　　　　　　　　　　　262
ダイバージェンスを利用して、最も信頼できるシグナルを認識する　263
追加の例　　　　　　　　　　　　　　　　　　265
売買のために異なるMACDの組み合わせを使用して
MACDシグナルを改善する　　　　　　　　　　　　266
2つのMACDの組み合わせはしばしばひとつよりも有効　266

CONTENTS

　　強い上昇トレンドのときのMACD　　　　　　　　　　**270**
　　下落トレンドのときのMACD　　　　　　　　　　　　**271**
　　強気相場からの最大限の利益を確保するための
　　MACDルールの修正　　　　　　　　　　　　　　　**273**
　　チャート8.9の確認　　　　　　　　　　　　　　　　**274**
　　取引が不成功ならストップロス　　　　　　　　　　**277**

相乗効果──ほかのテクニカルツールでMACDを確認する　**279**
　　サイクル分析によるMACDパターンの確認　　　　　**279**
　　MACDが最もタイムリーなシグナルを出さないケース　**281**
　　MACD（やほかの指標）で資金管理　　　　　　　　**283**
　　売りシグナルをより活発に出すMACDの構造　　　　**284**

長年にわたるMACD──長期、短期、イントラデイ　　**285**
　　強気市場の始まり　　　　　　　　　　　　　　　　**285**
　　MACDストップロスシグナルの発動の例　　　　　　**287**
　　デイトレーディングの目的で使用されるMACD　　　**287**
　　MACDと主要市場トレンド　　　　　　　　　　　　**288**

株価急落後の主要安値ポイントを確認するMACDの驚くべき威力　**291**
　　MACDのパターンと主要な相場の底　　　　　　　　**293**
　　年初からの相場上昇　　　　　　　　　　　　　　　**294**
　　一時的下落とタイムリーな市場への再参入　　　　　**294**
　　上昇そして天井の形成　　　　　　　　　　　　　　**295**
　　急落、そして底入れのプロセス　　　　　　　　　　**296**
　　最後のふるい落としと相場回復　　　　　　　　　　**297**

MACDと4つのステージのマーケットサイクル　　　　**297**

MACD指標に関連したルールと手続きの復習　　　　　**298**
　　MACD指標の作成と維持　　　　　　　　　　　　　**298**
　　買いシグナル　　　　　　　　　　　　　　　　　　**299**
　　前提条件　　　　　　　　　　　　　　　　　　　　**300**
　　売りシグナル　　　　　　　　　　　　　　　　　　**300**

日々の市場の幅のスラストモデルを中期的な買い参入に変換する　**301**
　　買いシグナル　　　　　　　　　　　　　　　　　　**302**
　　売りシグナル　　　　　　　　　　　　　　　　　　**302**
　　以下の前提条件で　　　　　　　　　　　　　　　　**302**

結果のまとめ	**304**
ナスダック総合指数に適用されたMACDのフィルターを使用した市場の幅のスラスト	**304**

●第9章● 移動平均トレーディングチャネル ──前日の値動きから明日の転換を予測する　**307**

移動平均トレーディングチャネルの基本要素	**308**
チャネルの作成	310
どれぐらいの幅を補正値として使用すべきか？	310
機能している移動平均トレーディングチャネル	**312**
エリアA──チャートは市場の下降トレンドの時点で開始	313
エリアB──最初の修正高	314
エリアX──テクニカル見通しの改善	314
エリアD──トレーディングチャネル上限に到達	315
エリアE──価格がチャネル中心まで下落	315
エリアF──市場モメンタムの改善を確認	316
強気指標	316
エリアG──移動平均トレーディングチャネルのセンターライン	317
エリアH──警戒信号	317
エリアIからJへ──最後の試みも失敗	318
基本コンセプト	319
移動平均トレーディングチャネル内での局面展開	**319**
主要な強気相場に終止符を打つ典型的な天井形成	319
チャート9.2──構成要素	320
2000年1月──ナスダック総合指数の強気相場が着実に進行	321
エリアE──強気市場の楽しい取引の終えん	322
エリアF──トレンドの転換が確認され完了する	324
底値形成の展開	324
移動平均チャネルとメジャートレンド	**326**
1996～1998年──力強い強気の上昇スラスト	326

CONTENTS 目次

最初の修正安はチャネルのセンターラインで歯止め	326
再度の上昇	327
テクニカル要因の警告が出される	328
天井形成が進む	328
メジャーな下降トレンドが本格的に始まる	329
チャートのパターンは買いポジションの段階的な縮小を示す	329
顕著な下落が確認される	330
価格と移動平均の差のオシレーター構築方法	330
移動平均トレーディングチャネル取引に関する主な原則のまとめ	332

●第10章● すべてを統合する──あなたの取引戦略を構築　335

第一ステップ──株式市場のメジャートレンドと主要期間サイクルを判断しよう	335
第二ステップ──市場のセンチメント指標と季節サイクルを確認しよう	336
第三ステップ──現行の中期トレンドの方向と強さを確認し、次の中期的な基調転換が起きる時期と価格水準を予測してみよう	337
第四ステップ──あなたの中期的分析を、短期の日単位──もしくは時間単位──の市場データに基づく分析で微調整しよう	339
お気に入りのミューチュアルファンド選択戦略を忘れないこと！	339
私が40年間のトレーダー人生で学んだ教訓について	340
お薦めの文献と情報源	343
チャート情報源	343
調査情報源	344
テクニカル分析に関連する書籍	344
投資ニュースレター	346
最後に一言	347

はしがき

　本書は、真剣なトレーダー――男性であれ女性であれパフォーマンスを向上しようとしているプロはもちろんのこと、大きな痛みを伴う現実との衝突を少しでも回避しようとしている初心者にとっても大いに役立つものである。私は、本書がもっと早く出版されていればと残念に思い、今本書を読みながら、自分の取引を向上させるための知恵の真珠を目にしている。

　ジェリー（ジェラルド・アペル）は、世界でトップのパフォーマンスを誇るマネーマネジャーのひとりで、彼の頭は多くの人々が一生かかっても出せないような新しいアイデアを、1カ月のうちに生み出してしまうのである。ジェリーは1973年以降、自らの会社シグナラート・コーポレーションが発行するテクニカルニュースレター『システム・アンド・フォーキャスト（Systems and Forecasts）』の編集長を務めるほか、重要なマネーマネジャーでもあり、多くの著書も出版してきた。彼は、コンピューターを用いたテクニカル分析の時代に、MACD（移動平均収束拡散法）の開発者として名を上げた。MACDは、現在では大半の売買プログラムのなかに組み込まれている。

　本書は、一生をかけた調査と資金運用の成果を伝授するものである。ジェリーはハイリスクとローリスクの投資環境を明確にするため、市場ムードの目安となる複数の指標を提示し、それらを利益・損失率をまじえて裏づけしている。彼は、移動平均線や変化の度合いの指標を用いて、非常に有力なシグナルを生み出している。また、テクニカル分析で最もあいまいな分野のひとつ――すなわちチャートリーディング――を取り上げて、明解で分かりやすいルールを導き出している。

　トレーダーや投資家はだれでも価格変動については研究しているが、時間に注目しているのは、このなかで最高の者だけである。ジェリー

は、市場サイクルに乗る方法を教え、それにパワフルなTフォーメーションの分析も追加している。彼はまた、市場の実態が「新高値・新安値指数」に示されるような市場の幅のなかに反映されていると信じるに足る理由についても説明している。

　出来高とボラティリティに関する章は、なぜ市場の天井が「嵐の前の静けさ」であり、市場の底が「静けさの前の嵐」なのかをはっきりさせている。こうした内容のほか、単純でありながら意味深いその他のコンセプトは、読者の取引方法を変えるだろう。

　MACDと移動平均線によるトレーディングバンドを説明した章では、この偉大な達人の取引手法の奥義に触れることができる。私は1990年ごろに初めて、これら手法に関するジェリーの説明を聞いたが、これらのアイデアは今日に至るまで私のトレーディングに影響を与え続けている。ジェリーは、市場に関する自分の幅広い専門知識を洗練させ、自らが称する「パワーツール」に仕立て上げている。

　私は最近ジェリーに会って、本書を著した動機を尋ねてみた。彼は笑って、「本のカバーに私の顔写真があるのを見たいからだ……自分のアイデアを書籍にして世に出すのは気持ちがいいものだ。自分のアイデアを伝授することによって失うものは何もない。人々が有益だと判断してくれるなら、私はハッピーだ」と答えた。

　本書を読むときに読者が用意するべきものがひとつある。それは、市場でのトレーディングに対するコミットメントである。成功の鍵は、ここ、目の前のテーブルの上にある。読者のうちの何人がこの知識を実際に習得し、実際に活用して、成功したトレーダーや投資家になるのか知りたいものである。

2005年1月
アレキサンダー・エルダー博士
（ドミニカ共和国のハシエンダス・エル・チョコにて）

謝辞

　本書の出版にあたり、多くのたゆまない調査やグラフィックス、そして編集で協力してくださったシグナラート・コーポレーションのスタッフ、特に（アルファベット順に）息子のマービン・アペル博士、アーサー・アペル、ジョン・チョイ、ボニー・ゴートラー、グレン・ゴートラー、ロニー・ネルソンに対して感謝の意を述べたい。これら諸氏の協力がなかったならば、本書は世に出ることがなかっただろう。

　また、多くのテクニカルアナリストや株式市場について学んでいる方々にも感謝の意を述べたい。私は、過去数年間にわたって彼らから学んできたし、現在も学んでいる。あまりにも人数が多く、全員の名前を挙げることはできないが、誠意をもって心から感謝の意を伝えたい。

　また、大事なことをひとつ言い残した。

　私は、34年前の1971年に初めて書いた本『ウイニング・マーケット・システム（Winning Market Systems）』を「私がそれまでに行った最高の投資」である妻のジュディーに捧げた。それから34年後、結婚48年目の今回も私は同じく、そしてより深い感謝を込めてジュディーに捧げるものである。彼女は私の人生にとって単に重要な人であるにとどまらない。私の人生そのものだ。

ジェラルド・アペル

著者について

ジェラルド・アペル氏は、1973年以降、業界の最先端を行くテクニカル分析の定期出版物『システム・アンド・フォーキャスト（Systems and Forecasts）』の発行人である。同氏は、テクニカル分析やマーケットタイミングの研究では、伝説的な人物であり、その成果には、この分野で最も多用されている分析ツールのひとつであるMACD（移動平均収束拡散法）の発明も含まれる。同氏が著した書物は『ウイニング・マーケット・システム（Winning Market Systems : 83 Ways to Beat the Market）』『ストック・マーケット・トレーディング・システム（Stock Market Trading Systems）』（フレッド・ヒシュラーとの共著）、『ニュー・ディレクション・イン・テクニカル・アナリスト（New Directions in Technical Analysis）』（マーティン・ズウエイグとの共著）、『ビッグ・ムーブ（The Big Move）』『タイム・トレンドⅢ（Time-Trend III)』を含め多数ある。同氏の経営するシグナラート・コーポレーションとその系列会社は現在、投資家の資金を合計５億5000万ドル以上運用している。同氏はこれまでに、自身の作成した世界的に有名なビデオ、オーディオテープ、セミナー、ワークブックを通じてトレーダー数千人を研修してきた。また同氏は最近、アレキサンダー・エルダー氏と共同で、４日間の日程で開かれた投資・トレーディング戦略に関する一連の国際マスタークラスでの講義を行った。以下は彼の言葉である。「自分のアイデアを伝授することによって失うものは何もない。人々が有益だと判断してくれるなら、私はハッピーだ」

はじめに

　本書は、取引先のブローカー、愛想のいいミューチュアルファンドマネジャー、絶大な人気の投資指南の教祖などの人々を信頼して痛手を被ったすべての投資家、また、不安定で不透明さを増している株式市場で取引を行うのに必要なスキルを身につけたいと望んでいるすべての投資家、さらに、自らの投資結果に対して前向きに責任を取りたいと思っているすべての投資家、そして、少なくとも時間の一部を費やし、探求に必要な努力を多少ともしようとするすべての投資家。これらの人々を対象にしている。

　株式市場は、投資家に間違ったときに間違った判断をさせる傾向がある。例えば1920年代末の株式市場の暴騰によって、投資家は株価が上昇の一途をたどると確信したほか、当時活用できたマージンレバレージが高水準であったにもかかわらず、株価の上昇見通しが無期限に正当化されると確信してしまった。

　投資家は投資したものの、株式市場は暴落した。大衆投資家は、その後20年間にわたって株式投資を敬遠することになった。ただ、株式市場が実際に安値を付けたのは、1931～1932年のことだった。1990年台半ばにはS&P500指数が国王となり、インデックス・ミューチュアルファンドが国王に忠実な指南役になった。1996～1998年には、バンガード社がスポンサーとなったものも含めて、S&P500指数をベースにしたミューチュアルファンドに巨額の資金が流入した。ところが資金が大量に流入した直後の1998年半ばには、株価は中期的な大幅下落をしてしまった。この下落のあとの株式市場の上昇はS&P500指数ではなく、投機色の強いナスダック総合指数が先導役になった。IT銘柄（インターネット関連企業など）は、これら企業の多くがまだ何の利益も上げていないのに、1株数百ドルで売買されているものもあった。

そうこうしているうちに2000年３月に株価は暴落した。結果的にナスダック総合指数は77％以上も下落した。

そこで投資家は、トータルリターン、企業価値、収益、配当といった神聖な領域に戻った。こうした戦略は、2000年と2002年の弱気市場では、特に悪い戦略ではなかったものの、2003年春の新たな強気市場の局面では、明らかに最善の戦略となることもなかった。IT銘柄への人気が再び高まり、株価の成長が注目され、トータルリターンは注目されなくなった（しかし2004年初めの９カ月間、IT銘柄は価値重視、収益重視の銘柄に対して市場の主導権を失った）。

もちろん、ここでの要点は、典型的な投資家というのはトレンドに追随するものでトレンドを先導するものではないこと、そして、先走りするのでなく後追いをすること、さらに、一匹狼であるよりも大衆と行動を共にするといったことである。金融サービス調査会社ダルバーによれば、1984～2000年の期間に、S&P500指数は年平均で16.3％上昇したが、平均的な株式ファンドへの投資家の得た年利回りは5.32％にとどまった。しかも2003年７月まで期間を延ばすと、状況はさらに悪くなる。1984～2003年にはS&P500指数の利回りが年平均12.2％だったのに対し、平均的な投資家の得た利回りは年平均わずか2.6％だった。

本書は、投資家らが平均を上回るパフォーマンスを達成することを目的に書かれている。平均よりも大幅に良いパフォーマンスとなるものと信じている。

本書の構成は、熟練した株式市場の投資家や初心者の投資家の両方に対して、知識や取引のツールを提供するのが狙いであり、これらの一部はただちに実践に応用することができるものである。最初にミューチュアルファンドとETF（株価指数連動型投資信託受益証券）を選択するときに使う私のお気に入りのテクニックを披露する（ETFは、株式市場で取引される受益証券であり、指数型のミューチュアルファ

ンドに似たような値動きをするが、投資面でより柔軟性がある。管理手数料は割安であるものの、最初にある程度の手数料がかかる。ただ、この手数料に関しては、ミューチュアルファンドも同様である)。

　その次には、株式市場のテクニカルアナリストが市場の動きを予測するのに使う基本的なツールの一部について説明する。これから学ぶ「実践的パワーツール」の一部を使用するときには、ある程度の統計計算が必要になるが、けっして複雑なものではない。「実践的パワーツール」の「実践的」の部分を強く強調したい。本書は、私の能力の許すかぎり、全編にわたってKISS（Keep It Simple, Stupid＝愚直なまでにシンプルに）の方針を貫いている。

　例えば第１章の「余分な飾りのない投資戦略」では、毎週継続する——そう、毎日ではなく毎週である——両方で合計５分か10分程度時間をかけるだけで済む２つの指標を紹介する。これらの指標は、投資家が市場環境の良しあしを区別するのを助けるうえで、長期の実績を示しているものである。もちろん、株式市場では将来が保証されるものなどまったくないものの、読者はこれらの２つのシンプルな指標が、株式市場の過去30年以上の歴史のなかで極めてパワフルなものであり、投資先を判断するにあたり、明快で驚くほど効果的な市場タイミング戦略を提供してくれることを理解するだろう。

　第１章だけでも、投資成績を向上させるうえで役に立ついくつかのツールはすでに習得したことになる。ただ、ここまで来れば読者は、過去10数年に私が自ら投資決定を下すときに大いに役に立つと発見した、より高度な追加のテクニカルツールも習得できる状況になっているはずだ。例えばＴフォーメーションもそのひとつで、これは特別な時間ベースの価格変動パターンであり、市場の転換点の発生の可能性をしばしば前もって暗示させるものである。また、それに続くあとの章では移動平均線のトレーディングチャネルの応用や、過去の変動の一定のパターンから将来ありそうなパターンを予測するテクニックに

ついても学べる。

　最後にはMACD（移動平均収束拡散法）についての私の分析方法を紹介する。MACDは1970年代末に私が開発した指標であり、それ以降、この指標は市場を予測するツールとして、個人やプロやテクニカルアナリストの間で最も多用されている指標のひとつになっている。MACD指標を維持する方法や、デイトレーディングでの15分間から長期の数年にわたる時間枠で、この指標をどう判断するかについて学ぶ。

　もし読者が、規律のある方針決定、より高いリターン、より低いリスクのために、自分の取引戦略のさまざまな要素を組み合わせるための手法を開発するならば、これらの指標はどれも、それぞれが非常にパワフルなものになるのである。相乗効果がこの目的を助けるのである。本書ではこの相乗効果を達成するための多くの方法を示している。

　いわば、本書は、私が約40年間において株式市場について研究し、取引し、そして執筆することで学んだ株式市場のタイミングツールの最高傑作と言えるだろう。これらは本物のツールであり、かつ実践的なツールである。私のスタッフや私自身が株式市場の動きを追い、自己資金や顧客の資金を投資するときに常に使用しているものである。これらは読者自身がすぐにでも使えるツールである。

　本書のなかには、ここで説明しなかった面白そうな寄り道や観光先などもあるが、旅程についての説明はこのあたりで終わりとしたい。さあわれわれの旅を始めよう。

第1章

余分な飾りのない投資戦略
The No-Frills Investment Strategy

パート1——適切な投資対象の選択

　投資で成功するには2つの基本的な意思決定が必要である。何を売買するかと、いつ売買するかである。最初の数章は、売買のタイミングのテクニックを広く身につけるために、「いつ」という概念に沿って進めていきたい。ただタイミングについて説明を始める前に、投資するための対象を選択するうえで助けになる原理や手法を検討しよう。

　大事なのは、どのくらい利益を上げるかではなく、どのくらい損失を回避できるかなのである。

　最初にいくつかのデータを見てみよう。2000年3月6日にナスダック総合指数は史上最高値を付け、この日に5048.60で引けた。その後、ナスダック指数は下落に転じ、2002年10月9日に1114.40の安値を付け、77.9％の下落となった。同指数はその後2003年12月3日までに1960.20まで反発した。これは2002年10月の安値から75.9％の上昇だった。バイ・アンド・ホールドの方針の投資家は、この時点でどういう状況になっているだろうか？　相場は下げており、しかも大幅な下落、2000年3月の終値から見ると実に61.2％も下落しているのだ。

　ここでの教訓は「株式市場での損失を取り戻すには、損失のとき以上に大きな利益率を達成する必要がある」ということだ。ここでは損

失と利益のどちらが先にくるかは問題ではない。

　例えば、もしあなたが資産価値の20％を失ったとすれば、トントンにするには25％の利益率を達成しなければならない（最初の資金10万ドルを投資して20％の損失を出せば、8万ドルに減ってしまう。8万ドルを10万ドルに戻すには2万ドルの利益を上げなければならない。これは残された資金の8万ドルの25％に相当する）。

　もしあなたが資産の3分の1、つまり33.33％の損失を出したなら、トントンにするには残りの資産で50％の利益を上げなければならない。あなたが最初に50％の利益を上げたとすれば、33.33％の損失を被ったときには、再び元のスタートラインに立つことになる。

　25％の損失を出せば、スタートラインに戻すには33.33％の利益を上げる必要がある。

　50％の損失を出せば、元本を取り戻すには100％の利益を上げる必要がある。

　77.9％の損失を出せば、トントンにするには352.5％の利益を上げる必要がある。

　これで私の意味することがつかめたと思う。長期投資での成功には、時に得られる大きな利益よりも、資金の保全のほうがより重要なのである。

　これからの説明では、株式市場でより効率的な参入と撤退を行うようにデザインされている多くのタイミングツールについて復習をして行くことで、リスクを減らし、資産の維持と増加の確率を高めていく。では、ポートフォリオの選択に対する戦略から説明していこう。この戦略は、売買のタイミングを決めるうえで非常に大きな手助けとなるはずである。

リスク――ボラティリティの大きい株式ミューチュアル・ポートフォリオとボラティリティの小さい株式ミューチュアル・ポートフォリオの報酬比較

　チャート1.1は、1983～2003年の期間で、さまざまなボラティリティレベル（価格の変動幅のレンジ）を持つミューチュアルファンドについて、価格が上昇した複数月の平均上昇率と、逆に価格が下落した複数月の平均下落率の関係を示している。

　例えば、ミューチュアルファンド・ユニバース（ミューチュアルファンドの集合）のなかで、本書の分析で採用したボラティリティが最も高いファンドのグループ（グループ9）は、このグループの平均ファンド価格が上昇した月には、3％未満の上昇を示し、またこのグループの平均ファンド価格が下落した月には、2％未満の下落を示している。

　比較のために、同じミューチュアルファンド・ユニバースのなかで、値動きが最も小さい「グループ1」のファンドを見ると、このグループの平均ファンド価格が上昇した月には、平均上昇率は約1.2％となり、このグループの平均ファンド価格が下落した月の平均下落率は約0.4％にとどまった。

　チャート1.1を見ると、基本的にボラティリティの高いミューチュアルファンド――これは、すなわち、ボラティリティが平均以上を示している個別株式のポートフォリオを意味する――が好調な場合には、これらは明らかに非常に好成績となることを示している。

　しかし、そのようなポートフォリオが不調な場合には、それらは非常に悪いポートフォリオになりかねない。この値上がり益はリスクに見合うものだろうか。この問題を解くため、2番目のチャートを見てみよう。

チャート1.1　ボラティリティグループに基づいた価格上昇月の平均利益率と価格下落月の平均損失率

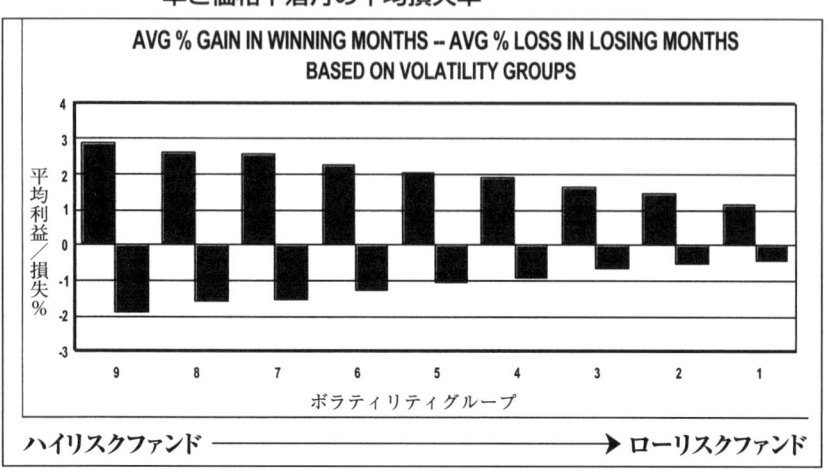

AVG % GAIN IN WINNING MONTHS – AVG % LOSS IN LOSING MONTHS BASED ON VOLATILITY GROUPS

(縦軸：平均利益／損失％、横軸：ボラティリティグループ 9〜1)

ハイリスクファンド ──────────────▶ ローリスクファンド

このチャートは、ミューチュアルファンドの平均価格が上昇した月（利益月）の平均利益と、ミューチュアルファンドの平均価格が下落した月（損失月）の平均損失を比較したものである。ミューチュアルファンドはボラティリティが大きい順にランク付けされている。ボラティリティは、このファンドで発生する1日以上長期の期間での一方向への価格変動で、S&P500を指標として比較している。この分析でのグループ9はファンドのなかで最もボラティリティが大きなグループである。逆にグループ1はボラティリティが最も小さいグループである。この分析の対象期間は1983年12月〜2003年10月。通常、グループのボラティリティが大きければ大きいほど、利益月の利益は増加するが、損失月の損失も増加する。

この章および以降の章で、運用成績データを使用している部分の計算や結果は、ただし書きがないかぎり、筆者が代表となり社長を務める投資顧問会社シグナート・コーポレーションで実施した調査に基づいている。このチャートの分析での調査では、1983年までさかのぼったミューチュアルファンドのデータに基づき、種々の分析のなかでも特に3000もの異なるミューチュアルファンドの戦略のシミュレーションをしており、年々創設されるミューチュアルファンドの増加に伴いこの作業の数も増えている。

損益レシオ

　市場価格が上昇しているときは、ボラティリティの大きいポートフォリオほど平均利益も大きくなる可能性が高いことが分かる。市場価

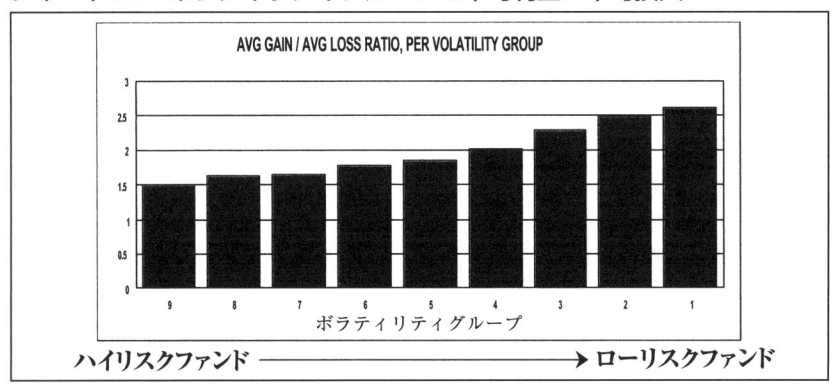

チャート1.2　ボラティリティグループの平均利益／平均損失

AVG GAIN / AVG LOSS RATIO, PER VOLATILITY GROUP

ボラティリティグループ

ハイリスクファンド ──────────────→ ローリスクファンド

このチャートは、ボラティリティグループ別に利益月ごとの平均利益を損失月ごとの平均損失で割った割合である。たとえばボラティリティの最も大きいグループ9は、利益／損失比率が1.5であることが分かる。つまり平均すると利益月の利益は、損失月の損失に対して1.5倍大きいことになる。下から2番目にボラティリティの小さいグループ2は、利益／損失比率が2.5である。つまり平均すると、利益月の利益は損失月の損失の2.5倍になっているのである。このチャートの期間は1983～2003年。

格が下落しているときには、ボラティリティの大きいポートフォリオほど損失が大きくなる可能性があることが分かる。理論的には納得のいくところだ——なにもしなければ、得るものはないのだ。だが、損益レシオとどうからむのか？

そこでチャート1.2は、ボラティリティの大きいミューチュアルファンドほど、ボラティリティの小さいポートフォリオに比べ、利益を上げるのに大きな痛みを伴い、損益レシオが小さいことを示している。例えば、ボラティリティが最も大きいポートフォリオのグループ9は、市場価格が上昇した月には約3％の利益を上げるものの、市場価格が下落した月には2％の損失を被り、損益レシオは基本的に1.5となっている。一方、ボラティリティの最も小さいポートフォリオの「グループ1」については、損益レシオは約2.7となっている。つまり、市場価格が上昇した月には2.7％得をし、市場価格が下落した月には1

％損をしているのだ。ボラティリティの大きいファンドによって得られた追加の利益は、このようなポートフォリオの維持するために生じる大きな比率のリスクで相殺されるのである。

　ボラティリティとリスクの関係が一定の直線を描いていることに気づかれたと思う。ボラティリティが大きければ大きいほど損益レシオは小さくなり、リスクは大きくなる。投資家らは、ボラティリティが非常に大きい株式に対する投機人気が非常に強い時期には、この関係を忘れてしまうのである。

ドローダウン──最大リスクの大きさ

　ドローダウンとは、ポートフォリオの価値がピークから下落するときに、その後上昇して新たなピークを付ける以前の最安値までの下落幅であり、投資プログラムで負うリスクの明確な測定方法のひとつである。

　例えば、投機的な動きが強い状況で株式市場を先導することが多い、複数の極めてボラティリティの高いミューチュアルファンドに興味を引かれたとする。1998年末〜2000年春に約120％上昇したこれら積極運用のミューチュアルファンドのポートフォリオを選択して、最初10〜22万ドルを投資したとしよう。ここまでは非常に順調である。ところが、このポートフォリオは2000〜2003年の弱気市場で70％下落して価値が６万6000ドルとなった。一般のミューチュアルファンドのポートフォリオにこれほどの損失が出たのは1974年の弱気市場以来だが、過去にもこういった例はあるため、積極的な投資家ならば負うリスクの反映ととらえるべきだ。新たなピーク──これは2004年初頭の時点ではまだないが──へと上昇する前に、このポートフォリオや似たようなポートフォリオがさらに下落して新安値を付けるようであれば、この潜在的なリスク水準を引き上げる必要があるかもしれない。

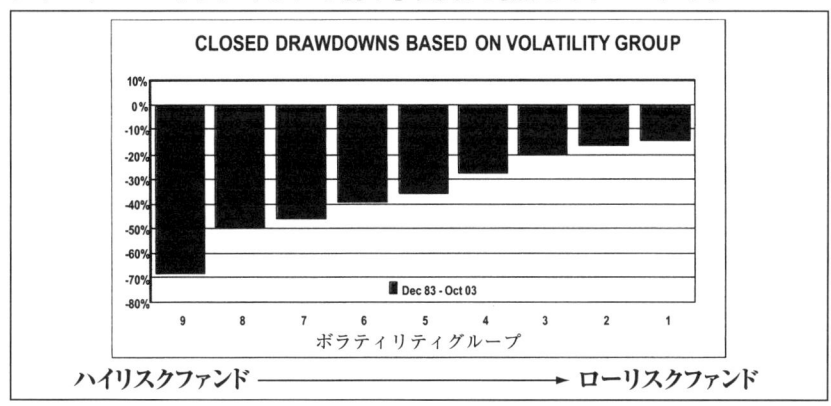

チャート1.3　ボラティリティ別の手仕舞い時点でのドローダウン

CLOSED DRAWDOWNS BASED ON VOLATILITY GROUP

（グラフ：Dec 83 - Oct 03、ボラティリティグループ 9〜1）

ハイリスクファンド ────────────→ ローリスクファンド

ドローダウンは、ポートフォリオの価値がピークから下落して底を入れ、その後ピークへと回復したときに生じた最大の損失を意味する。ボラティリティが最も大きいグループであるグループ9は、1983〜2003年の間に最大68％もの損失を出し、ボラティリティが最も小さいグループ1は最大でわずか15％の損失にとどまった。

　株式市場の上昇が長引けば、投資家は株価が永遠に上昇を続けると思いがちだ。その場合、戦略の選択肢の中で、バイ・アンド・ホールド（買ってじっくり値上がりを待つ）戦略がとられるようになる。利益に関心が集中して、潜在的な損失は見過ごされる（反対に市場の下落が長引くようだと、投資家は株式の保有をできるだけ少なくしがちだ。損失の回避が強調される、つまり利益の達成は望めないと思われるのだ）。

　ドローダウン──とリスクの潜在性──は、ポートフォリオのボラティリティが低下するにつれて大きく低下する。ただ資金に対するリスクは、市場でのボラティリティがより小さい商品であっても、大半の投資家が思っているよりはまだ大きいだろう。例えば1983〜2003年のドローダウンは、ミューチュアルファンドのグループのなかでボラティリティが下から2番目に低い「グループ2」が約16％、ボラティリティが比較的低い「グループ3」でも20％、ボラティリティが並み

29

の「グループ5」は35%だった。

　あなたのポートフォリオのために、ミューチュアルファンドを評価したり、個別株式、あるいはETF（株価指数連動型投資信託受益証券）を選択したりするときには、過去の最大リスクを評価するために、これらの構成要素の歴史を把握する必要がある。

　ETFは「関連した株式のバスケットに裏づけられた証券」と呼ばれている。この株式のバスケットは特定の株価指数と株式市場セクターの双方か、あるいはどちらか一方を反映させるために構築されたものだ。例えば、S&P500指数の価格変動を反映するSPYDRsと呼ばれるETFがある。このSPYDRsは同指数に足並みをそろえて上昇したり下落したりしている。また別のETFであるQQQsはナスダック100総合指数を反映している。さらにダウ工業株30種平均株価を構成する高収益化銘柄のポートフォリオや不動産信託ポートフォリオを反映するETFもある。また10年物米財務省証券のポートフォリオを反映するETFもある。指数あるいは関連セクターをベースにしたミューチュアルファンドと多くの点で類似しているETFは、いつでも無制限に取引を行える利点があるうえに、ミューチュアルファンドに比べ内部費用が少なくて済む。ただし主に、ビッド・アスク間の価格差のコストを中心とした余分な取引コストがかかる点や、時折、流動性が低下するといった不利な点もある。

　高リスクだけでなく低リスクのセグメント（部分）を組み入れることで、構成要素のバランスをはかり、ポートフォリオ全体に対するリスクを微調整することができる。例えば、中期の債券ファンド（過去の最大ドローダウンは10%）と「グループ8」ミューチュアルファンド（過去の最大ドローダウンは50%）から成るミューチュアルファンド・ポートフォリオは、全体としてリスク・レベルが最大で約30%となり、これなら定型的な投資家が予期するリスクの上限程度になるだろう。

最終結果──ボラティリティの低いほうが利益率は高い

　チャート1.4は、このことを如実に表している。(多くのハイブリッド株式、債券ファンドを含む)「グループ1」のミューチュアルファンドを除けば、株式バランス型のミューチュアルファンドで、比較的ボラティリティの小さいものは1983～2003年の期間に、よりボラティリティの大きいミューチュアルファンドと基本的に同じリターンが得られた。一般に最高の平均リターンは、おおむね平均的なボラティリティのミューチュアルファンドで得られ、リターンの曲線がその部分でピークに達しているのが分かる。ただし「グループ2～3」と「グループ4～6」の間のリターンの差は、ボラティリティが最も低いグループから、平均的なレベルのボラティリティのグループに移行するにつれ、それに伴うリスクの増加に見合ったものもあれば、そうでないものもある。

　要するに、バイ・アンド・ホールド戦略では、ボラティリティのより大きいグループは歴史的に見てリスクが大きいわりに、たとえ実現したにしてもわずかな利益しかもたらさなかった。これらの実績は、ハイリスク・ハイリターン（より多くのリスクを受け入れれば、より多くの利益が得られる）という投資家の一般的な概念とは相反するものだ。こうした概念は、ある一定の期間、的確で素早い売買を行う市場トレーダーにとっては当たっているかもしれないが、現実には、取引が過熱した銘柄に、適切でなく誤った時期にポジションを建てる可能性の高い大多数の投資家にはあてはまらない。

　ボラティリティのより小さいミューチュアルファンドは通常、ほかのファンドに比べ利益率が高いうえ、ドローダウンも相対的に小さい。これは一考を要する点である。

　タイミングが正確であれば、値動きのより速い株式の取引リスクを減らすことができることから、積極運用を行う投資家は、効果的なタ

チャート1.4 ボラティリティグループをベースにした20年間の結果

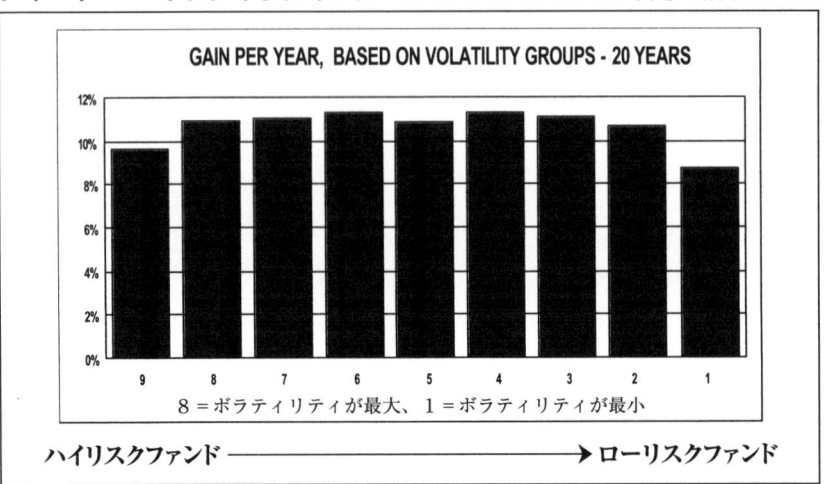

GAIN PER YEAR, BASED ON VOLATILITY GROUPS - 20 YEARS

8＝ボラティリティが最大、1＝ボラティリティが最小

ハイリスクファンド ──────────────→ ローリスクファンド

あらゆることを考慮すれば、リスクのより高いグループに投資する投資家はほとんど利益を得ることはない。一方、ボラティリティのより小さいグループは長期で見るならば、ボラティリティのより大きいグループと同様の投資結果を提供しており、しかもリスクはずっと小さいのである。

　イミングツールを駆使することで、規律を持ったポートフォリオの管理ができるのであれば、ボラティリティのより大きい投資対象を活用することができ、ボラティリティのより低い投資対象に比べ、相対的なリターンは拡大する。強力な市場タイミングスキルと規律を持った積極的な投資家は、ポートフォリオに値動きの速い投資対象を一部組み入れることが有効だと考えるだろう。ただし、それは最大で25％までとし、大半を占めないようにすることが大切だ。

　さらに市場タイミングを向上させるツールについてさらに話を進めよう。その前に、平均的な株式、ミューチュアルファンド、あるいは株価指数よりもより良いパフォーマンスとなりそうな投資ポートフォリオを維持するうえで、私が知っている最善の戦略のひとつを教えよう。

レース中に賭け馬の変更

あなたは次のいずれかを選ぶことができると仮定しよう。

第4レースで賭けるため競馬場に出向くとする。馬の過去の記録を調べ、馬場のコンディションを確認し、ジョッキーを調べて、掛け率を確認し、ようやく馬券を購入する。あなたの賭けた馬は、出足は非常に好調だったが、第1コーナーを回るころに失速し、グループの中に埋もれてしまい頭角を現すことはなかった。あなたの資金は、この馬のおかけでなくなってしまう。もちろん、競馬のルールでは1頭以上に賭けることも許されている。賭け馬の数を増やせば、そのうちの少なくとも1頭は優勝するか、2位、3位につけるだろうが、外の馬は全部捨て金になってしまう。

そこで、別の賭け方をする競馬場を見つける。無作為に馬を選ぶことからはじめても、この競馬場では第1コーナーを回った時点で最初の賭け馬を別の馬に変更することが許されている。その時点で先頭を走っている馬に乗り換えることさえできるのだ。その馬が第2コーナーを回った時点でも先頭に立っておれば、もう賭け馬を変えないほうがいいだろう。だが、その馬が失速しても、賭け馬を再度変更することが許されている。その時点で先頭に立った馬にさえ乗り換えることができる。このことは、第3コーナーや第4コーナーについても同じことができる。お望みなら、常に先頭にいることができるのだ。つまり、あなたの賭け馬がグループの中へと再び後退しても、ゴールの時点まで先頭に立っている馬に乗り換えることができるのだ（ポイントを説明するために、例え話を少し膨らませて語っている）。

あなたはどちらを選択するだろうか。あなたの賭け馬が息切れしていても、終始その馬に賭けるだろうか。それとも、各コーナーごとで賭け馬を変更し、その都度先頭を行く馬に乗り換えるだろうか。

前者の競馬場は、株式市場と多少似ている。市場担当マネジャーは

つねに投資家に対して、どの銘柄を買ったらいいか、ときにはいつ買ったらいいかアドバイスしていると思われるが、賭け馬をいつ変更したら良いかについてのアドバイスはまずしていないと思う。

バイ・アンド・ホールド戦略は、特に長い目で見た場合には利益を生む。結局のところ、すべての株式市場の投資家が最後には利益を上げることは可能だ。一方、競馬では賭けた人全員が儲かることはありえない。

しかし後者の競馬場では、最初の競馬場よりも投資家が優位に立てる可能性が高まる。強い馬が大きく後退しはじめたなら、ゴールまでその馬に乗る必要はない。

しかし強い馬というものはその強さを維持している場合が多いのだ。そこで、次にレラティブストレングス投資についての話をしよう。

レラティブストレングス投資

レラティブストレングス投資の基本原理は、次のとおり。

● リーダーを特定する
● リーダーを買う
● 先頭を走っているうちはそのリーダーを手放さない
● リーダーが失速すればそれを売って、新たなリーダーを買う

以上である。

もう少し具体的に述べよう。

リスクに対する寛容度が平均並みかそれ以下の投資家であれば、多数のミューチュアルファンドについてのデータベースを1つか2つ入手することから始めよう。私は少なくとも1000のミューチュアルファンド——もっと多いほうがいいのだが——を含むひとつのデータベー

スを愛用している。ただキャピタルマネジャーならまだしも、個人投資家の場合には、数百のミューチュアルファンドもあれば目的を十分に果たせるはずだ。

　四半期ごとのデータが必要となるので、ミューチュアルファンドのトラックレコードを記録し、四半期ごとのパフォーマンスを示したものであればどれも目的を果たすうえで役に立つ。例えばバロンズ社の「ダウ・ジョーンズ・ビジネス・アンド・ファイナンシャル・ウイークリー（The Dow Jones Business and Financial Weekly）」なら、こうした記録を十分に網羅している。ウエブサイトで同社以外のサービス会社も発見することができる。

　例えば、Yahoo.comやMSN.com のファイナンシャルのサイトでも、ミューチュアルファンドに関するチャートや情報を発見できる。また投資アドバイスを目的とした数多くのニュースレターも、ミューチュアルファンドのパフォーマンスなどに関する情報を提供している。私が提案している投資アプローチに関する推奨やデータを示したニュースレターには、私自身が発行しているニュースレター「システム・アンド・フォーキャスト（Systems and Forecasts）」やニュースレター「ノーロード・ファンドＸ（No-Load Fund X）」も含まれている。この２つのニュースレターに関する情報は、www.signalert.comとNoloadfundX.com で確認できる。

　保守的な投資家であれば、通常S&P500指数よりもボラティリティが高い株式を含むような一連のファンドには手を出さないほうがよい。そういったファンドは強気で投機色の強い市場にあっては往々にしてリターンが非常に大きいが、あなたとしては、ボラティリティが最大でもS&P500指数より多少大きい程度（同等かそれ以下が望ましいのだが）ミューチュアルファンドを必ず選択するようにすれば、リスクと報酬のバランスがうまく保たれるはずである。あなたのポートフォリオは、全額を投資した場合、その保有株式は平均してS&P500指数

と同様の80〜85％程度のボラティリティ（リスク）のものとなるだろう。しかし、保有ポートフォリオのレラティブストレングスが高いことで、実際のリスクはこれよりも低くなる可能性がある（この点については、このすぐ後で説明する）。

　ボラティリティがS&P500指数と同等かそれ以下のミューチュアルファンドのユニバース——例えばドッジ・アンド・コックス・バランスド・ファンド、ファースト・イーグル・ソジェンなど——を選定した場合、自分のデータベースにあるボラティリティが類似したすべてのミューチュアルファンドの中で、どのファンドが過去3カ月の期間で、上位10％（トップデシル）内に入るパフォーマンスを達成したかをファンド実績表から判断しよう。それらが、この期間において最大の上昇率を示したファンドなのである。

　ボラティリティがS&P500指数と同等かそれ以下のファンドで構成されるミューチュアルファンドのユニバースで、トップデシルから少なくとも2つ——できれば4つか5つが望ましい——のファンドを選定して購入しよう。ある程度の多様性を持たせることが重要だ。たとえ選択したものが2つのみであっても、1つよりは安全性が大幅に高まる。購入するときに販売手数料がかからず、また、償還手数料についても、少なくとも90日間の保有に対しては不要なファンドを選ぼう。

　新たな四半期データを入手したら、3カ月ごとにポートフォリオを見直そう。トップデシルから陥落したファンドがあれば売り、パフォーマンスでトップデシルを維持しているファンドか、トップデシルに入ったばかりのファンドにくら替えしよう。ボラティリティの似たグループに属するすべてのミューチュアルファンドの中で、実績が上位10％内にあるファンドのポジションを常に維持するという姿勢を崩さないようにしよう。

　ファンドは、同水準のボラティリティを持つファンド間でランク付けすることが必要だ。市場の上昇期には、ボラティリティがより高い

ミューチュアルファンドのパフォーマンスが、よりボラティリティの低いファンドを上回る。これは、ボラティリティがより高いミューチュアルファンドや株式は、ボラティリティが低いファンドや株式に比べ動きが速くなる傾向があるからだ。逆に、ボラティリティがより高いファンドは、平均するとボラティリティがより低いファンドに比べ価格下落のスピードが速い。われわれは上昇期と下落期の双方を含め、さまざまな市場環境の中で最高のリターンが得られるファンドを探している。ミューチュアルファンド情報の決定版とも言えるSteele Mutual Fund Expert（http://www.mutualfundexpert.com/を参照）を含むさまざまな情報源を通じて、ミューチュアルファンドのボラティリティランキングを入手することができる。

この手順を踏めば、ミューチュアルファンドの保有状態について定期的にバランスを見直して配分し直すことができ、各四半期の初めには同等の仲間の中で先頭に立っているミューチュアルファンドのポートフォリオを保有することができる。あなたのポートフォリオは、最高の業績をもったミューチュアルファンド、つまり各コーナーで常に群の先頭に立っている馬で構成するようにするのだ。

レラティブストレングス投資戦略テスト──レラティブストレングス投資の14年間の実績

チャート1.5は、ボラティリティが平均かそれ以下のミューチュアルファンドのポートフォリオを維持し、各四半期ごとにパフォーマンスをランク付けし、そのときに上位10％から転落したポジションを売って資金を再配分し、依然上位にとどまっている、あるいは最近上位に食い込んできたファンドを選択して、それにくら替えするという手法に対する仮想のバックテスト結果を表している。

ただし、このプログラムは売買手数料がかからず、資産保有期間90日未満であれば償還手数料もかからないミューチュアルファンドにつ

チャート1.5　レラティブストレングス投資アプローチのパフォーマンス（1990～2003年）

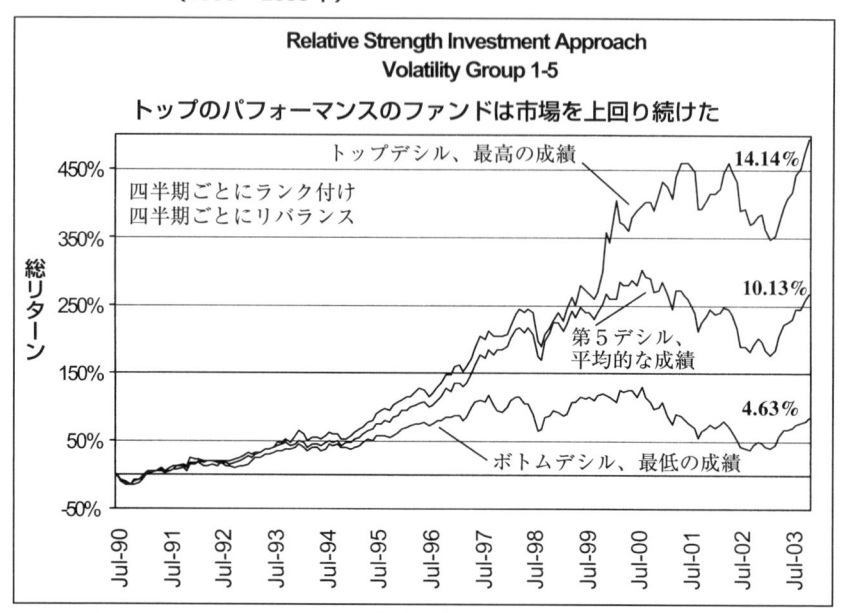

Relative Strength Investment Approach
Volatility Group 1-5

トップのパフォーマンスのファンドは市場を上回り続けた

- トップデシル、最高の成績　14.14％
- 四半期ごとにランク付け
- 四半期ごとにリバランス
- 第5デシル、平均的な成績　10.13％
- ボトムデシル、最低の成績　4.63％

（縦軸：総リターン　-50％～450％、横軸：Jul-90～Jul-03）

チャート1.5は、1990年から2003年までのミューチュアルファンドの上中下パフォーマンスの実績を示したものである。各四半期の開始時に、S&P500と同等かそれ以下のボラティリティをもったミューチュアルファンドグループのなかから、前四半期のパフォーマンスが上位10％内となったファンドへと、資産がリバランスされるように想定されている。1990年当時に約500あったファンド群は2003年までに3000以上に増加している。ランキングとパフォーマンスは一致するものであった。このチャートは仮定の調査に基づいて作成されている。

いて実施することは言うまでもない。シュワブやT・D・ウォーターハウスをはじめ多くのブローカー会社は、この選択に適した売買手数料のないミューチュアルファンドのプラットフォームを提供している。調査対象のユニバースは、株式ファンド、バランス型ミューチュアルファンド、およびセクター型ミューチュアルファンドである。あなた自身も同様のユニバースを組むことが可能だ。

　バランスの再調整は望むなら、90日間に1回でなく、それよりも短

期間で行うこともできる。例えば四半期でなく月ごとにランク付けしたりバランスを再調整したりすると、リターンが幾分多く見込めそうな場合だ。だがポートフォリオのローテーションが一段と頻繁になり、結果的に取引費用が膨らみ、おそらくミューチュアルファンドの償還手数料も増えるだろう。そうなるとポートフォリオを頻繁に変更することで得られた利益は吹っ飛んでしまいかねない。３カ月間より長いの間隔を置いてバランスを再調整するプログラムも、かなりの利点をもたらす可能性があるが、その場合、リターンは幾分少なくなるだろう。

取引を頻繁に変更するのを避けたい大きな理由がもうひとつある。2003年から2004年に起きたミューチュアルファンドに関連した一連のスキャンダルによって、ミューチュアルファンドの管理会社や設定会社は、活発な取引を行うマーケットタイマー（価格の動きを見て投資のタイミングを測る人）による頻繁な取引がファンドを崩壊させるおそれのある要因となるとして、より敏感になっている。活発に取引を行う投資家に対しては、監視を行うことが標準となり、特定のファンドへの投資を禁止されたトレーダーも続出している。こうした状況を考慮すると、あなたの評判という視点から見ても、過度の取引をして歓迎されないようになるようなことは避けたほうが賢明だろう。

ＥＴＦは、取引費用は別にすると、頻繁に取引ができて規制もないため、検討する価値はある。ただ、われわれが調査したところでは、今説明したばかりのレラティブストレングス・リバランシングはＥＴＦのランダムな選択の面でも効果を上げそうだが、この戦略はミューチュアルファンドに適用したときに効果をより発揮すると見られる。ＥＴＦは、ミューチュアルファンドに比べると、継続性のないパターンで素早い利益あるいは損失を示すようで、ボラティリティが低いミューチュアルファンドに比べると、ＥＴＦのグループはより結集しており、高いボラティリティを示す傾向がある。シグナラート・コーポレーションによる調査ならびにニュースレター「フォーミュラ・リサーチ

（Formula Research）」は、少なくとも特定のETFについてはレラティブストレングス・リバランシングの有効性を確認している。しかし、通常はミューチュアルファンドに対してこの戦略を適用することを勧める。

ところで、1年に1回ポートフォリオを見直すことによって利益がかなり上がることもある。毎年初めに前年実績で上位10％（トップデシル）を占めたミューチュアルファンドを購入して、まる1年それを保有する。そして翌年の初めに見直すのである。年1回の見直しは、四半期ごとの見直しほどの高い税引き前の見返りは期待できそうにないが、取引コストが少なくて済むことや税制面でより有利な措置を受けそうなため、純利益は四半期ごとの見直しの場合と同等になる可能性は十分にある。

四半期ごとリバランスでの投資結果（1990/6～2003/10）

チャート1.5で分かるように、異なったデシル（10区分の1つ）のファンドで構成されるポートフォリオを維持し、四半期初めにリバランスした場合、ほぼ完璧な直線関係が成り立つ。トップデシルは最高のパフォーマンスを上げ、各四半期初めに最も低いデシルのものはリターンが最低となったのである（表参照）。

ボラティリティランク1-5（S&P500以下か同等）のミューチュアルファンドの四半期ごとリバランスでの投資結果（1990/6～2003/10）

パフォーマンス デシル	投資額100ドルに 対するリターン	年間利益	最大ドローダウン*
第1デシル	$596.31	+14.1%	20.3%
第2デシル	556.85	+13.6	24.0
第3デシル	508.53	+12.8	27.4
第4デシル	427.32	+11.4	27.4
第5デシル	368.06	+10.1	31.6

第6デシル	327.59	+9.2	34.8
第7デシル	337.09	+9.4	35.6
第8デシル	303.17	+8.6	37.0
第9デシル	275.22	+7.8	35.0
第10デシル	184.31	+4.6	40.1

＊最大ドローダウンとは、その後に新たなピークに達する前のポートフォリオのピークからの最大の下落を言う。過去の最大限のドローダウンは最大限のリスクを反映しているとは言えないが、ポートフォリオの最小限のリスクを示していることは明らかである。

バイ・アンド・ホールドでの投資結果─S&P500指数指標

　これに比べ、S&P500指数はバイ・アンド・ホールド・ベースで計算すると、同期間のトータルリターン（含配当、投資費用別）が年間10.8％となり、最大限のドローダウン（ポートフォリオが新たな高値を付ける前の資金の最大減少）は44.7％となった。バンガードS&P500指数ファンドは年率10.7％のリターンとなり、最大限のドローダウンは44.8％となった。バイ・アンド・ホールド・ベースでの投資に関するわれわれの調査では、これらのリターンは第4デシルと第5デシルのファンドに匹敵した。使用したのがボラティリティの比較的小さいミューチュアルファンドのユニバースだったことを考えると、この調査結果は予想どおりのものだった。

　ボラティリティが小さいか平均的なミューチュアルファンドの上位10％（トップデシル）に対して、四半期ごとに再配分を行う投資プログラムは、リターンが年率14.1％となった。これに比べ、バイ・アンド・ホールドでのS&P500指数による利益は10.8％となった。さらに重要な点になりうるのは、トップデシルのポートフォリオの最大ドローダウンが20.2％だった点だ。これに比べ、S&P500指数の最大ドローダウンは44.7％となった。リターンがより多く見込まれ、リスクは

チャート1.6　グループ1～5にグループ6とグループ7を含めたレラティブストレングス投資アプローチによるパフォーマンス（1990～2003年）

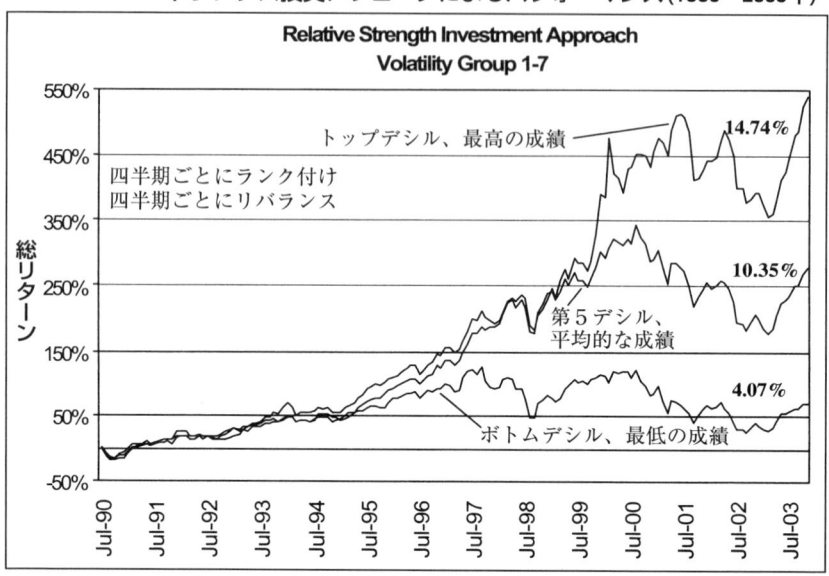

Relative Strength Investment Approach
Volatility Group 1-7

- トップデシル、最高の成績　14.74%
- 四半期ごとにランク付け　四半期ごとにリバランス
- 第5デシル、平均的な成績　10.35%
- ボトムデシル、最低の成績　4.07%

（総リターン）

パフォーマンスが高いデシルでのリターンは、ボラティリティが小さいグループ1～5のポートフォリオでのトップのデシルに比べて幾分高くなっている。ただしリスクは、ボラティリティの大きいミューチュアルファンド群のほうが大きかったことは明らかである。リターンはここでもデシルのランクに対して一致するものだった。各四半期の初めに、より上位にいたデシルのグループほど、より高いパフォーマンスを示した。

より小さい。すなわちハイリターンで比較的低いリスクなのである。

　ブローカー会社に口座を開設していれば、ミューチュアルファンドはもちろんのことETFも取引できるはずである。レラティブストレングスのローテーションを適用するためにETFの集団を選択することもできるし、四半期ごとにランク付けする集団にETFを含めて、ETFをミューチュアルファンドのように取り扱うこともできる。繰り返すが、ETFは多くのミューチュアルファンドに比べ、やや不安定な動きを示す傾向がある。ただ、もっと上場が増えればETFはミューチュアルファンドの付属物とする価値があるだろう。

リスクの拡大――よりアグレッシブなミューチュアルファンドのポートフォリオ維持

　ここで得られた仮説は、よりボラティリティの大きい株式（あるいはそれに相当するもの）に投資しても、ボラティリティのより小さい株式に投資するのと比較して余計に得られる利益などほとんどない、というものである。この仮説をテストするため、四半期ごとにランク付けし、リバランスしてみた。ただし今回はランク１～５ではなく、１～７のランクのミューチュアルファンドのポートフォリオを対象にした。「５」グループはボラティリティがS&P500指数とほぼ同じミューチュアルファンドなので、６と７のボラティリティ・グループを含めるとポートフォリオ全体のボラティリティはS&P500指数のそれとほぼ同じになる。ランク１～５のミューチュアルファンド全体のボラティリティはS&P500指数より小さい。

ボラティリティランク1-7（S&P500以下からそれ以上）のミューチュアルファンドを四半期ごとにリバランスして得られた投資結果（1990/6～2003/10）

パフォーマンスデシル	投資額100ドルに対するリターン	年間利益	最大ドローダウン
第１デシル	$640.05	+14.7%	25.7%
第２デシル	598.58	+14.2	26.1
第３デシル	546.91	+13.4	27.0
第４デシル	436.13	+11.5	33.1
第５デシル	377.81	+10.4	37.3
第６デシル	338.25	+9.5	39.3
第７デシル	338.48	+9.5	39.3
第８デシル	303.26	+8.6	39.3
第９デシル	262.72	+7.4	38.6
第10デシル	171.37	+4.2	44.2

　チャート1.6は、ボラティリティが小さい１～５でなく、ボラティリティが１～７のミューチュアルファンドに関する分析結果を示してい

る。上の表が研究結果をまとめたものである。

この期間のS&P500指数は年率10.8％（配当も含む）のペースで上昇し、最大限のドローダウンは44.7％だった。

所見

ミューチュアルファンドのボラティリティのレンジを１～５から１～７へと拡大すると、最高のパフォーマンスのデシルの成績に多少の改善が見られた（利益は年率14.7％となり、これに比べボラティリティの小さいグループの利益は14.1％だった）。しかし、最高パフォーマンスのグループの最大ドローダウンは20.3％から25.7％へ拡大した。１～５のグループで先頭を行っているデシルの平均利益・リスク比は0.69（平均利益は14.3％で、最大限のドローダウンは20.2％）となり、１～７のグループで先頭を行っているデシルの平均利益・リスク比は0.57（平均利益率は14.7％で、最大限のドローダウンは25.7％）となった。

結論として、長い目で見れば、よりアグレッシブな株式ポートフォリオに賭けて得られる利益は、たとえあったとしても少ない。

資金の上乗せ──ボラティリティがより大きいミューチュアルファンドへのレラティブストレングス選択のコンセプトを適用した効果

この方法をもう１回だけ検証してみよう。今回はボラティリティの最も大きい株式セクターを含むミューチュアルファンドのユニバースについてだ。このユニバースには、株式市場のハイローリング・エリアすべて──金鉱株、インターネット銘柄、小型株、テクノロジー関連などあらゆる企業──を含んでおり、それにボラティリティがより小さいファンドが含まれており、ボラティリティ１～９のミューチュ

アルファンドの領域を完全に網羅している。

もう1回だけ表で検討しよう（45ページの表参照）。

総合的な所見

ここでもまた、前四半期のファンドのパフォーマンスと次の四半期のファンドのパフォーマンスの間にはかなり直線的な関係があることが分かる。ボラティリティが最も大きいミューチュアルファンド・グループのうち、2位のデシルは1位のデシルと強さの面でかなり拮抗している。私は、将来の市場の値動きを予想するのに過去のレラティブストレングスを活用するほかの方法について行った研究で、この要因を発見した。ボラティリティが最も大きいミューチュアルファンド・グループの中で、第2位と第3位のデシルは第1位のデシルに比べ、安定したパフォーマンスを示すこともあると思われるが、この研究では第1位のデシルが最大のリターンを上げた。

ボラティリティ1-9のミューチュアルファンド（S&P500に比べボラティリティがかなり大きいファンドを含め、実質上すべての株式を対象にしたミューチュアルファンド）による四半期ごとリバランスの投資結果（1990/6〜2003/10）

パフォーマンスデシル	投資額100ドルに対するリターン	年間利益	最大ドローダウン
第1デシル	$614.44	+14.4%	40.2%
第2デシル	605.24	+14.3	34.2
第3デシル	539.98	+13.3	31.5
第4デシル	454.66	+11.9	38.6
第5デシル	388.29	+10.6	39.9
第6デシル	335.07	+9.4	41.8
第7デシル	330.19	+9.3	42.2
第8デシル	296.95	+8.4	43.7
第9デシル	267.68	+7.6	43.1
第10デシル	173.97	+4.2	50.1

チャート1.7 ボラティリティ1～9のミューチュアルファンドグループすべてを含んだレラティブストレングス投資アプローチのパフォーマンス（1990～2003年）

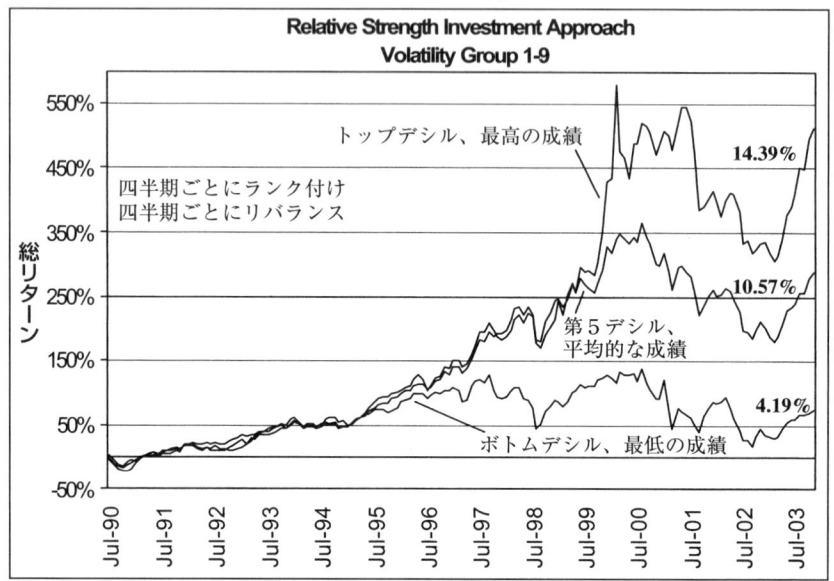

ボラティリティ1～9のなかでリターンがトップのデシルとなったのはここでもボラティリティがより低いミューチュアルファンド群の1～5と1～7だった。ただし、このチャートに示されたドローダウンから分かるように、リスクがかなり上昇した。前四半期でパフォーマンスがトップだったデシルは、次の四半期でもトップだった。しかし、前四半期に第2位につけていたデシルとの差は大きなものではなかった。

　1～9グループのミューチュアルファンドの中で最も強いエリア（第1位のデシル）でさえ、平均利益・最大ドローダウンは0.36（リターンは14.39％、最大ドローダウンは40.18％）となっている。スピード重視の投資家にとっては、利益が期待できる半面、痛手も大きなものになりかねないのは確かだ。

　ポートフォリオのリバランスは四半期ごとに行われるが、これはポートフォリオのすべてを四半期ごとに変更しなければならないということではない。平均して6カ月間は保有ポートフォリオをそのままの

状態にしておく可能性が高い。

　結論　ミューチュアルファンドのポートフォリオのボラティリティを大きくすると、リスクが高まるにもかかわらず、利益はさして上がらない。一般的ルールとして、ボラティリティが平均かそれ以下のファンドに焦点を絞るほうがよいと言える。

レラティブストレングス投資に関する簡単なおさらい

　以下は、ミューチュアルファンド・ポートフォリオを管理するうえでの3段階の手順である。

●ステップ1　少なくとも500（これよりも幾分多いほうが望ましい）のミューチュアルファンドについて、少なくとも四半期ごとの相場データとボラティリティ評価を示したデータソースへのアクセスを確保する（これまでの説明でアドバイス済み）。
●ステップ2　取引対象のミューチュアルファンド集団のなかで、前四半期のパフォーマンスが上位10％に入り、なおかつ、ボラティリティがS&P500指数と同等かそれ以下、あるいは高くとも自分のファンド集団のすべてのファンドの平均とせいぜい同水準となるような条件を満たした複数ミューチュアルファンドにより構成される分散投資ポートフォリオを持った投資勘定を開設する。
●ステップ3　各四半期の初めにポートフォリオの中で、第1位のデシルから陥落したファンドを取り除いて、現在第1位のデシルにあるファンドと取り換える。

　この勘定は、投資可能なミューチュアルファンドのプラットフォームを幅広く提供しているブローカー会社で運用されるものの中で、おそらく最高のものだろう。シュワブとT・D・ウォーターハウスは、必

要なサービスと必要なミューチュアルファンド・プラットフォームの双方を提供している。ほかのブローカーもそうするかもしれない。

本章の要約

　本章では、少なくとも1990年以降に（たぶんこれより以前から）有効なミューチュアルファンドのポートフォリオを維持する戦略について説明した。この戦略は、リスクをかなり抑えながらバイ・アンド・ホールド戦略よりもリターンを多く得られる戦略である。

　これらの戦略はミューチュアルファンドやETF、さらに（私は個人的に試したことはないが）おそらく個別株式を含むさまざまな投資に対しても有効だと思われる。概してETFよりミューチュアルファンドのほうが、このアプローチに適していると思われる。平均すると、ETFは最高のパフォーマンスを上げているミューチュアルファンド（1～5）に比べ、ボラティリティが大きくなる傾向がある。

　株式市場でのバイ・アンド・ホールド戦略をパフォーマンスで上回る重要な戦略、市場のタイミングに頼らない「レラティブストレングス・ミューチュアルファンド選択」に基づいた戦略についても学んだ。

　次の章に足を進めよう。次章では買いを入れる時期を決定するうえで役に立つ維持すべき２つのシンプルな指標について説明する。

第2章

お手軽で迅速な2つの株式市場ムード指標
Two Quick-and-Dirty Stock Market Mood Indicators

ハイリスク・ローリスクの投資環境を認識する

　周知のとおり、株式やミューチュアルファンド、その他の投資商品は、すべて平等ではないのである。第1章の「余分な飾りのない投資戦略」では、一般投資家らの平均を上回るような投資を選択する戦略について説明した。

　同様に、すべての投資環境も平等ではない。ある時期には、株式は何の努力をしなくとも上昇を示す。別の期間には上昇局面になったとしても、より困難を伴う上げとなり、上昇も断続的となる。この章では、総じて株式にとってより有利となる環境、株式にとって平均して中立かそれ以下となる環境、そして、株式市場の急落が最も起こりやすい時期となる環境を判別するための、簡単に適用することの可能な2つの戦略について説明する。

　可能な選択肢を検討してみよう。最初のシナリオは、常に株式市場に投資するという戦略である。この戦略は超長期で見れば、十分な成功を収めているものである。株式は総じて、1世紀にわたり長く投資すれば、年率約10％の利益が生まれる傾向がある。しかし、深刻な弱気相場の時期――1929～1932年、1969～1970年、1973～1974年、2000～2002年――に加えて、これらの期間の合間に株式が中期・長期的に

急落した他の多くの局面も乗り越えなければならない。第二のシナリオは、ある複数の投資モデルが、市場ムードは好意的で、平均よりも高い確率で株価が上昇する可能性を示唆したときにかぎり投資するものである。

　市場環境が最も良好なときにかぎり投資すれば、ほぼ年率10％程度（実際は、過去の経験則から見れば控えめな見積もりだが）の平均利益は確保できるかもしれない。しかし、あなたは結局、株価が上昇する傾向がある時期にかぎり投資したいと考えるだろう。この投資期間中——大体だが約50％の時期——で見ると、市場の指標の動向次第では、投資資金は年率10％の利益どころか、年率約20％ものリターンを得るのである。株式市場に投資していない期間は、資金はリスクにさらされず、しかも総じて株式による配当金支払額を上回るような金利による利息が稼げるので、株式投資で得たリターンをさらに増やすことができる。

　ここで、２つの株式市場指標を紹介する。これらの指標は30年以上も前から使用されており、株式市場に投資すべき最良の期間を絞り込むことに素晴らしい（完全ではないが、それでも素晴らしい）威力を発揮してきた。これらの指標は毎週１回だけ維持し、トラックすればよい。作業時間はおそらく15分ぐらい、あるいはそれ以内の時間で十分だ。しかも、必要とする情報は広く入手できるものである。不可解な出所からの確認が困難なデータを探し回るような必要はない。

　この作業を推進するにつれて、テクニカル分析（株式市場の現在と過去の値動きそのものを分析することによって、株式市場の将来の動向を予測する芸術あるいは科学）に関連したツールも説明する。移動平均線や変化率（ROC）測定法などのこれらのツールは、株式市場のトレンドや値動きを明らかにするうえで役立つ。これらの用語になじみがなくても、その場で定義や説明を行うので心配しないように。

　最後に、市場ムード指標の使用を株式選択戦略に連結する戦術の再

検討を行い、その戦術を市場ムード指標に基づく市場の決定に結びつけることから得られる、効果を発揮するミューチュアルファンドの選択テクニックの結果によって改善できるかどうかを見極める。

前置きはこれくらいにして、本題に入ることにする。

ナスダックとニューヨーク証券取引所株価指数のレラティブストレングス指標

さて、基本的な前提条件だが、NYSE（ニューヨーク証券取引所）は、数ある証券取引所のなかでも最古であり、最も知名度が高い取引所だが、株式の取引はほかの取引所でも大量に行われている。店頭市場のナスダック、第三の市場と称されて場外取引が行われているアメリカン証券取引所、さまざまなオプション取引所、その他の地方証券取引所などがそうだ。

現在のところ、NYSE株価指数とナスダック総合株価指数はそれぞれ、NYSEのフロアやディーラー間のネットワーク内で取引されている3500以上の個別株式で構成されている。NYSEはしばしば、"上級の"取引所と呼ばれる。それは、同取引所は設立が最も古く、上場されている企業も米国内では最大級で、最も定評のある会社とみなされる傾向があるからだ。

NYSEよりも上場基準が緩やかなナスダックは、かつて小規模で投機的な事業を行う会社だけの株式市場とみなされていた。確かにこのようなタイプの株式は引き続きナスダックに上場されている。しかし最近特に、マイクロソフトやインテルなどのような大企業がNYSEでの上場を申請するのでなく、むしろナスダックにとどまることを選択している。ナスダックとNYSEの両方での上場を検討している企業もある。

最も刺激的で急成長しているテクノロジー関連企業、健康関連企業、そして、インターネット関連企業などの一部の株式は現在、店頭市場

で取引されている。ナスダックに上場されている大企業の数は増えているが、ナスダック上場の会社はひとつのグループとして、NYSEに上場されている企業よりも投機性が高く、テクノロジー指向で小規模な傾向がある。しかし、ナスダックでの1日の総出来高は現在、NYSEの1日の出来高を常に上回っている。

ナスダック総合株価指数とNYSE株価指数は、広範囲ではないにせよ、値動きの方向性に緊密な相関関係を持つ傾向がある。完全な相関性はないものの、基本的にそうである。ナスダック総合株価指数のボラティリティは大きく、S&P500指数やNYSE株価指数などのNYSE関連の株価指数よりも、速いペースで上昇下落する傾向がある。そしてナスダック総合株価指数は、総じて値動きが速いということ以外の要因がないとすれば、市場の上昇局面の大半で、ボラティリティがより小さいNYSE株価指数よりもより高いパフォーマンスを示す可能性があることは容易に理解できる。

ナスダック総合株価指数はNYSE株価指数よりも、1.5～2倍の速さで上下動する傾向がある。S&P500指数は、ナスダックやNYSEに上場されている株式で構成されており、NYSE株価指数よりもボラティリティが大きく、ナスダック総合株価指数よりもボラティリティは小さい。

ナスダック総合株価指数はまた、値動きが速いということ以外の要因がなければ、市場の下落局面でもボラティリティの大きさの影響で、NYSE株価指数よりも速く下落することが見込まれる。

ナスダック総合株価指数とNYSE株価指数との間のレラティブストレングスの関係は、ボラティリティのほか、株式市場に関する一般大衆のセンチメントの変化によって、しばしば影響を受ける。投資家は経済や株式について楽観的だと、投機的な事業を行って成長している会社に投資したり、小規模な新興企業やテクノロジーに対するリスクを負う可能性が強まる。投資家は経済や株式について相対的に悲観的

だと、より定評のある安定した保守的な企業に投資を優先したり、値上がり益に加えて配当金による利益を求める可能性が強まる。

どんな理由があるにせよ、そして確かに多くの理由があるものの、株式市場はこれまでの経験則から言って、ナスダック総合指数がレラティブストレングスの関係でNYSE株価指数をリードする期間に、より大きな利益をもたらしているのだ。ナスダック総合指数だけに当てはまることではなく、ほかにおいてもそうだ。NYSE株価指数、ダウ工業株30種平均、S&P500指数は、ナスダック総合指数がレラティブストレングスの関係でNYSE株価指数をリードする期間に、すべて最高のパフォーマンスを示す傾向がある。

ただし、NYSE株価指数が相対的な力関係でリードする場合、地合いは必然的に弱いと言っているわけではない。NYSE株価指数のパフォーマンスがナスダック総合指数を上回る場合、市場の動向は通常中立となっている。レラティブストレングスの関係でNYSEがリードする場合に、うまくいく期間もある。

しかし、これらはまた、最も深刻な市場の下落が起こる時期となる傾向がある。NYSE株価指数が相対的な力関係でナスダック総合株価指数をリードする時期に行われた投資は概して、ほぼ差し引き損得なしとなる見込みだ。

ナスダック・NYSE株価指数のレラティブストレングス指標の維持と解説

それでは、ナスダック・NYSE株価指数のレラティブストレングスを作成するときの各ステップについて説明しよう。これらは、それぞれの取引週の結果に基づき決定される。いったん設定されると、この指標の現状は次の算出が行われるまで、1週間にわたって有効となる。

ステップ1 ナスダック総合指数とNYSE株価指数のウイークリーベ

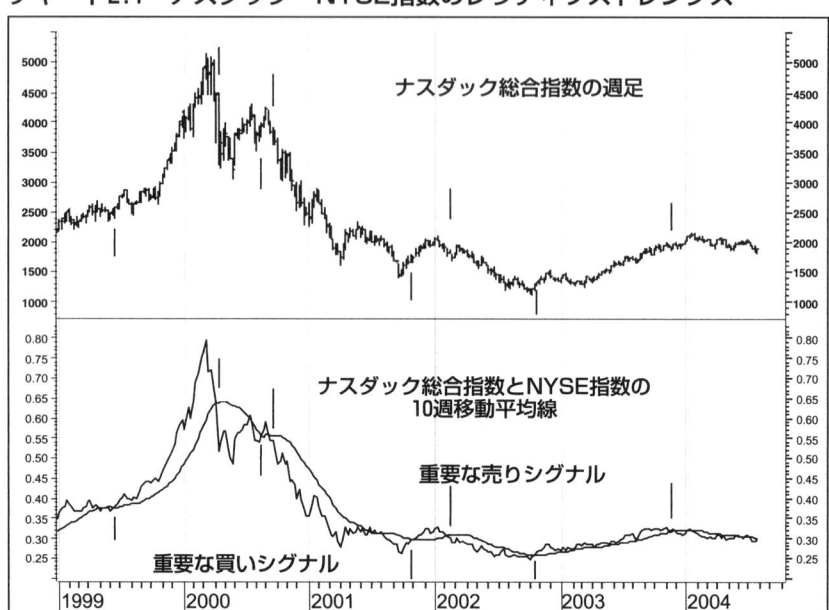

チャート2.1　ナスダック・NYSE指数のレラティブストレングス

このチャートはナスダック・NYSE株価指数のレラティブストレングスラインと、その10週移動平均線を示す。ナスダックは2000～2002年の弱気市場のほとんどの期間、レラティブストレングスでNYSEに出遅れていたが、2002年第４四半期にはリードする格好となって、2003年には株式市場が強基調になったことを受けて、その年の終わりまでそのリードを維持した。ナスダック・NYSE指数のレラティブストレングスラインは、ナスダックがレラティブストレングスでリードする時期に上昇する一方、NYSE株価指数がリードする時期には下落している。

ースの終値を確保する。これらは、ウエブサイトの金融セクション、バロンズ紙、ほとんどの主要紙の金融面から簡単に入手できる。

ステップ２　ナスダック総合指数のウイークリーベースの終値を、NYSE株価指数の終値で割る。以下の表のように表示すればよいだろう。例えば、ナスダック総合株価指数の週の終値が2020で、NYSE株価指数の週の終値が6534の場合、ウイークリーベースのレラティブストレングス（ナスダック÷NYSE株価指数）は、0.3092（2020÷6534

＝0.3092）となる。

ステップ3　毎週、直近の10週間のレラティブストレングスの平均を算出する。これを行うには、直近の10週間の値を足し、その合計を10で割る。11週目には、11週前の値を除いて、直近の新たな週の値を加える。この結果、いつも直近の10週間のデータから平均値を算出できる。これは移動平均線と呼ばれる（チャート2.1を参照）。

ステップ4　直近のナスダック・NYSE株価指数のレラティブストレングスと、この値の10週平均を比べる。直近のナスダック・NYSE株価指数のレラティブストレングスがその10週移動平均線を上回っていると、ナスダック総合指数はレラティブストレングスから見て、NYSE株価指数をリードすることが見込まれる。これは強気（買い）を示唆する。直近のナスダック・NYSE株価指数のレラティブストレングスがその10週移動平均線を下回っていると、ナスダック総合指数はレラティブストレングスから見て、NYSE株価指数に出遅れることが見込まれる。これはより強気ではないこと（中立）を示唆する。

以下は、2004年1月2日までの算出結果に基づくデータの一例。

ナスダック・NYSE指数のレラティブストレングス

日付	ナスダック総合指数	NYSE指数	レラティブストレングス	10週平均	先行指標
03/10/24	1865.59	5851.14	0.3188		
03/10/31	1932.21	5959.01	0.3243		
03/11/07	1970.74	5989.17	0.3291		
03/11/14	1930.26	6010.73	0.3211		
03/11/21	1893.88	5942.32	0.3187		
03/11/28	1960.26	6073.02	0.3228		
03/12/05	1937.82	6122.89	0.3165		

03/12/12	1949.00	6196.29	0.3145		
03/12/19	1951.02	6287.30	0.3105		
03/12/26	1973.14	6364.36	0.3100	0.3186	NYSE
04/01/02	2006.68	6451.26	0.3111	0.3179	NYSE

　上の表で示されている最初の10週間の一連のデータは、10週移動平均線が算出される最初の日となる2003年12月26日で終わっている。10週平均線を算出するためには、10週間のデータが必要となるからだ。2003年12月26日のナスダック・NYSE株価指数のレラティブストレングス（0.3100）は、10週平均（0.3186）を下回っていたので、レラティブストレングスの数値はNYSE株価指数に対してプラスに作用した。

　また原則として、ナスダック総合指数とNYSE株価指数はともに、ナスダック総合株価指数がレラティブストレングスの数値でリードしているときに最高のパフォーマンスを示す。これは、ナスダック総合株価指数が出遅れているときに、株価は上昇しないというわけではない。このようなことは、しばしば起こるものだ。ナスダック総合指数がレラティブストレングスでNYSE株価指数をリードしているときに、マーケットは上昇する可能性が非常に強まるということだ。

　これに関するいくつかの数値を調べてみよう。

表2.1　ナスダック総合指数とNYSE株価指数のレラティブストレングスに基づく投資（株式ポジションは、ナスダック総合株価指数がリードする場合にかぎり維持される。それ以外の期間は、ノーリスクのインカムポジションとなる）
レラティブストレングスの変動が起こる週末の終値水準で、取引が行われるものと想定する。
分析期間——1971年4月8日から2003年12月12日

	ナスダック総合指数	S&P500指数	NYSE指数
トレード数	130	130	130
年間トレード数	4	4	4
勝率	54.6	64.6	69.2

勝ちトレードの平均利益率	9.2	4.9	4.5
負けトレードの平均損失率	3.6	3.1	3.4
平均損益率	+3.4	+2.1	+2.1
総利益(%)	443.6	266.5	267.2
年間利益率	12.0	7.7	7.7
バイ・アンド・ホールドの利益率	9.2	7.4	7.4
投資期間の割合	54.9	54.9	54.9
年間利益率	23.0	14.5	14.5
手仕舞い時点での最大ドローダウン(%)	32.2	21.5	21.6
保有途中の最大のドローダウン(%)	39.7	24.2	23.7
バイ・アンド・ホールドでの最大の含み損(%)	77.4	48.0	49.7

　これらの表の数値には、キャッシュポジションの期間に受け取れる利息の影響を含んではいない。こうした利息は、歴史的に見ると、通常投資期間中の株式からの受け取り配当金額を上回っている。

所見

　S&P500指数S&P500指数とNYSE株価指数との間にみられるパフォーマンスの類似は、実に印象的である。

●**トレードの頻度**　これは、どのタイミングモデルにとっても重要なパラメーターとなる。取引には、スリッページ（注文執行時における価格成立のズレ）や手数料に絡むような出費がかさむ傾向があるためだ。ムードモデルが有利なポジションのときだけ投資したいなら、年間に売り買い往復で4往復の取引ができる。これは、最少額の手数料あるいは手数料なしで行える投資に適しており――おそらく、手数料不要のミューチュアルファンドで、これらの多くは、そのような頻度の取引が可能である。ほとんどの投資家はおそらく、特に税金に対し

て悪影響の出ないような非課税口座としてなら、このような頻度の取引を受容するとみられる。

●**勝率** これに関しては、ナスダック総合指数が54.6％、S&P500指数は64.6％、NYSE株価指数は69.2％といったところである。これらすべての比率は、このような頻度でシグナルを出すタイミング指標とうまく一致している。

●**勝ちトレードと負けトレードの利益と損失の比率** 勝ちトレードの利益率は、負けトレードの損失率に比べて大きい。リスク・リワードレシオは、取引のサイズや頻度の面で有利となる。

●**バイ・アンド・ホールドの場合のリターンと比較したナスダック・NYSE株価指数のレラティブストレングスでのトレードの年間総利益** ナスダック総合指数を取引しているポートフォリオが年率12.0％の利益をもたらす一方、バイ・アンド・ホールドによる利益幅は9.2％にとどまった。結果として表れたこれらの数値には、取引コストや課税による影響は含まれず、また資金が株式投資を行っていなかった年間（平均）45％の期間に生じた収益も反映されていない。このモデルを使用して、年間55％未満の期間に投資したケースのほうが、100％の期間フルに投資した場合の利益に比べて、年間平均でより大きな利益を上げている。

●**バイ・アンド・ホールドの利益率と比較した投資期間中の利益率**
ナスダック・NYSE株価指数のレラティブストレングスがナスダックにとって強気に傾いている時期には、ナスダック総合指数は年率23％上昇した。年間を通じて投資した場合には、利益率は年間9.2％にとどまった。一方、同レラティブストレングスがNYSE株価指数に対して強気に傾いている場合、ナスダック総合指数の利益率は結局、小幅なマイナスとなった。NYSE株価指数がレラティブストレングスで見てナスダック総合指数をリードする期間に、ナスダック総合指数の利益率はマイナスになっている。調査では、ナスダック総合指数がレラ

ティブストレングスで見てリードしている時期に、S&P500指数は年率14.5％上昇する一方、その他の期間では結局、小幅下落した。NYSE株価指数も総じて、同じような結果を示した。

●ドローダウン　最大のドローダウン（口座の価値の最高から最低までの損失幅）は、ナスダック総合株価指数がレラティブストレングスで見てNYSE株価指数をリードした時期にのみ株式を保有した場合、ナスダック総合指数が39.7％、S&P500指数S&P500指数は24.2％、NYSE株価指数は23.7％となった。

　バイ・アンド・ホールド戦略の投資家にとって、最大のドローダウンはもっと大きかった。ナスダック総合指数が77.4％、S&P500指数は48.0％、NYSE株価指数は49.7％だった。

　ナスダック・レラティブストレングスモデルが強気のポジションのときにかぎり、ナスダック総合指数に投資していたとすれば、資産曲線が、2000年のピークレベルに完全に一致しないものの、ほぼそれに達していることから、2004年半ばまでには2000年から2002年にかけての市場の下落幅のほとんどを取り戻していたことになる。一方、ナスダック総合指数にこの期間を通してフルに投資していたなら、2000年のピークを60％以上下回る水準にとどまっていただろう。

　要約すると、ナスダック・NYSE株価指数は、投資の期間が１年の半分強にしかすぎないものの、バイ・アンド・ホールド戦略よりも、年間ベースでは多くの利益を生み出したことになる。このことはリスクを低減して投資する一方で、より大きなリターンを獲得したことを意味するものである。時間が制約されており、株式市場を後追いする傾向がある投資家にとって、このナスダック・NYSE株価指数は独立した売買方針決定ツールとして活用できる。しかし、それはおそらく、ナスダック・NYSE株価指数のレラティブストレングスがナスダック総合指数に対して有利に傾いている期間に、買いポジションをより大

きく拡大したり、そのときにどれだけフルに投資したいのかを決定するためのカギとなる判断材料として使用することが最善策だろう。逆に、同レラティブストレングスがNYSE株価指数に対して有利に傾いているときは、たぶん数量が少なく、よりボラティリティが低いポジションを持つべきだろう。

中期の金融フィルターを用いて市場のムードを測定する

株価の動向と金利のトレンドの間の関係は、長期にわたって認知されてきた。株価は概して、金利の低下局面で上昇する一方、金利の上昇局面では結局、相対的にほとんど上昇しない傾向がある。チャート2.2は、これらの関係を例証している。

繰り返すが、金利の方向性や水準と株価動向との間の関連はよく知られている（FRB＝米連邦準備理事会と戦ってもムダだ）。ただ、この相関性はまったく完全とは言えないが、原則として、金利が安定したり低下するときに株価のパフォーマンスが最も良く、金利が不安定だったり上昇するときには株価のパフォーマンスは最も悪い。

比較的低い金利が経済や株式市場に及ぼすプラスの影響を考慮すれば、これは当然である。例えば、低金利により住宅ローンの支払額が削減され、住宅や商業用不動産の価格が支持されて、建設が増える。この影響で、住宅やオフィスビルに関連したすべての業界が恩恵を受け、住宅所有者は幸福感を味わい、商品やサービスなどに対してさらに金を使うことになる。

低金利はまた、企業投資、在庫の手当て、一般向け割賦販売などをサポートする。これらはすべて、景気にとってプラスに作用する。

最後には、低金利を背景に、株式市場と比べて、長期債、短期金融市場の資金、銀行の預金証書の競争力が弱まる。この影響により、株式市場へ投資資金が集中し、その結果として直接・間接的に新興で定

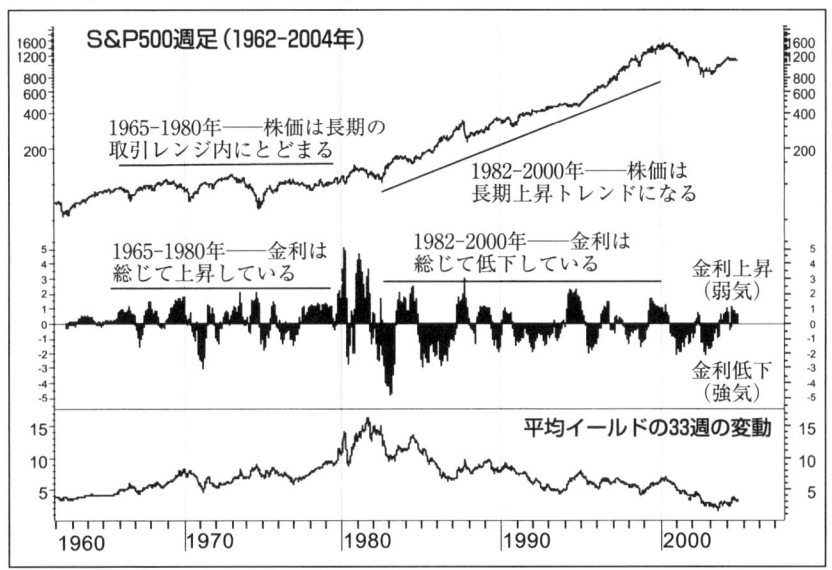

チャート2.2　株式市場の主なトレンドと金利の主なトレンド

S&P500週足（1962-2004年）

1965-1980年——株価は長期の取引レンジ内にとどまる

1982-2000年——株価は長期上昇トレンドになる

1965-1980年——金利は総じて上昇している

1982-2000年——金利は総じて低下している

金利上昇（弱気）

金利低下（強気）

平均イールドの33週の変動

金利がピークアウトしたときに、株式の弱気相場が終わるケースが多い。例えば、1970年、1974年、1982年、1990年がそうだが、2000〜2002年の弱気相場は例外となった。株式市場の長期トレンドと金利の長期トレンドとの相関関係が分かるだろう。

評のある企業に投資される。

　もちろん、これはすべて秘密でもなんでもない。金利水準に影響を及ぼす可能性がある金融政策の変更を示す手掛かりとして、経済新聞ではFRBの会議が注視されている。FRBはこれまで、金融政策が株式市場に及ぼす潜在的影響について極めて敏感であり、ここ数十年もの間、株式市場が重大なトラブルに陥ったときはいつでも、急いで（FRBの管轄下にある）短期金利を引き下げている。例えば、FRBは1987年の株式市場の暴落のほぼすぐ後と、1990年の株式市場の調整期に金利を引き下げた。また、株式市場が弱気だった2000〜2002年には何度も金利を引き下げ、2003年の株式市場の回復期には低金利を維持した。

2000～2002年の弱気市場は極めて深刻で長く続いたが、これは1990年代終盤に発生した投機バブルに起因していた。一時的には、経済が実際にデフレとなる脅威もあった。デフレは株式市場にとって、最悪の経済的環境である。株式市場の下落に歯止めをかけるには通常、2～3回の金利引き下げで十分だが、一般に経済の回復、特に株式市場の回復を促進するには、連邦レベルでの減税と併せて12回の利下げが必要とされている。

　よく言われるように、また一般に皆が同意していることだが、投資家は依然として、客観的かつ体系的に、金融面での良好な環境（金利の低下トレンド）を定義し確認して、それを金融面で不利な環境（金利の上昇）と分離するという作業を押し付けられている。これらの目的を達成するために、ひとつの基本的な戦略を説明するが、これは、あなたがウイークリーベースで活用して金融面でのムードを定義するものことができるもので、おそらくナスダック・NYSE株価指数のレラティブストレングスの算出と同時に作業することができるだろう。以前の説明と同じように最初に算出方法、それからこの方法を適用した結果について検討する。最後に、ナスダック・NYSE株価指数のレラティブストレングスモデルと併せて、金融モデルを使用した結果を調べる。

金融モデル

構成要因

　金融モデルを維持するには、2つのデータが必要になる。これらのデータは、2つの中期米財務省債券（Tノート）の毎週の利回りである。米財務省が発行する3年物Tノートと5年Tノートが対象になる。
　これらの利回りは、経済新聞やウエブサイトから広く入手できる。

バロンズは、「マーケットラボラトリー」欄で米財務省証券の利回りを掲載している。この欄にはまた、個々の株式、ミューチュアルファンドの高値安値のレンジや価格に加え、さまざまな株式市場の指標に関するデータも掲載されている。

バロンズ紙の2004年1月5日号は、2004年1月2日までの週の下記のデータを掲載している。

調整可能なモーゲージベース・レート

	2004/1/2	2003/12/26	2002/12/27
3年物Tノート	2.40	2.38	2.08
5年物Tボンド	3.22	3.20	2.89
週間平均イールド	2.81	2.79	2.485

ここでは指標として、3年・5年物Tノートの平均利回りを用いる。

目先は若干の圧力を示唆するものの、金利は非常に安定しているようだ。直近の週の利回りは、前週の利回りよりもやや上昇している。しかし、長期的なトレンドは、金利が上昇することを示唆している。金利が1年前時点の利率から上昇しているためである。

中期の金融フィルターの算出と規則

この手順は極めてシンプルで簡単だ。

1．3年物Tノートと5年物Tノートのウイークリーベースの利回りを入手する。上に示したように、ウイークリーベースの平均利回りを求めるために、3年物Tノートと5年物Tノートのウイークリーベースの利回りをきちんと平均する。

2．ウイークリーベースでのこの平均利回りを記録する。指標を作成

するには、少なくとも34週間分のデータが必要になる。

3．34週間分のデータを入手（例えば、図書館にあるバロンズ紙のバックナンバーを調べることでも可能）したら、最新の平均利回りの表示を33週間前の平均利回りの表示と比較する。最新の平均利回りが33週間前よりも低い場合は、金利は低下傾向にあり、投資環境は良好とみている。最新の平均利回りが33週間前よりも高い場合は、金利は上昇傾向で、投資するには好ましくないとみている。

4．金利のトレンドが投資環境にとって良好になれば、株式市場は金利面に関しては、有利なポジションになるとみている。この状況が存続した場合、株価は平均を上回るペースで上昇することが見込まれる。金利のトレンドがネガティブなときは、株式市場は総じて中立的なリターン——たまには上昇したり、時には上昇しないといった状況を示す。重大なマーケットの下落局面が起こるとすれば、たぶん、金利の低下時期よりも上昇時期に発生するだろう。しかし、2000～2003年の弱気市場の大部分は、この規則の例外だった。

3～5年物Tノートのイールド指標、データストリームのサンプル

日付	3年物Tノートのイールド	5年物Tノートイールド	平均	33週の変化
2003/5/16	1.76%	2.52%	2.14%	
2003/5/23	1.65	2.35	2.00	
2003/5/30	1.60	2.32	1.96	
2003/6/6	1.53	2.27	1.90	
2003/6/13	1.39	2.13	1.76	
2003/6/20	1.52	2.27	1.90	
2003/6/27	1.59	2.36	1.98	
2003/7/4	1.67	2.49	2.08	
2003/7/11	1.74	2.60	2.17	
2003/7/18	1.90	2.82	2.36	

2003/ 7 /25	2.07	3.08	2.58	
2003/ 8 / 1	2.27	3.31	2.79	
2003/ 8 / 8	2.32	3.24	2.78	
2003/ 8 /15	2.41	3.35	2.88	
2003/ 8 /22	2.47	3.39	2.93	
2003/ 8 /29	2.55	3.49	3.02	
2003/ 9 / 5	2.51	3.51	3.01	
2003/ 9 /12	2.25	3.23	2.74	
2003/ 9 /19	2.16	3.10	2.63	
2003/ 9 /26	2.15	3.07	2.61	
2003/10/ 3	2.02	2.94	2.48	
2003/10/10	2.17	3.13	2.65	
2003/10/17	2.36	3.32	2.80	
2003/10/24	2.36	3.24	2.80	
2003/10/31	2.33	3.22	2.78	
2003/11/ 7	2.49	3.37	2.93	
2003/11/14	2.51	3.36	2.94	
2003/11/21	2.35	3.16	2.76	
2003/11/28	2.47	3.27	2.87	
2003/12/ 5	2.58	3.40	2.99	
2003/12/12	2.45	3.27	2.86	
2003/12/19	2.38	3.20	2.79	
2003/12/26	2.38	3.22	2.80	
2004/ 1 / 2	2.40	3.28	2.84	+0.70A
2004/ 1 / 9	2.36	3.24	2.80	+0.80B

解説　利回りは33週間前よりも上昇している。2003年の初旬には金融指標は株式市場の支持要因とはならなかった。

　次は、この金融フィルターモデルを使用して行った取引の結果を見て見よう（次ページ参照）。

ナスダック総合指数を取引するときに、ナスダック・NYSE指数のレラティブストレングスを使う場合、金融フィルター指標を使う場合、そして、両方の指標を組み合わせて使用して両方の指標が有利なときのみトレードする場合（期間は1971/4/8〜2003/12/12）。

	ナスダック・NYSE指数のレラティブストレングス	金融フィルター	両指標が良好なときのみトレードをする
トレード数	130	36	88
年間トレード数	4	1.1	2.7
勝率	54.6%	63.9%	61.4%
勝ちトレードの平均利益率	9.2	24.3	7.7
負けトレードの平均損失率	3.6	6.4	3.2
平均損益率	3.4	13.2	3.5
年間利益率	12.0%	10.6%	8.7%
投資期間の年率換算利益率	23.0%	20.8%	30.4%
投資期間の割合	54.9%	52.7%	31.4%
手仕舞い時点での最大ドローダウン	32.2%	52.6%	28.3%
保有途中の最大ドローダウン	39.7%	66.4%	34.0%
バイ・アンド・ホールドでの年利益率	9.2%	9.2%	9.2%
バイ・アンド・ホールドでの最大含み損(%)	77.4%	77.4%	77.4%

所見

　3〜5年物Tノートの利回り指標は最終的に、ナスダック・NYSE株価指数のレラティブストレングスによって得られた利益に迫るような投資リターンを生み出しており、なおかつずっと少ないトレード回数でそれを達成した。利回り指標を使用したときの平均利益率と損失率はともに高いものとなり、ドローダウンも同様だった。しかし、利益の出たトレードの比率はより高いものだった。

利回り指標を用いたトレードは、ナスダック・NYSE株価指数のレラティブストレングスモデルに比べて、トレード回数がずっと少なく（130回に対して36回）、より少ない費用で行える。前の表では、この潜在的な影響は反映されてはいない。3～5年物Tノートの利回り指標を使用して投資した期間のリターンは20.8％で、ナスダック・NYSE株価指数のレラティブストレングスを使用した場合のリターンの23.0％とほぼ同水準になった。

2つの指標を組み合わせる

2つの指標——金融フィルターとレラティブストレングス——が良好なときにかぎり、株式市場で投資をした場合の戦略では、投資家は1971年から2003年にかけて31.4％の期間だけ株式市場に参入していたことになる。この投資期間には、投資金に対し年率30.4％の値上がりが生じたはずである。通年にした場合の平均値上がり率は8.7％になる（バイ・アンド・ホールド戦略による利益率の9.2％をやや下回る）。

これらの数値は、1971年から2003年にかけて株式市場に投資していない68.6％の期間における、キャッシュに対する金利による追加収益は反映していない。この戦略を実行している期間は、ドローダウンやリスクは大幅に削減されていた。

ポイントとカウンターポイント

株式市場のタイミング指標で、特に比較的低い頻度で売買シグナルを出すものは、イーブン（損益トントン）のパフォーマンスが得られない。ある時期には、この指標はバイ・アンド・ホールド戦略に比べて、極めて良好なパフォーマンスを示す。別の時期には、そうでない可能性がある。

投資家は、ときどき起こるパラメーターの変化に注意すべきだ。例えば1990年代までは、S&P500指数の配当利回りが３％未満に低下したときや、あるいはPER（株価収益率＝株価を１株当たりの企業利益で除した比率）が22を上回った場合に、株式投資は危険になる可能性があると広く認識されていた。しかし株式の強気市場が2000年上旬にピークアウトするときには、配当利回りは１％をわずかに上回る水準まで低下していた。PERは、46まで上昇していた。

　市場に容認されている株式価値の測定基準のこうした変化は、極めて低い現行金利の水準が主因となって発生した。これまでみてきたように、この低金利は株価をサポートするものだった。テクニカルやファンダメンタルズに関する指標のパラメーターについては、過去数年間に他の多くの変化も表れた。この要因として、株式市場での出来高の増加、多様な取引所や店頭市場での上場株の著しい増加、コンピューターによるオンライン取引、委託手数料の値引きなどが挙げられる。これらすべての要因により、イントラデイの市場の動きがより迅速で広範囲なものとなり、日々の市場での方向性のある変動はより一貫性がなくなった。

　これらやほかの理由によって、通常は１つあるいは２つよりも多くの指標（だが、多すぎない程度に）を使用して、株式市場を追跡することが最善策となる。

　このことに留意して、３〜５年物Tノートの利回り指標の10年ごとのパフォーマンスの概要を再検討してみよう。

ナスダック総合指数の10年ごとのパフォーマンス──3～5年物Tノートのイールド指標とバイ・アンド・ホールド

10年間	イールド指標による年間上昇率	年数	含み損	バイ・アンド・ホールド	含み損
1971-79	+9.95%	8.8	-12.8%	+4.7%	-59.4%
1980-89	+16.19%	10.1	-15.7%	+11.6%	-35.7%
1990-99	+15.85%	10.1	-25.7%	+24.3%	-32.3%
2000-03	-12.06%	3.9	-66.4%	-16.9%	-77.4%

所見

　3～5年物Tノートの利回り指標が示したシグナルに従って投資したら、調査対象となった上記の4期間のうち3期間において、バイ・アンド・ホールド戦略による投資よりもリターンが大きかった。この利回り指標を使用した場合、調査対象のすべての期間でドローダウンが減少した。

　ただ、こうしたドローダウンは、2000～2003年の弱気市場の時期や、また1973～1974年の非常に深刻な弱気市場や、1987年の株式市場暴落の時期などを含む、過去の弱気市場の期間には、あまり抑制されたとはいえない。

　繰り返すが、2000～2003年に起こった大幅なドローダウンは、この期間に行われた金利引下げに対し、株式市場や経済が反応しなかったことに起因している。

　この市場サイクル期に弱気市場となったのは、金利上昇やインフレ率の上昇によるものではなく、デフレ懸念に加え、金利低下にもかかわらず、株式市場を取り巻く環境がネガティブだったことが主因だ（ただ、緩やかで抑制されたインフレではあるものの、インフレ気味となることは、株式市場にとって理想的な環境ではある）。

　歴史上の記録が示しているように、米財務省短期証券（Tビル）は

1930年代初めの時期に、ややネガティブな利回りだった。つまり、あなたが米国政府にお金を貸せば（このTビルを買えば）、米国政府はTビルの額面に示された借金額よりも少ない金額をあなたに払い戻すことがあらかじめ認識されていたのだ。それでも、多くの銀行が倒産していたので、投資家らは米財務省に対して自ら手数料を払ってでも、自分の資金を保管してもらおうとしたのだった。

最終的な長期にわたる統計値

われわれは1962年8月から2004年1月までの長期間にわたる、3～5年物債券のイールド指標を検証した。同期間の49％に相当する金利の低下局面では、S&P500指数が年率平均8.5％のペースで上昇し、最大のドローダウンは36％だった。残りの51％の期間は金利が上昇しており、S&P500指数は年率1％のペースで低下し、最大のドローダウンは48％だった（1971年より前に、ナスダック総合指数は取引されてなかった）。

バイ・アンド・ホールド・ベースでは、S&P500指数は年率7.3％のペースで上昇した（配当はこれらのすべての計算で除外されている）。すべての純利益は結局、金利面での環境が良好な時期に生まれている。その他の時期には結局、少額な損失が生じた。

繰り返すが、もしあなたがこのS&P500指数だけに投資していたとするなら、ヒストリカルなデータで見て、これまでにより多くの利益を得て、リスクはより少なくなり、投資期間も全体の約50％にとどまっていただろう。

本章の要約

　第1章では、株式市場への投資を選定するテクニックや、ミューチュアルファンドを選定する基本的な原則に加え、代表的なミューチュアルファンドや株式市場指標のパフォーマンスを総じて上回る可能性が強い具体的な作戦などを再検討した。
　第2章では、2つの完全に客観的なウイークリーベースの指標を検証した。これらの指標は、投資期間中には株式市場のパフォーマンスを上回る一方で、バイ・アンド・ホールド戦略に伴うリスクを軽減することで、長期にわたる実績がある。
　ここで読むのをやめても、あなたはすでに株式やミューチュアルファンドの選定結果と全般的な取引タイミングの双方を向上させる方法を習得している。課題は、これまでに学んだことを適用することである。
　それでは、株価の変動のパターンを読んだり解釈したりするための、さらに微妙な差異を明らかにするツールへと進む。

第3章

移動平均線と変化率──トレンドとモメンタムの追跡
Moving Averages and Rates of Change: Tracking Trend and Momentum

　前章では、移動平均線の算出法と維持の方法について説明した。これは単純移動平均線、つまり同平均値に含まれる全データを等価平均したものの算出法だった。このほか現在に近い時点のデータがより大きな影響を持つよう、最近のデータを加重平均する方法もある。本章では、移動平均線の算出法と応用法について、さらに述べていくこととしよう。

移動平均線の目的

　移動平均線を使用する目的は短期的な価格変動による「ノイズ」を取り除き、そこに潜んでいる基調となるトレンドの確認と定義を行うことである。

　例えば、チャート3.1では、ナスダック100指数（ナスダック総合株価指数のサブインデックスで、ナスダック市場の金融を除く時価総額上位100銘柄で構成される、調整時価総額加重平均の株価指数）が、短期的なトレンドを反映した10日移動平均線、中期的トレンドを反映した50日移動平均線（週足であれは10週移動平均線）、そして、大きなトレンドを反映した200日移動平均線（40週移動平均線）という3本の単純移動平均線とともに描かれている（移動平均線は、非常に大きなト

チャート3.1　ナスダック100指数と長期・中期・短期のトレンドを示す移動平均線

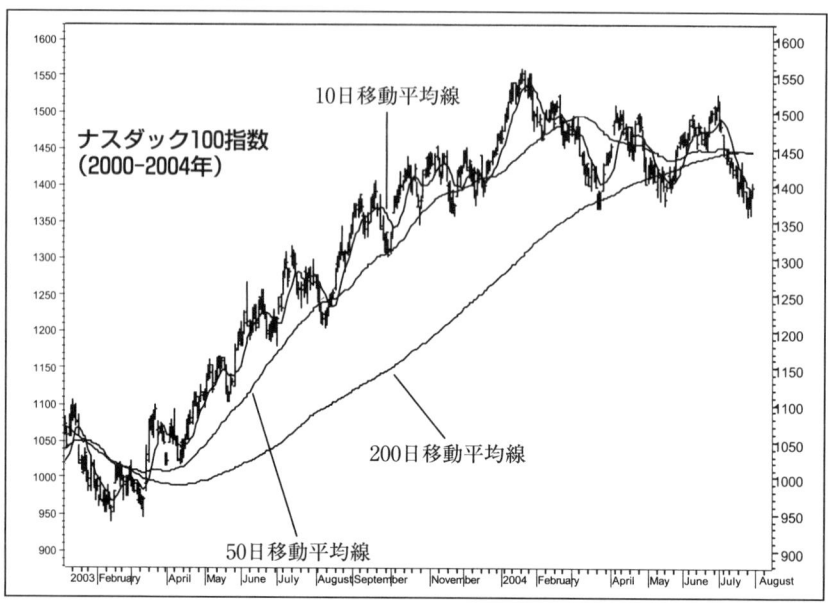

チャート3.1では、ナスダック100指数が異なる時間枠を反映した3本の移動平均線とともに示されている。200日移動平均線は株価の長期トレンド（この場合は明らかに上昇トレンド）を反映している。50日（約10週間）の移動平均線は、この期間の中期トレンドを示しており、これも明らかに上昇トレンドとなっている。10日移動平均線は株価の短期トレンドを反映しており、これは同チャート上で強気のバイアスを反映してパターンを示しているものの、一貫して上昇しているわけではない。

レンドを扱うために月足への適用もできれば、逆に極めて短期的なイントラデイでのデイトレーディングに使用する目的で、1分足で描くことも可能である）。

　チャート3.1の初めの部分では、2000～2002年の弱気相場が一巡して底を入れたあと、2003年の強気相場へと移行している。この年の3月中旬に日足チャートは10日移動平均線を上抜き、10日移動平均線は角度のある上昇へと転じている。チャートでは、日足チャートのトレンド転換を反映して、10日移動平均線の方向転換が起きている様子が

よく分かるだろう。

　この10日移動平均線について、もっと詳しく検討してみよう。移動平均線の急上昇は、基調となる市場トレンドの強さを示している。2003年2月中旬から3月の10日移動平均線の上昇への転換をよく見てみよう。この期間の上昇の傾きと長さは、その後の3月中旬の下降場面と同様に、緩やかなものとなっている。

　では、10日移動平均線の3月中旬から始まった上昇場面を見てみよう。これには非常に際立った特徴があることが分かる。3月の上昇場面では垂直方向により大きく傾き、当初のモメンタムがより大きくなっており、市場がより強気になっていることがうかがえる。最初の急上昇の長さがより長いことも、強気を示している。その後、4月にかけての押した場面では、短い下げトレンドとなった。上昇場面の移動平均線は下落場面のそれよりも大きなエネルギーを持っており、また、下落場面の移動平均線は持続力も弱かった。

　今度は4月中旬と5月下旬、7月上旬の移動平均線の強さについて検討してみよう。4月から5月下旬にかけての上昇波動はその後一貫して続く上昇場面中でも比較的長期のもので、その上昇角度も大きい。5月から6月の波動はこれより短い（相場の上昇モメンタムまたは上昇エネルギーが低下していることを示している）。6月から7月の波動はこれよりもさらに短く、上昇角度もより穏やかになっており、上昇モメンタムがさらに減衰していることを反映している。

　通例、相場の上昇局面で一連の上方波動が弱まる傾向が見られれば、修正場面が近いと予想される。一連の上昇波動が強まっている場合には、さらに上値を追う展開となる可能性が高い。

　こうしたコンセプトのさらなる実例として、あなた自身で8月から11月の一連の波動を検証してみてほしい。また、10日移動平均線が高値と安値を切り上げながら推移しており、明らかに相場が上昇トレンドに入っていることが示されていることにも注意されたい。

中期の移動平均線

チャート3.1の期間中、3月から10月の10日移動平均線はかなり強気な相場環境を示すパターンを明確にたどっている。だが、10月から12月上旬にかけて移動平均線のパターンが示している基調は、これよりややあいまいなものとなっている。上昇波動は弱まり、より中立的なパターンが見られるようになっている。

ここで短期パターンは中立寄りになっているものの、中期トレンドは依然として強気の上昇トレンドを維持している。50日移動平均線は、3月と4月に底入れしたあと、これ以降上昇に転じて、年末まで着実に上げ続けている。

中期トレンドが強気であれば、相場が短期的な移動平均線まで下げたり、あるいはこれを割り込んだりした場合には買うのが通常の戦略である。株式相場が強力に上昇しているサイクルにある場面では、このような修正パターンによって絶好の買い参入ポイントが与えられる場合が多い。弱気相場の場合には、これと逆のルールが適用される。中期的に明らかな弱気相場となっている場合の売りの好機は、デイリーの株価や株式指数が下値から短期的な移動平均に接近するか、あるいはこれを上抜いた場合ということになる。

長期的な200日移動平均線

200日移動平均線はより長期的な相場トレンドを反映する。一見して分かるように、当然ながら相場の方向転換に対する反応は50日移動平均線よりゆっくりしたものになる。200日移動平均線は、2003年4月から上昇に向かい、その後も年内は上昇を続けた。上昇角度がより拡大し、相場が強気で推移していることを反映している。また、上昇角度の拡大は、進行中のトレンドの継続も示している。そのトレンド

が減速している場合には、そのときのトレンドがリバーサルに接近していることを示している可能性もある。実際、2004年初めには200日移動平均線はモメンタムを失っており、その年の株式相場が弱気になったことを反映している。

　移動平均線を追跡する場合、波動の長さとその角度に注意することが大事である。波動が長く、角度が大きければそれだけ、そこのトレンドは継続している可能性が高くなる。波動が短く角度が小さければ、リバーサルに接近している可能性が高くなる。

長期の週足移動平均の使用

　チャート3.2は、NYSE株価指数で、ここには週足終値チャートと、週末ごとに算出した週終値ベースの30週移動平均線が示されている。この期間は、株式市場が非常に明確なトレンドを示しており、1990年代終盤から2000年にかけて上昇したあと、2002年終盤まで急激な下降トレンドをたどり、その後、2003年には新たに大幅な上昇相場を形成している。この期間には、長期トレンドが通常より明確に現れているため、その分だけ相場が30週移動平均線の上と下のいずれで推移しているのかがより重要になっていると思われる。

　さて、相場の波動が減衰していくときのルールについて覚えておられるだろうか。チャート上の移動平均線に反映された長期の買い波動を再確認していただきたい。1996年から1998年中盤にかけて、最も長く、また最も強い上昇波動が形成されている。その後は、急激な下降となったあと、1998年中盤から1999年中盤にかけて2番目に大きな上昇場面を迎えているが、ここでの波動は1996年から1998年中盤までのときほど強力ではなかった。

　1999年終盤から2000年年初に形成された最後の上昇波動は、それ以前の2つの波動よりも角度が穏やかなものとなっており、NYSE株価

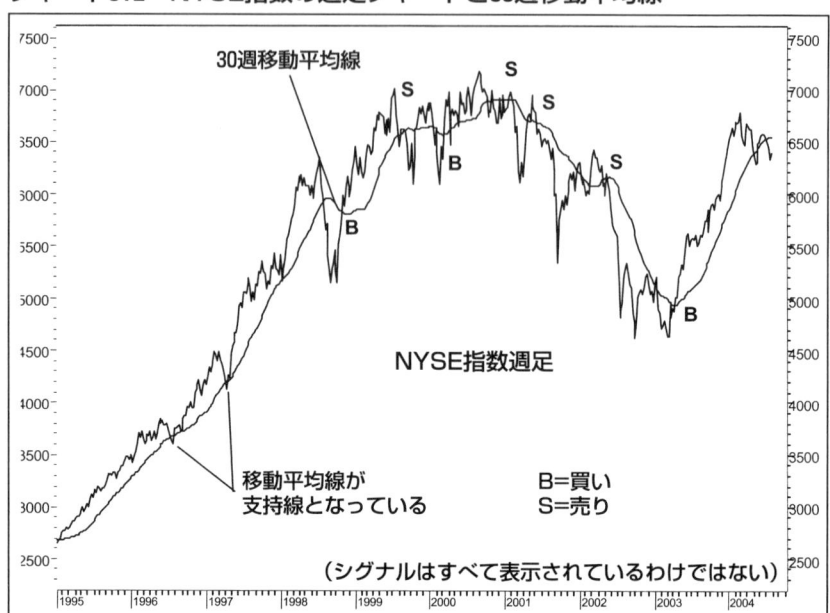

チャート3.2　NYSE指数の週足チャートと30週移動平均線

このチャートでは、1995年から1997年のNYSE株式指数が30週移動平均線とともに表示されている。BとSは30週移動平均線が上方に大きく突破された期間、および下方に大きく割り込まれた期間を示している。このように移動平均線が上方や下方に突破されたあとでは、それぞれ株価が大幅な上昇相場および下落相場をつけている。

指数の上昇モメンタムが低下していることを物語っている。相場と移動平均のチャートは急速に平坦になり、弱気台頭の兆しを示している。これは、チャート3.1で見たナスダック100指数の日足の場合と同様のパターンである。

　いずれの期間も一連の波動は3つの波によって完成している。このしばしば見られる3つの波によるパターンは、エリオット波動論と関連しているとみられる。エリオット波動論とは、波動の動きとその予見的重要性について研究するアプローチ方法で、株式市場のテクニカル研究家に信奉者が多い。私は、波動が売買タイミングを知るツールとして極めてパワフルであると考えており、この波動の重要性につい

ては、移動平均の売買チャネルについて分析する際に、再度説明をすることにする。

移動平均線と超長期移動平均線

　これまで見てきたように、移動平均線は短期、中期、超長期のいずれにも適用することができる。また、非常に頻繁に売買を行うトレーダーの場合、デイトレーディングのためのイントラデイデータに応用することも可能だ。この場合１時間、30分、15分や５分ベースでの使用も可能だが、ここではより長期的な応用について分析してみることにしよう。

　チャート3.3は、S&P500指数の月足チャートで、30カ月間の移動平均線が描かれている。ここで、２つのことに注意してほしい。一番目は、移動平均線が株式相場の支持水準を示すうえで重要性を持っていることである。強気相場の期間中は、主要な中期・長期移動平均線の水準で下落に歯止めがかかる場合が多い。二番目として、移動平均線が加速度的に上昇した場合、上昇する放物曲線を描くことに注目してもらいたい。このようなカーブが形成されるのは極めて投機的な相場（1980年の金相場など）の場合に限られ、通例、この後に長期間の、しかも深刻な下落相場が続く。チャートで見れば分かるとおり、2000年に付けた高値は、2004年序盤の高値によっても上抜かれてはいない。1980年の金上昇相場の天井で付けた高値は、25年近く経った現在でもまだ更新されていないのだ。

移動平均線――その神話と誤解

　株式市場ではよく、相場が30週移動平均線を上回っているから強気だとか、逆にこれを下回っているから弱気などと言われることが多い。

チャート3.3　S&P500指数と1986年から2003年の30カ月移動平均線

S&P500指数月足(1985-2004)

30カ月移動平均線

チャート3.3に示されているように株価は1986年から2000年までの間、加速的かつ放物線状に上昇しており、30カ月移動平均線が上昇局面では一貫して支持線となっている。相場が天井を付ける場面では総じて、徐々に勢力が弱まるものだが、放物線状に勢力を強める場合もあり、そのような上昇場面では最後にクギのように尖った天井が形成される。このような放物線のパターンは通常、投機的な買いが活発な期間に見られるもので、こうした期間は買いが続いている間はいいが、通常は惨めな結果に終わるものである。

30週の代わりに10週移動平均線や20週移動平均線が指標とみなされる場合もある。こうした一般論にはある程度真実が含まれている部分もあるが、相場が移動平均を上回ったか下回ったかで買いや売りの戦略を立てたとしても、せいぜいがバイ・アンド・ホールド戦略よりわずかに余分の利益が出る、という程度にとどまる傾向が強い。

　例えば、ここで実行可能な２つの戦略を考えてみよう。第一の戦略はダウ工業株30種平均の終値が200日移動平均線を上抜いた場合に買い、割り込んだ場合に売るというものとする。第二の戦略は同様のル

ールに基づいて売買するが、移動平均線の期間を100日にした場合とする。

移動平均線の交差を利用したダウ平均の取引（1970/1/5～2004/1/13）

	200日移動平均モデル	100日移動平均モデル
往復回数	120	195
勝ちトレード数	26(21.7%)	44(22.6%)
負けトレード数	94(78.3%)	151(77.4%)
勝ちトレードの平均利益率	14.1%	18.7%
負けトレードの平均損失率	-1.2%	-1.1%
投資期間の比率	68.6%	65.5%
投資期間中の年上昇率	9.6%	9.1%
キャッシュ期間を含む年利益率	6.6%	6.0%
オープンドローダウン	44.2%	48.1%
バイ・アンド・ホールド		
年間利益率	+7.8%	
オープンドローダウン	-45.1%	

年利益率には、年率平均約２％となるキャッシュ期間の市場利息収入も、受け取り配当も含まれていない。これらを含めた場合には、この取引と、バイ・アンド・ホールド戦略の年利益率は基本的に同一となるはずである

　上表のとおり、100日または200日の移動平均線を上抜くか割り込むかした場合に、ダウ工業株30種平均を売買する、という戦略は（バイ・アンド・ホールド戦略と比べて）、ほとんど有利にも不利にもならなかったのである。ダウ工業株30種平均はこれまで、特に値動きが荒いというわけでも、また、特にトレンドが明確な指数というわけでもなかった。ナスダック総合指数は、ダウよりも値動きが荒くて時勢に乗った人気企業が含まれており、過去には、こうした方式のタイミングモデルに対する整合性はより高かった。ただ最近の数年間は、この市場セクターが自己相関傾向、すなわち相場が上昇した翌日にまた上昇し、下落した翌日はまた下落するという傾向をかなり失っていることから、こうした整合性は低下している。現在は、過去数十年間よりさらにラ

ンダムな形で上昇の日と下落の日が発生する可能性が高くなっているのである。

過去よりも最近の価格をより大きく加重する指数平滑平均（EMA）を使い、移動平均線が相場を上抜いたら買い、割り込んだら売るという戦略を取れば、結果は改善するように思われる。

EMAの算出法は第6章で週間インパルスシグナルについて研究するときに説明する。移動平均の特別な応用法である移動平均トレーディングバンドは、過去の相場動向から将来の値動きを予測する手段のひとつであり、これは個別に1章を取って述べることとする（第9章参照）。

移動平均で市場のサイクルの四段階を見極める

移動平均線を利用することによって、典型的な相場サイクルの4つの段階を見極めることができる（チャート3.4参照）。この検証作業によって、各段階に応じた論理的ポートフォリオ戦略の採用が可能となる。

第一段階

この段階は、株式市場のメジャーな弱気相場からメジャーな強気相場への転換期に当たる。相場は上昇に向かおうとしており、この時期が底固めの期間となる。この段階の初期には、短期間ながらベアマーケット、すなわち下落相場の終盤が見られる。そして、投資家の群れが、遅れて売りを出す向きからその後の上昇を見越して買いポジションを積み増すような洞察力のある向きへと移行することから、相場は下落から中立の動きへと変化する。

第一段階の最終場面では通常、株価の上昇が始まり、市場の広がりの指標（相場の上昇や下落に対するどれだけ多数の株式が寄与してい

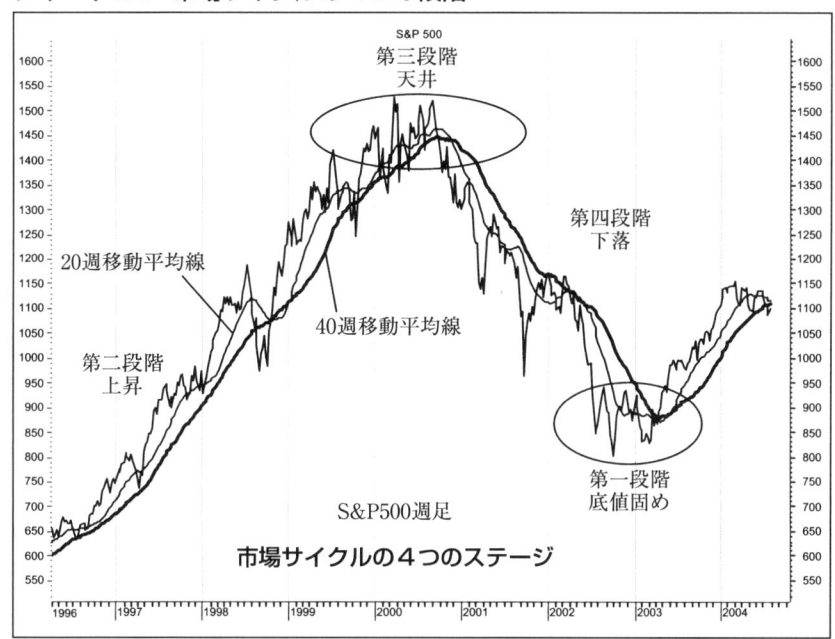

チャート3.4　市場サイクルの４つの段階

S&P 500

第三段階
天井

20週移動平均線

40週移動平均線

第二段階
上昇

第四段階
下落

第一段階
底値固め

S&P500週足

市場サイクルの４つのステージ

チャート3.4は、市場サイクルの４つの段階を示している。すなわち、上昇、天井、下落および最後には第二段階の上昇に向けた底値固めである。これを見れば分かるように、第二段階の上昇の期間中、相場は主に主要移動平均線を上回って推移している。第四段階の期間中は、主として主要移動平均線を割り込んで推移している。

るかの指標）が改善に向かい、52週ぶりの新安値（個別株式が過去52週間に付けた最安値）を更新する株式数は減少していく。

第一段階の移動平均線のパターン

　第一段階での移動平均線のパターンは、長期の移動平均線が引き続き下落するなか、短期の移動平均線には好転が見られるようになる。すべての移動平均線の下げの角度が穏やかになる。
　売りの波動は、長さも、角度も、モメンタムもそれぞれ勢いがなく

なる。それまでは移動平均線の下で推移していた相場が、主要な移動平均と同水準かそれを超えた水準へと上昇しはじめ、相場の動き自体も水平になってくる。

　短期的に弱気で推移している間に、トレンドの転換に対する期待感から投資家のポジションが積み上がる。第一段階での底固めが完了するには、数週間か場合によって数カ月程度の時間がかかるため、あなたはポートフォリオの組み換えを余裕を持って行うことができる。

第二段階

　相場が当初の上値抵抗圏、つまりそれ以前の上値突破を阻止していた水準を上抜くと、相場の上昇は確認されたものとなる。投資家の間に市場の地合いが大きく変化したとの認識が広がり、積極的な買いが入り始める。この時期が株を保有する最大の好機である。

　第二段階は、株価が上昇し第一段階でのトレーディングレンジを上回ることから、強気の爆発の場面で始まることが多い。この段階は、主要なトレンドが上方へ転換しているということが広く認識される時期であり、また、売り戦略による大きな利益が得られる可能性の低い時期でもある。

第二段階の上昇期の移動平均線のパターン

　最初の反転ポイントで中期、そして次に長期の移動平均線が短期の移動平均線と重なり、その後、上方へと加速していく。主要な移動平均線（25日から10週間の移動平均線が多い）が、株価の支持線となる傾向が強い。移動平均線を割り込む場合もあるが、一時的である。移動平均線の角度と長さで見ると、買い波動は売り波動よりも長くなり、角度も急になる。

可能ならこの段階の初期に、上昇サイクルの終了時まで維持する目的で買いポジションを建てておきたい。ポートフォリオの大部分は、この市場サイクルの比較的初期の段階で確保するべきである。

第三段階

株価の上昇は減速し、株式は当初の買い手からその後買いを入れた投資家へ移転されていく。この時期の特徴はディストリビューションであり、つまり、賢明な投資家が株式を手放し、賢明さでは劣る新参者がこれを入手するという状況である。

第三段階のディストリビューション時期の移動平均線のパターン

まず短期の移動平均線が、そしてその後、中期および長期の移動平均線が上方へのモメンタムを失い横ばいとなる。株価はその後下落し、上記の移動平均線を割り込む。相場は上昇トレンドから中立へと移行し、移動平均線も中立パターンで推移する。株も産業セクターも、移動平均線の上昇トレンドを支持するような動きは減少する。

この段階はいろんな意味で、多くの投資家にとって難しい時期である。第二段階の上昇期から第三段階のディストリビューションの時期への移行がよく分かりにくいことも理由のひとつである。また、投資家の多くは、損失を被ることよりも、利益を失うことをより怖がって、自分たちが謳歌している強気相場の宴が終わりに近づいていることを認めたがらないだろう。

ここでの新たな買いは、選択的にかつ慎重に行う必要がある。現在保有している株式については売り戦略を確立すべきである。利益はストップロス（逆指値）注文で防衛し、レラティブストレングスが低下した株式は売却してポートフォリオをスリム化しなければならない。

ここで上昇場面があれば手仕舞い売りの好機ととらえるべきだ。

第四段階

　相場は弱気へと転じる。下落する株式が増加し、下げが加速する。まず短期の移動平均線が下落し、その後、長期の移動平均線が下落に転じ、弱気相場が進むにつれて下降トレンドに拍車がかかる。主要な移動平均線を割り込んだ水準で値動きが活発化していく。株価の反発は、下降に転じた移動平均線の水準もしくはこれを下回る水準で、頭打ちになる傾向が見られるようになる。確かに株価が上昇し、時として急伸することもあるものの、総じて上昇場面は比較的短期で終わる。

　この段階は、投資家の損失が最も膨らむ時期に相当する。第四段階の株価下落は、いつもというわけではないが金利上昇局面であることが多く、普通は景況感が強気を維持しているうちに始まる。株価の動向は9カ月〜1年程度の景気の変化を先取りして動く傾向がある。つまり、景気回復期待が見られる場合は上昇し、逆に景気悪化懸念があれば下落する。前者の場合、株価が上昇し始めても普通は、市場に懐疑的な見方が見られる。しかし、後者の場合、その後も好況を示す材料が注目され続け、株価自体が発している警告から投資家の目をそらしてしまいがちである。

　大半の投資家にとっては、ここではキャッシュポジションを維持しておくことが最も賢明な選択だろう。株価は通常、金利上昇を伴って急落するが、この金利上昇では最低限のリスクもしくはまったくのノーリスクで利益を確保することが可能である。もちろん、積極的で正確な見通しを持ったトレーダーなら、空売りで利益を得ることもできるだろう。大半のトレーダーには、大きな下降トレンドのときにフルに投資したポジションを持ったままで過ごすことはお勧めできない。超長期のトレンドが上昇となっていても、その間に株価が75％も急落

するような深刻な弱気相場は発生するのである。

変化率――株式市場のモメンタム測定およびその分析法

変化率のコンセプトとそのメンテナンス

　変化率（ROC）とは、モメンタムを計測するための測定手段であり、つまり、価格に起きている変化の比率のことである。ゴルフのドライバーショット（遠距離に飛ばすショット）の例で考えてみよう。強打されたボールは、ティーから即座に離れ、急速に高度を上げていく。モメンタムは極めて大きい。ボールのティーからの最初の上昇だけを見てこのショットによる飛距離を推定するのは難しいかも知れないが、初期の上昇率から、これがナイスショットであり、かなり飛距離を伸ばす可能性が高い、と結論することができる場合は多いのではないだろうか。その後、ボールの上昇率は減衰し、ボールはモメンタムを失っていく。この時点では、このショットの最終的な飛距離を見積もることがさっきよりたやすくなっているはずだ。

　このモメンタムという重要なコンセプトは、落下が始まる前は上昇率が減衰する、という事実と関係がある。このショットによる上昇率が低下することによって、間もなくボールが地面に落下していくという警告が事前に示されるのである。

　株式市場の値動きにも、ゴルフのショットで見られるモメンタムと非常によく似た特徴のモメンタムが見られる。

　例えば、2001年9月から2002年3月までの期間を示したチャート3.5を見てもらいたい。この期間は弱気相場だったのだが、弱気相場の期間中でも通常短期間ながら複数の反発場面が現れる。ここでは、2001年9月下旬から12月上旬にかけての上昇場面がそれであり、この期間に、株価の「ゴルフボール」のモメンタムは、事実上のピークに

87

チャート3.5　ナスダック総合指数(2001-2002)

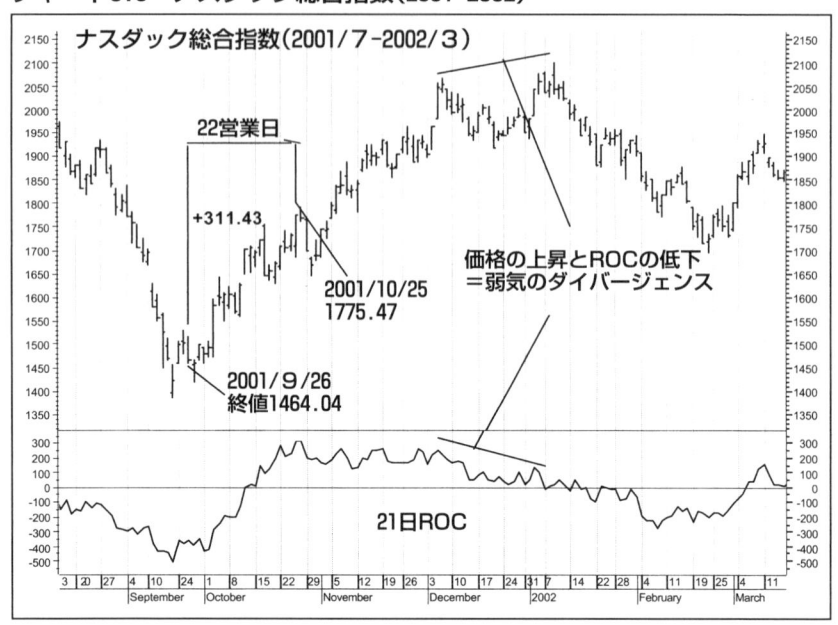

チャート3.5は、ROCの算出と応用を示したものである。チャート上には2つの日付が記してある。2001年9月26日にナスダック総合指数は1464.04で引け、それから21営業日後の同10月25日には1775.47で引けた。同総合指数はこの21営業日で311.43上昇したが、10月25日の21日ROCは+311.43で、同指数の上げ幅と一致している。大半の部分では、ROCが10月から12月上旬の値動きと追随しており、モメンタムが相場の動きと一致している。しかし、相場が新高値に達した2002年1月、ROCは急落しており、モメンタムが指数の上昇に追随しない、いわゆる弱気のダイバージェンスとなった。こうしたパターンは相場の本格的な下落の前触れである場合が多い。

達した。「ボール」が2002年1月の天井に達するまでにはモメンタムが急速に低下してしまっており、投資家に対しては、上昇が実質的に終わっていることを示す警告となっているのだ。

　このチャートを見れば、9月下旬の安値からの最初の上昇場面では、株価の変化率も急速に高まっているのに気づくだろう。上昇開始から5週間目にようやくモメンタムはピークを迎え、その後、12月上旬ま

では比較的高水準での横ばいが続くが、ここから株価が天井へ向かって上昇しているのに対し、モメンタムは下降トレンドをたどり、ダイバージェンスになっている。

このように、株価が新高値へ上昇しているにもかかわらず、モメンタムがこれに追随しないパターンのことを弱気のダイバージェンスと呼ぶ。弱気のダイバージェンスは、株価上昇に対してモメンタムが追随しないことで相場の上昇力低下を示しており、相場が弱気であることを意味している。これとは逆に、株価が新安値に下落する一方でモメンタムが上昇している場合は、下降モメンタムの低下を示しており、相場が強気にあることを意味していることから、強気のダイバージェンスと呼ばれる。

もちろん、変化率の数値の解釈と使用法については、これらの計測に基づいた短期タイミングモデルを含めて、これ以外にもいろいろなコンセプトが関係している。だが、まず順を追って最初から説明しよう。

変化率の算出方法

変化率については利回り指標を論じた前章でも説明したが、ここでも再度説明を繰り返そう。変化率はどの期間について作成することも可能で、時間足、日足、週足あるいは月足のいずれのデータを基に算出することができる。私自身の分析では、複数の主要市場指標または騰落ラインの水準（NYSEもしくはナスダックの値上がり銘柄数から値下がり銘柄数を引いたものの累計）の日足終値ベースを自前のデータストリームとして使用することが多い。

私の場合、短期売買には10日間の変化率、中期売買には21～25日間の変化率が有用なようだ。短期・長期両方の変化率を追跡しておくのがよいと思われる。短期指標が方向転換し、これに続いて長期指標の

方向転換が見られる場合が多い。

　ここで、2004年1月30日から2月にかけてのS&P500指数について10日間の変化率の推移を記録した場合、実際の集計シートがどうなるか示してみよう。

	日付	S&P500の終値	10日間変化率
1	1月30日	1131.13	
2	2月2日	1135.26	
3	2月3日	1136.03	
4	2月4日	1126.52	
5	2月5日	1128.59	
6	2月6日	1142.76	
7	2月9日	1139.81	
8	2月10日	1145.54	
9	2月11日	1157.76	
10	2月12日	1152.11	
11	2月13日	1145.81	+14.68（11日目の1145.81-1日目の1131.13）
12	2月17日	1156.99	+21.73（12日目の1156.99-2日目の1135.26）

　ご覧のとおり、データは必要な変化率の期間に対して最低でも1期間多く取る必要がある。つまり、10日間の変化率が欲しければ、最低11日間のデータがなければならない。

　株価チャートと変化率を同じチャート上に描けば、ダイバージェンスを確認したり、トレンドラインの形成を見るうえでは有用である。日足の変化率の折れ線を見ると、かなりギザギザしたものとなるため、指標のパターンを滑らかにするために日足の移動平均線が役立つことが多い。

　次の項目は、まずチャート3.6を見てもらいたい。このチャートには、変化率を解釈するための重要なコンセプトが多数示されている。

強気相場と弱気相場の変化率のパターン

　あなたは当然ながら、株式相場の下げ局面では、変化率が弱気となり、相場の上昇局面では、変化率が強気となると推察するだろう。2002年から2003年にかけて、株価が大きな弱気相場から大きな強気相場へ転換する場面では、変化率のこうした特徴が極めてはっきりと現れている。

　市場アナリストはよく、株式市場が「売られ過ぎ」ているとか「買われ過ぎ」ているなどと表現する。これは当該市場の相場の値動きの変化のモメンタムが、採用している指標の通常のパラメーターに対して、異常に強気の方向や弱気の方向に動きすぎていることを意味している。例えば、ここ数年のNYSEの騰落ラインの10日変化率の水準は、プラス7500とマイナス8500の間で推移している。この水準を上方または下方に超えた場合、それぞれ買われ過ぎや売られ過ぎの状態になっているものとみられる。理論的には、モメンタム指標がある一定の水準に到達すれば、株価は反転する可能性が高くなる。これは、ゴムバンドを伸ばすと元の均衡状態に戻ろうとするのと同じことである。

　上記の一般論は広く信奉されており——そして通常、市場が中立の状態なら正確なのだが——株価が強力なトレンドを形成している場合、その結果の信頼性はより低くなる。例えば、2002年春から初夏の変化率が非常に大きく弱気に傾いた場面では、変化率が過去にも同様の水準まで弱気になっていたため、間もなく相場が反発する可能性よりも引き続き下落していく可能性のほうが大きいと思われる。極端な弱気が示唆するものは、その後も弱気が継続することである。極端な強気が示唆するものは、その後も強気が継続することである。変化率が少なくともある程度中立にならないうちに、相場の基調転換が起きることはめったにない。

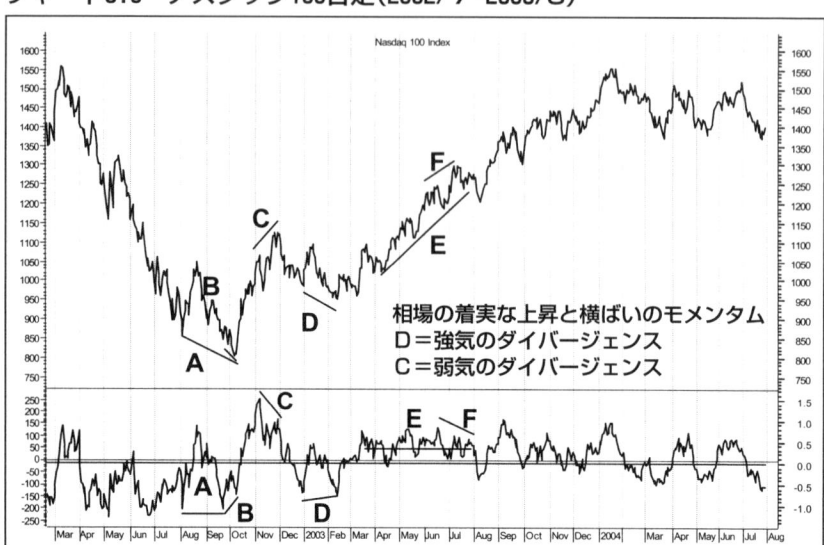

チャート3.6 ナスダック100日足(2002/7-2003/8)

このチャートでは、変化率指標が弱気相場および強気相場の双方でどう推移するかを示すものである。これで分かるとおり、相場が下落している期間には変化率指標がネガティブ(ゼロを下回る)となり、強気相場の期間はポジティブ(ゼロを上回る)となっている。

市場トレンドに対する買われ過ぎと売られ過ぎの変化率水準調整

モメンタム指標がどの水準になれば、「売られ過ぎ」(特に中立か強気相場の期間であれば、相場は下値を固めようとしていると見られる)で、どの水準なら「買われ過ぎ」(特に弱気または中立の期間であれば、少なくとも相場の上げは一服する可能性が高いとみられる)とみなされるかは、総合的な市場環境に左右される。

強気相場が継続している期間の変化率は、弱気相場中であるなら数週間、あるいは数カ月間にもわたって続くような、極端な弱気の水準にまで達することはまずない。変化率がレンジの下のほうに低下すると、株価が急速に回復することがよくある。逆に弱気相場の期間中に

は、変化率はより強気の市場環境で見られるような高水準まで上昇することはまずない。つまり、弱気相場中であれば、変化率が比較的高い水準まで上昇したら、株価がすぐに下げてしまう可能性のほうが高い。チャート3.6で再確認してみると、市場のメジャートレンドが弱気から強気へ変わるなかで、変化率のパラメーターがシフトしている例が見られる。

　モメンタムの複数の指標が、買われ過ぎや売られ過ぎのレベルに基づき、株価がすぐ基調転換することを示唆しているのを判断するときには、現行の市場のトレンド、移動平均線の方向、使用している変化率のパラメーターなどに基づいて、あなたのパラメーターを調整しなければならない。もちろん、こうした調整は完全に客観的ではなく、ある程度主観的なものになる。

　変化率やそれ以外のモメンタム系オシレーターが最も弱気に振れていたり、売られ過ぎを示していたりしていれば、株価が急激に上昇へ向かい始めることはほとんどない。株価が大きな上昇を開始するのは、モメンタム系オシレーターが最大の弱気水準からすでに上昇に転じたあとである傾向が強い。例えば、チャート3.6をもう一度見てみよう。2002年10月から始まる上昇場面は、21日間変化率が上昇しているダブルボトム、すなわち２番目の安値が最初の安値を大きく上回るダブルボトムのパターンを形成したあとでようやく見られた。

　11月から12月にかけての上昇場面（チャート3.6参照）の終わりは、21日間変化率が、下降しているダブルトップを形成しつつ、ピークから下降に転じるまでは始まらなかった。

　2002年夏の下落場面は、変化率が安値を付けながら上昇（下降モメンタムの減衰）していくパターンを形成されて初めて下げ止まっている。チャート上のAの部分では、強気のダイバージェンスが形成されている。つまり、ナスダック100指数は新安値まで下げているのに、変化率は下げていないのである。また、ここではBの部分で、短期では

あるが重要な第二の強気のダイバージェンスが見られる。ここでは、相場が最終の大底まで下落する一方、変化率が示す弱気は後退しているのである。

2002年9月の安値からの回復場面は、典型的なパターンで進行している。最初に株価が急激に上昇し、抵抗線（8月の高値）を超える一方、モメンタムを示す指標は高水準を示しており、3月以降で最も強気となる。だが、この最初の上昇場面は約2カ月後に終了してしまう。

この2カ月目の下落を警告するような予兆はあったのだろうか。そう、確かにあったのである。チャート上Cの部分をよく見てもらいたいのだが、この部分では株価が11月の新たな高値に到達する一方、変化率の水準が低下しているのである。これは、典型的な弱気のダイバージェンスであり、相場が弱気に向かっていることを予告している。

チャートのDの部分では株価が下落しており、弱気に見えるヘッド・アンド・ショルダーズから始まる天井を形成しつつある（この定義は第6章参照）ように見えるが、2003年1月からの強気のダイバージェンス（株価は下落しているが、変化率はこれを裏付けていないパターン）がより強気の展開を示唆しており、この後、実際に相場は上昇した。

変化率の水準に関するより詳細な検討

変化率はそれ自体で多くの情報をもたらすものであるが、現在の数値を示すに至ったこれまでの市場の動きについて、じっくり時間をかけて検討してみるとさらに多くの情報を得ることができる。

より具体的に言えば、毎日の新たな変化率の水準には2つの変数がかかわっている。1つは当日の相場の値動きとその方向であり、もう1つは、計算のときに除去される日付の値動きとその方向である。

もし、除去された日に株価が下げていれば、当日の株価がまったく

上昇していなくても、除去日の下げ幅ほど大きく下げていないかぎり、変化率は上昇するだろう。したがって、上昇トレンドに転換する前に多く見られることだが、変化率計算から除去される日が下げ相場の場合、数値が上昇しやすくなる傾向がある。当日がたまたま上昇相場で除去日が下落相場だった場合、数値は急速に上昇してしまうかもしれない。

　逆に除去日が上昇相場の日なら、数値が上昇に向かうことは難しくなる。相場の上昇局面で、数値は比較的高い水準で横ばいとなる可能性が高い。このような局面では、弱気のダイバージェンスが形成される可能性が高くなるようだが、注意深くデータの流れを見ていけば、株価が軟化している事実などまったくなく、むしろ、数値が高水準を維持できていることが、相場の強さを示しているということに気づくだろう。

　チャート3.5に戻ろう。9月に株価が急落していたため、10月の変化率は、相場が大きな上昇を示す前から急上昇している。これ以降、11月に入るとようやく、上昇相場の日が除去日となった。変化率の数値は数週間にわたって高水準で推移したものの、横ばいにとどまった。この場合、数値がこれ以上上昇できなくなったことは、相場の弱さを示しているわけではなく、むしろ、数週間にわたって続いていた過去の相場の強さの持続を反映しているにすぎない。

　レラティブストレングスの数値（チャート3.5）は、株価が押し目を付けたあとに変化率の上昇を伴わずに新高値まで上昇するなかで、2001年の終盤までは大幅な低下を示してはいない。しかし2002年初頭には、株価と数値がそろって下落に転じているが、この下落に先立って2001年12月から2002年1月までの間に弱気のダイバージェンスが形成されている。

　12月初めの変化率の低下を伴った最初の押し目は、必ずしも相場の環境が弱気へと傾いていくことを示唆しているものではなかった。極

めて強気の相場局面にも、値固めの期間というのはあるものだ。12月の間は数値が一度もゼロを割り込んでいないことに気をつけるべきである。ただ、この年末にかけて、よりはっきりと弱気を示す弱気のダイバージェンスが形成されている。

　この弱気のダイバージェンスの形成が、10月から11月までの変化率が横ばいで推移したことよりも重要な理由は何だろうか。まず、この時点の変化率がすでに高水準では推移しておらず、ゼロ水準近くまで低下していることが挙げられる。次は、値動きのパターンが変化し、トレンドが横ばいになっていることである。さらに3番目として、株価が新高値を付けている場面では本来これを追随するはずの変化率がこれに追随しておらず、ほとんど時間を空けずに株価が1月上旬の高値から急落している点が挙げられる。

　また、変化率の低下と弱気のダイバージェンスが、株価の下降トレンドを伴って見られた場合には、重要度がさらに高くなる。株価のダブルトップ（数日から数週間の間隔で2つの天井を付けること）が、変化率の下降するダブルトップを伴って現れた場合、相場はかなり弱気になっている可能性があるのだ。

　逆に、変化率の上昇パターンは、株価の上昇転換によって力強さを証明されている場合、重要度がより大きくなる。株価のダブルボトム、つまり、数日から数週間隔てた2つの底が、指標のダブルボトムとともに出現するようなら、そこは絶好の買い建てポイントである場合が多い。

トリプルモメンタム・ナスダック指数売買モデル

　ここでは、ナスダック総合指数追随型の投資商品に使用するために作成された、維持が容易なタイミングモデルについて見てみよう。これは、短期のヒットエンドラン型のタイミングモデルで、1972年から

2004年５月までのうち45.9％の期間しか投資されていないにもかかわらず、分析対象となったこの32年間のうち20年間、パフォーマンスでバイ・アンド・ホールド戦略を上回るパフォーマンスを示した。個別の勝ちトレードでの利益は、負けトレードの損失の５倍以上となっている。より詳細なパフォーマンスデータは後述するが、まずはこのモデルの論理とルールをしっかりと見ていただきたい。

算出方法

　この変化率を見る方法は、非常に明快である。
　３つの変化率を見るだけである。ナスダック指数終値の５日間、15日間、そして25日間の変化率を見るだけである。
　これらの数値は、ポイント単位の変動でなく、百分率の変動である。例えば、今日のナスダック指数終値が2000ドルで10日前の終値が1900ドルなら、10日間の変化率は5.26％となる（2000－1900＝100、100÷1900＝0.0526、0.0526×100＝5.26％）。
　各営業日の引け時点で、百分率ベースでの５日間、15日間、25日間指標を加算すれば、その日の総合変化率であるトリプル・モメンタムの数値が得られる。例えば、５日間の変化率が3.0％、15日間が4.5％、25日間が6.0％だとすれば、トリプル・モメンタムの水準は13.5％、すなわち13.5となる。変化率がこのような数値、つまり算出した３つの変化率すべての時間枠で正の数になった場合、株価は上昇トレンドにあることが示唆される。
　この指標の場合、買いも売りもルールは１つだけである。つまり、５日間、15日間、25日間のトリプル・モメンタムが４％を突破したら買い。同様に４％を割り込んだら売り、である。
　繰り返すが、これ以外にルールは何もない。このモデルは、そのシンプルさにおいてほとんどエレガントであると言ってもいいだろう。

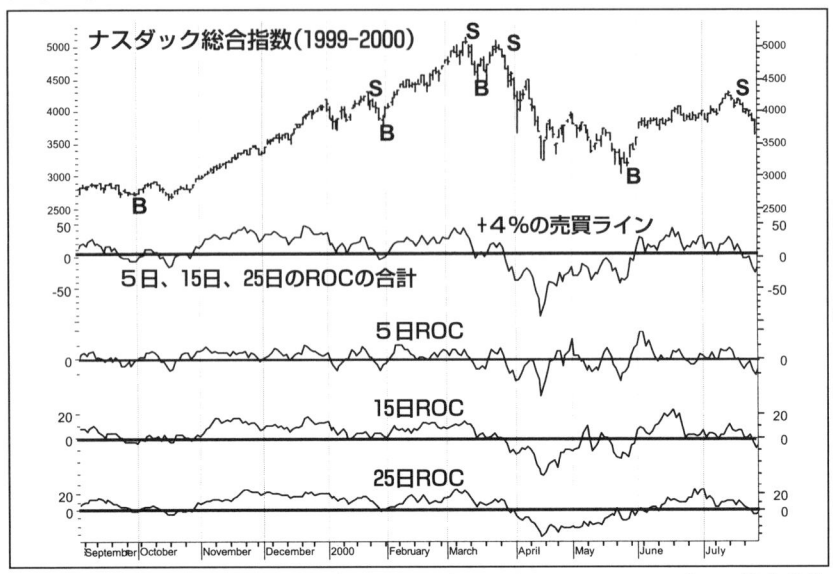

チャート3.7 トリプルモメンタム・タイミングモデル(1999-2000)

このチャートでは1999年10月後半から2000年10月初めまでのナスダック総合指数が示されている。株価チャートの下には3種類のROCチャート、すなわち、同指数の変化を(ポイントではなく)百分率で表現した5日間、15日間、25日間のROCチャートが描かれている。3つのROCチャートの上にあるのは、日足で各ROCを合計して作成したチャートである。Bと記された部分は買いのタイミングとなっている日を、またSは売りタイミングの日を示している。これを見ると、株価の方向転換を先取りして、長期のROCである15日ROCと25日ROCが方向を転換しているが、より短期の5日ROCはこれよりさらに先行しているという事実に気づくだろう(このチャートは仮想の研究に基づいて作成されたものであり、将来のパフォーマンスを保証するものではない)。

以下は、年次ベースでの売買結果である。

トリプルモメンタム・タイミングモデル(1972～2004年)

年	ナスダック総合指数の バイ・アンド・ホールド	トリプル・モメンタム
1972	+4.4%	+2.3%
1973	-31.1	+7.5
1974	-35.1	-0.3

1975	+29.8	+32.9
1976	+26.1	+23.6
1977	+7.3	+5.3
1978	+12.3	+26.2
1979	+28.1	+25.3
1980	+33.9	+43.2
1981	−3.2	+9.8
1982	+18.7	+43.8
1983	+19.9	+29.4
1984	−11.2	+3.6
1985	+31.4	+31.3
1986	+7.4	+10.7
1987	−5.3	+24.1
1988	+15.4	+11.6
1989	+19.3	+15.2
1990	−17.8	+10.8
1991	+56.8	+32.9
1992	+15.5	+17.9
1993	+14.8	+7.4
1994	−3.2	+2.0
1995	+39.9	+27.0
1996	+22.7	+20.3
1997	+21.6	+26.3
1998	+39.9	+50.9
1999	+85.6	+43.5
2000	−39.3	+8.6
2001	−21.1	+27.5
2002	−31.5	+4.9
2003	+50.0	+21.5
2004(途中)	−2.3	+0.8

パフォーマンス結果の要約

	バイ・アンド・ホールド	トリプルモメンタム
年利益率	+9.0%	+19.8%
オープンドローダウン(含み損)	-77.4%	-17.5%
トレード数		288(1年に8.9回)
勝ちトレードの比率		54.4%
投資期間比率		45.9%
投資期間中の年利益率	+9.0%	+43.1%
勝ちトレードの平均利益率		+4.8%
負けトレードの平均損失率		-0.9%
利益／損失比率		5.3
全体の利益／損失比率		6.2

　このトリプルモメンタム・タイミングモデルによって得られた利益は、この32年の期間の損失額の６倍以上に達している。また、投資期間はこの期間全体の45.9％にすぎないが、実績ではバイ・アンド・ホールド戦略を年率平均120％上回っている。ここでは、投資しないでいた期間に得られた利子収入は計算していないが、同様に株式運用をパッシブ運用でなくアクティブ運用にしたことで生じる可能性のある経費や税負担についても、やはり計算に含まれていない。

　ここで当然ながら、このモデルでは３つの変化率を使うことが本当に必要なのか、つまり、１つだけでは同じような効果は得られないのか、という疑問が生じるかもしれない。実際には、３つの変化率を使用することで売買数が減少し、リスクが低下するなど、よりばらつきの少ない結果が得られる。例えば15日変化率だけに注目し、これがゼロから上昇した日にナスダック総合指数を買い、ゼロを割り込んだ日に売った場合、年率平均の利益は18.3％となる。しかし最大ドローダウンはマイナス28.6％に上昇、売買回数は307回に増加し、勝率は44.3％に低下してしまう。投資に対するリターンの比率は43.1％から30.7％へ、また、１トレード当たりの利益／損失比率は5.3から4.1へ低下

する。ほかの変化率を１つだけ使用した場合と比較しても似た結果が予想される。

　このタイミングモデルは上記のテストした期間では非常に良い成績を残している。しかし、株式市場のテクニカルアナリストやタイミングモデルの開発者たちは多くの場合、ここ最近の数十年には株価タイミングモデルのパフォーマンスが大きく低下する傾向にあることに気がついている。70年代には優れた機能を示していたモデルも、80年代に入るとパフォーマンスの低下が見られるようになり、90年代は損失が大きくなって、2000〜2002年の弱気相場ではさらに損失が拡大していった。効率低下の原因としては、長い期間を通じての１日当たりのボラティリティの拡大、出来高の増加、デイトレーディングの活発化、多くの株式市場セクターでの日々のトレンドの持続性の顕著な低下などで、そして、これ以外にも各種の要因があったものと思われる。

　あなたは、トリプルモメンタム・タイミングモデルが1970年代、1980年代、そして2000年以降の過去30年間にわたり、バイ・アンド・ホールド戦略と比較して一貫したパフォーマンスを示しているの目の当たりにして、勇気づけられるのではないだろうか。1990年代のうち５年はバイ・アンド・ホールドがトリプルモメンタムをパフォーマンスで上回ったが、他の５年はトリプルモメンタムがバイ・アンド・ホールドを上回った。このモデルの評価に際しては、投資期間が年間の45.9％にすぎなかったという点を思い出してほしい。

調査構造に関する注記

　この種のタイミングモデル作成で採用される調査仕様では、その性質上、調査データの期間に適正化された結果を生み出し、将来に向かってのリアルタイムでは同等の結果が出なくなる傾向がある。こうした適正化に関する問題点を、完全に消し去るとまではいかないにせよ、

減少させるための方法として、2回以上の段階でモデルのテストを行うというやり方がある。パラメーターについては1期間目を基準値として設定し、その後の期間については同じ設定を使用して、モデルが過去と同様に仮説上の将来に対しても同様のパフォーマンスを継続できるかどうか見てみるのである。

トリプルモメンタム・タイミングモデルは、以下のような手順で設定および検証されている。まず、パラメーターを1972年9月から1988年12月31日までの期間に基づいて設定する。これらのパラメーターはその後、残りのテスト期間中、つまり、1989年1月から2004年5月5日までに対しても適用した。比較した結果は以下のとおり。

期間ごとのトリプルモメンタム・タイミングモデルのパフォーマンス

	作成期間 1972/9〜1988/12	フォワードテスト期間 1989/1〜2004/5
バイ・アンド・ホールドでのリターン	+7.6%	+11.3%
年間リターン	+19.7%	+19.3%
取引回数	128回(年間7.8回)	162回(年間10.6回)
利益の出た取引比率	56.3%	51.9%
投資期間比率	43.4%	48.6%
投資期間中のリターン	45.3%	40.9%
オープンドローダウン(含み損)	-6.9%	-17.5%
平均利益／平均損失	8.0	4.1
平均利益	+2.5%	+1.9%

モデル設定期(1972年から1988年)から検証期(1989年から2004年)に移行してから、トリプルモメンタム・タイミングモデルのパフォーマンスがやや悪化している。しかし1989年から2004年の期間にはナスダックのボラティリティが上昇しており、株価は1999年に乱高下しつつ急上昇したあと、弱気相場に入って値を下げていた(言うまでもなく1999年以降のナスダック総合指数では、日々のトレンド継続の傾向が低下していた)ことを考慮すれば、パフォーマンスは比較的安定し

て推移していた。この調査結果から得られる結論は、過去数年間にパフォーマンスを維持できたタイミングモデルはほとんどなかったが、トリプルモメンタムモデルはほかのほとんどのモデルを大きく上回る実績を残した、ということである。

ちなみに、この調査ではトリプルモメンタムモデルの原理が（Tボンドなど）他市場に対しても同様に適用可能なことが示されている。バックテストでは、この非常に売買が難しい市場の取引で、利益に対するインパクトを最小限に抑えつつ、リスクを大幅に低下できることが示された。

変化率パターンと株式市場サイクルでの４つの段階

変化率パターンと移動平均線を組み合わせれば、株価が株式市場サイクルの４つの段階のうちどこにあるかを特定することも可能である。変化率は通常、移動平均線よりも先に方向を転換する。つまり、株価のモメンタムは株価に先立って反転するのである。

本章のチャート3.5とチャート3.6は、市場のトレンドが大きく反転したときに変化率がどう動くかを示した例である。この変化率は毎日の動きが荒くなることが多く、これを滑らかにするため、デイリー変化率の移動平均線を作成することも可能である。

要約すると、株式市場の短期・長期のトレンドを反映する移動平均線は、相場の方向性や傾き、上昇および下降波動の角度や長さによって、投資家が市場の強さを定義するのに役立つ。上昇と下落のモメンタムを定義する変化率は、その時点で有効なトレンドの強さを計るだけでなく、往々にして相場の反転が近いことを前もって知らせてくれる。移動平均線と変化率はどちらも、長期と短期の市場サイクルの４段階について重要な示唆を与えてくれる。

第4章

美しい図形以上のもの——パワーツールのチャートパターン
More Than Just Pretty Picture : Power Tool Chart Patterns

　株式市場や株価の変動をチャートに記録する習慣は、株式市場自体と同じくらい古いものだと思われる。確かに、コンピューターによる売買プログラムやオンラインのマーケット・トラッキング・プログラム、各種の金融ウエブサイト（もちろんこれには古いタイプの株式投資顧問サービスも含まれる）などの発展のおかげで、株式相場のチャートはますます身近なものとなり、数多くの投資家が利用できるものとなった。

　本書は、ポイント・アンド・フィギュアとかローソク足などといった、テクニカルアナリストが使用する無数のチャートパターンを詳述したり、チャートおたくが使うような各種のチャート手法の有効性について評価することを目的とはしていない。株式チャートのパターンを解釈するということは、科学的な作業というよりある種の芸術に近いものであり、チャートパターンというものは、ほとんど常に、とまで言えないにせよ、主観的な解釈（終わってみれば主観的だったことがよりはっきり分かるのだが）に陥りがちなものだ、とでも考えておくほうがいい。だが、こうした警告は警告として、私には特定のチャートパターンによる示唆が非常に有効だと感じた経験がある。ただ、個別のチャートを見ていく前に、投資を行うにあたって極めて重要な原理を理解しておくことが大切である。それは、シナジー（相乗効果）

である。

シナジーというコンセプト

　シナジー（相乗効果）とは、別々のものが相互に作用し合うことで、単独によるよりも大きな効果を上げることと定義されている。全体の相乗的な効果が、それぞれの各効果を別々に足し合わせたものを上回るということである。

　株価動向に関するあらゆる調査研究をしたとしても、また投資家が入手可能な全データを用いたとしても、そしてトレーダーのコンピューターが作成するすべてのチャートを駆使したとしても、「完璧な」株価指標など存在しない――おそらく、完璧に近い指標ですら存在しないだろう、という明快な事実は依然として残るのである。わずか２～３例の予測に成功したにすぎないのに、ある種の指標が大きな人気を獲得してしまうということもよくある。実際、第二次世界大戦後のいくつかの主要な市場サイクルに基づいて、配当利回りが３％を割り込むか、PER（株価収益率）が21～22倍に上昇したら「必ず」弱気相場に転じる、と考えられていたことがある。これらのパラメーターは1966年、1969年と1970年の弱気相場を示唆し、そして1990年代の半ばにも再度、このパラメーター水準に接近した。ところが、このときには2000年までS&P500指数が強気相場を崩すことがなかったのである。このとき、PERは46倍まで上昇し、配当利回りは１％台にまで低下していた。

　いずれにせよ、完璧な指標が発見されたとしても、早晩それを構成する要素が一般に知られるようになるため投資家たちが雪崩を打って追随し始め、指標としての効力は消え失せてしまうだろう（すべての投資家が同時に買いを入れるような場面で、一体だれが売ろうとなどするだろうか？）。要するに、相場の予想において完璧ということは

ありえず、確率的にはこうなりそうだ、というのが精いっぱいなのである。現実的な目標としては、予想が外れる回数よりは当たる回数を多くすること、外れた場合もすぐにそれを認識できる精神的な意志と専門能力を開発すること、そしてたとえそれが株価の損失を受け入れなければならない場合であっても、適切な行動が取れるようにすること、などである（一般的には、素早い損切りこそが株式市場で最も上手な損切りである）。

　成功する投資家は、年がら年中相場を張りっぱなしにしたりはしない。彼らはできるかぎり慎重に成功の可能性を見極め、確率が有利な場合のみポジションを建てる。そして、より確率を高める方法として、シナジーというコンセプトを採用する。あなたが注目している株式市場で参入を促す指標が複数あるようなら、その売買が成功する可能性は大幅に高まったと言える。

　それでは、どんなシナジー的指標が現れれば、有利な確率が高まったと言えるのだろうか。ここでは仮に、互いに相関性のない複数の株式指標があり、いずれも正しいシグナルを出す確率が60％、誤ったシグナルを出す確率が40％だとしよう。この確率は、株式市場の１つのタイミング指標としては、まあ平均的な率だろう（各指標は、構成やコンセプトにおいて互いに類似していないことが必要である。さもないと、実際は同一の指標なのに装いが異なるだけ、という場合がありうる）。

　あなたの売買に際しては、トレンドフォロー型の買いシグナルを示す指標１種類のみを使用する方法が、普通のやり方だろう。売買が成功する確率は60％である。実際には、これは株式相場での売買としてはかなりいい成績である。ただし、効果的な手仕舞い戦略があればの話だが。

　さて、次に戦略を変更し、それぞれ60％の的中率で互いに無関係な指標２つに注目するとしよう。そこで計画を立てて、２つの指標がい

ずれもあなたの熟慮した市場でのアクションを支持するシグナルを出したときのみポジションを建てる、ということにしよう。このような計画に沿って売買を行った場合、勝率はどのような影響を受ける可能性があるだろうか。実は、利益の出る確率が60％から84％へと上昇するのだ。

それぞれが勝率60％の指標3つに注目し、3指標のすべてが同様の行動を示唆した場合だけポジションを建てる、とすれば売買の成功率はさらに高まり、93.6％にまで上昇する。

結論としては、買いシグナルを確認する場合、可能な場合は常に複数の指標を使うよう心がけること、そして、ポジションを建てる前に、それを支持している指標も支持していない指標も同じように見ようとすることが必要である。こうしたコンセプトを、今後の説明のなかで強調していくことにする。

パワフルチャートフォーメーション

チャート4.1が示しているのは、過去の値動きに出現した一定のパターンに基づき、その後の価格の波動について時期や長さを予測する優れたテクニックである。このパターンには、株価が推移する角度の変化が関係しており、これを分析することで株価の向かう水準ばかりでなく、その水準に達するまでの期間まで予想することができる。ちなみに、このコンセプトはデイトレードばかりでなく、短期および長期投資にさえ適用が可能である。

株価は、ときどき——実際は、ある程度の頻度で、一定の角度を持って上昇・下落するものである。最初の角度が急な場合もあれば、そうでない場合もある。この角度や傾斜は、ある点ではっきりと変化する。最初が急激な角度の上昇や下落であれば、その後はよりゆっくりとした値動きとなるだろう。逆に、緩やかな上昇・下落をしていた場

チャート4.1　角度の変化によって目標価格を予測する

2001年のナスダック指数

角度の変化－セグメントA＝セグメントB

株価はある特定の角度で上昇または下落したあと、その角度を変えて見せる場合がある。最初の角度を持つセグメント（A）の距離を測り、その後、２番目のセグメント（B）が現在動いている方向にどこまで伸びるかを見れば、セグメントBの長さを正確に予想することができる場合が多い。この場合のBはセグメントAと同じ長さになることが多いのである。

合、その後の角度の変化が急激でより鋭い角度を取り、ほとんど垂直になってしまう場合もある。

　上記のパターンが形成されていることが認識できた場合、それは変動の第二段階の極めて初期であるはずだが、それ以降の相場の変動の長さや期間を正確に予測することも可能だ。最初の辺、つまり上昇または下落全体のうち最初の角度を形成している部分は、セグメントAと呼ばれる。第二の辺はセグメントBである。セグメントAの方向性が変化したことに気づいた時点で、すぐにセグメントAを測定する。ここで得た測定値を、セグメントBの進行している方向に、その開始地点から、セグメントBに当てはめてみる。この予想によってセグメ

ントBがどこまで続く可能性があるのか、ということだけでなく、その予想が達成されるまでの時間枠までもが示されるのだ。

例1

チャート4.1では、2001年の年初から株価が下落を開始しており、その後、「ペナント」を形成して横ばいになるまでかなり急速に下げている（この種のペナントはいずれの場合も、相場の上昇や下落の50％ポイントで形成されるのが通例である）。その後も株価の下落は続くが、最初は急に、その後は明らかによりなだらかに下げている。セグメントBの形成が観察された時点でセグメントAを測定すれば、セグメントBの長さとその期間について予測することができたはずである。

セグメントAの部分をより詳細に見てみると、これ自体も2つのセグメントから成っていることが分かる。つまり、ある角度を持った下落部分とこれよりも急な角度を持った2番目の部分である。最初のセグメントの長さは2番目のセグメントに入った時点で明らかになり、このセグメントA全体の長さと株価水準が確実に予想できる。

同様に、セグメントBも2つの部分から構成されている。最初の部分である3月上旬は垂直な下落が2営業日続いただけだったが、セグメントBが下落の角度を変えた後で残りの部分を予想するのには十分な長さを有している。

例2

2番目のセグメントAとBの連続は、上述のセグメントAとBの直後である4月から5月にかけて形成されている。今度はAが急な角度で始まっている。注意して見ると、このセグメント自体もAとBの連続によって構成されていることに気づくだろう。セグメントAの部分

はわずか2週間程度で終わる。このとき、チャートはセグメントBの角度へと移行していくが、このBは結局、セグメントAよりも少しだけ短いものとなった。

ここでは、セグメントBが終了までに約4週間、つまりセグメントAの倍の時間がかかっていることに注意してほしい。セグメントAとBが完全な形で形成された場合、セグメントAとBの時間的な長さが同じになるわけではない。同じになる傾向があるのは、セグメントの角度と距離の組み合わせによって形成される2つのセグメントの長さである。このため、セグメントAとBの時間的な長さが異なるのは珍しいことではない。

例3

最後に、チャート4.1上で2001年5月下旬から9月中旬まで続くセグメントAとBについてである。この期間の株価は、5月下旬から8月上旬にかけての比較的穏やかな下落から開始している。その後、下落に拍車がかかり、比較的穏やかなセグメントAの角度がBの波動の急激な角度へと変わっていく。この2つのセグメントは、実にきれいに形成されている。セグメントAからセグメントBへの変化をきちんと認識できれば、株価の安値水準をかなり正確に予測できる可能性が高いと言えるだろう。

ウエッジ──株の買い時期と株の売り時期

ウエッジ

上昇ウエッジは、次のような条件が満たされた場合に形成される。

チャート4.2　上昇および下降ウエッジを見つける

このチャートでは、上昇ウエッジ（通常は相場の下落が近いことを示す）と下降ウエッジ（通常は相場の上昇が近いことを示す）の両方が示されている。また、角度変化の測定についても、いくつか例示されている。特に印を付けていないが、ほかにも数多くの例がチャート内に存在している。例えば、2001年9月から年末にかけての上昇相場はAとB2つのセグメントによるパターンでできており、2001年晩冬から2002年春先にかけての下落相場も同様になっている。

●株式市場（またはその他の市場あるいは個別投資対象）の価格が上昇している。
●支持線をつないだトレンドラインが一定の角度を保って上昇している。
●抵抗線、つまり価格が頭打ちとなる水準をつないだトレンドラインについても一定の角度を保って上昇して描くことができるが、その上昇角度は、支持線をつないだトレンドラインよりは小さいものとなる。この結果、収束するチャネルが形成される。
●このフォーメーションが成長するにつれて、出来高が減少する。相

場が上昇トレンドにあるなかで出来高が減少してるようなら、買い圧力が減少していることを示唆しているため、この条件は重要である。

　この上昇ウエッジパターンは、買い圧力は一定で継続している一方で、売り手が売りの対応を急いでいることを示している。
　ウエッジが形成されているとき、市場では実際に何が起こっているのだろうか。おそらく買い手は、トレンドライン自体が上昇していることにもある程度支えられ、買いを入れ続けているので、支持線となっている上昇トレンドラインはこれまでどおりの角度を維持していると思われる。ところが、このとき買い圧力がしっかりと維持されている一方、売り圧力のほうも拡大しているのだ。ここで、抵抗線となっているトレンドラインが切り下がっているのは、新たな買いが入るよりも早く売りが出されていることを示しているのである。売り手が出す売りによって、新規買いの水準から買い手が得られる利益は縮小している。つまり、それぞれのマイナーな売買サイクルのなかで、売りが加速しているのである。実質的に需要と供給のどちらが多いのかあやふやになるなか、買い圧力と売り圧力は、ほぼ同水準になっていく。この結果、相場はウエッジから下放れる可能性が高くなるのだ。
　ここで、「可能性」という表現を使用していることに十分注意していただきたい。上昇ウエッジ（弱気を示唆している）は通常、価格の上昇パターンが間もなく下落へ転じることを的確に教えてくれる。しかし、時としてこのパターンが相場の上昇をもたらす場合もあるのだ。上方に向かう可能性が最も高くなるのは、ウエッジが強力な抵抗のある水準、すなわち過去に活発な取引のなかったゾーンに形成された場合である。時折、抵抗線となっている高値の株式の供給が単に減速して、相場の上昇を永続的に阻害しなくなる場合がある。そこで抵抗線が突破されると、投資家は相場が強気の上放れとなったことに気づき、株価は急伸する。

113

チャート4.2では2つのウエッジに印を付けてある。上昇ウエッジの下側のトレンドラインを割り込んだ時点で比較的短い反発となることがあり、また下降ウエッジの上側のトレンドラインを株価が上抜いてから下落となることが多い。

下降ウエッジ

下降ウエッジのフォーメーションには、以下のような特徴が見られる。

●株価が下落している。
●高値を結んで描かれるトレンドラインが一定の角度で下に向かって伸びており、一貫した売りが出ていることを反映している。
●安値を結んで描かれる支持線トレンドラインも下降しているが、売り場面でのトレンドラインよりもその角度は小さいものとなっている。これは、株を買い集めたいと考えている買い手の売買意欲が高まっていることを示している。このため、上側のトレンドラインと下側のトレンドラインは、収束に向かう。
●ウエッジの形成時には出来高が減少し、売り圧力が後退していることが示されている。これは重要な特徴である。

　このパターンは、売り圧力が一定で継続しているにもかかわらず、買い圧力が高まっていることを示している。つまり、買い手はそれまで相場下落ではそれほど買い参入しなかったが、ここにきて、小さなサイクルのそれぞれでの買い参入意欲が高まっている。
　ウエッジの形成は、短期のデイトレーディングにおいて非常に信頼できる指標となる。ウエッジは、デイトレーディングのため私が用いるお気に入りの手法のひとつである。

適切な戦略

　上昇ウエッジの形成を見つけたうえに、これと併せてほかの複数の指標もウエッジを確認しているようなときには、以下の行動を取ることが望ましい。

●ウエッジの上限で売る。
●ウエッジの下限を割った時点で売る。
●両方のトレンドラインをさらに延長し、上側の境界線と下側の境界線が出合うポイントを見極める。上昇ウエッジをきっかけに売りを出したければ、このポイントをストップとして使うといいだろう。株価がこのポイントを上回ったら手仕舞うのである。こうしたケースは通常、上側と下側のトレンドラインが収束するポイントの付近およびこれを上回る水準でよく見られる。

　下降ウエッジの形成が見つかった場合、特にこれと併せてほかの指標も売買を支持しているようなときには、以下の行動を取ることが望ましい。

●ウエッジ下側の境界線で買いを入れる。
●ウエッジ上側のトレンドラインを上抜いた時点で買う。
●上側と下側のトレンドラインが収束すれば、（利益確保のための）逆指値を置く。

チャートパターンのシナジー

　チャート4.2にはシナジー（相乗効果）のあるチャートパターンが示されている。これは各パターンが相互に補強し合うことで、個別の強

気または弱気のチャートパターンに重みが加わるというものである。
　例えば、チャート4.2では、2003年春の株価が下降ウエッジから大幅に上放れる場面が示されている。この上放れは、ウエッジ内のセグメントBの下げが終わるのと同時である。セグメントの角度測定による売買戦略でも、この上放れのあたりでの下降ウエッジ終了が示唆されており、市場がこの時点で上昇したのは意外ではない。
　セグメントAとBの角度変化による予想と上昇・下降ウエッジに基づいた予想の双方で、目標水準が一致したことから、このウエッジの重要性に重みが増したうえ、ウエッジに基づいた売買が成功する可能性が高いことが示されていることになる。シナジーで考えると、利益が得られるのである。

ヘッド・アンド・ショルダーズ

　チャート4.3では、ヘッド・アンド・ショルダーズ（三尊型）のフォーメーションが示されている。これは、弱気と強気の双方があり、それぞれ弱気は相場の天井を、また強気は相場の底のポイントを示す。以下は、ヘッド・アンド・ショルダーを提示するための条件である。
　相場の天井で、以下のことが起きる。

1．株価が上昇してある高値まで上げる。その後は一時的に安値へと値を下げるが、さらに新高値へと上昇する。最初の高値は「レフトショルダー」と呼ばれる。その後の安値場面は、最後に「ネックライン」と呼ばれるものの基点となる。次に形成される2番目の高値は全体が完成した時点で「ヘッド」となる部分である。
2．株価はレフトショルダーの高値よりも高い2番目の高値まで上げたあと、再度下落する。このときの下げは、「ネックラインとなる最初の押し目と同じ水準まで下げる」（フラット・ヘッド・アンド・ショル

チャート4.3　買いと売りのためのヘッド・アンド・ショルダーズのフォーメーション

(ダウ平均とヘッド・アンド・ショルダーズの形成（2001-2003）)

ヘッド・アンド・ショルダーズのフォーメーションは、最もよく知られたチャートパターンであり、強気と弱気双方の足型として重要なものであることが多いが、予測が必ずしも100％の確率で当たるわけではない。

ダーズ）、「最初の押し目より上でとどまる」（上昇ヘッド・アンド・ショルダーズ）、「最初の押し目を割り込み、その後、最初のショルダーまで上昇する」（下降ヘッド・アンド・ショルダーズ）のいずれかとなる。チャート4.3の最初に出てくる2つの場合は、上昇ネックラインの例である。右側のケースは、最終的にはフラットネックラインとなっている。

3．この押し目に続いて相場は再び上昇に転じる。ただ、その水準はヘッドを形成した高値までは届かない。この部分は、「ライトショルダー」と呼ばれる。

4．このあとで株価が下げ、2つの安値を結んだ線で形成されるネッ

クラインを割り込んだ時点でヘッド・アンド・ショルダーズのフォーメーションは終了したと考えられる。

５．非常に重要なことだが、このフォーメーションが指標として有効になるためには、そのフォーメーション全体を通じて出来高が減少していなければならない。出来高は、レフトショルダーで最大になったあと、ヘッドへの上昇場面で減少し、さらにライトショルダーへの上昇場面でも減少していることが必要なのだ。

こうした出来高の減少は、天井のフォーメーションでの上昇で買い圧力が後退していることを示している。例えば、レフトショルダーを上回る水準でヘッドが形成されるとしても、ヘッドへの上昇場面では、レフトショルダーへの上昇場面ほどには買い意欲が見られないことになる。ライトショルダーへの上昇場面では、さらに投資家の参入が後退している。需要が明らかに減少するのである。繰り返すが、ウエッジが形成されていても、このような出来高の減少が見られない場合、このフォーメーションの指標としての有効性はなくなる。

ヘッド・アンド・ショルダーズのフォーメーションで下値目標価格を設定する

ここで、チャート4.3を検討しておこう。

ヘッド・アンド・ショルダーズ・トップの形成後、最小限の下値を予測するには以下のような作業が必要となる。

１．ヘッドの高値から垂直に、ヘッド・アンド・ショルダーズ・トップの２つの押し目を結んだネックラインまでの距離を測定する。
２．株価がネックラインを割り込んだら、ラインを割った点から上記１で確定した距離の分だけ下に行った水準を見る。この水準がこのフォーメーションの最低下値目標となる。

チャート4.3には、3組のヘッド・アンド・ショルダーズ・トップが示されている。最初の1組は2002年から始まり、同年5月には最低下値目標まで到達した。その後の展開では、相場が一層の下げとなったことから、株価がさらに大きく下げている。ただ7月までの下げは、それで大底とはならなかった（5月から7月にかけての下落場面では、セグメントAからセグメントBへの角度変化が生じていること、そして、角度変化の測定によって、明確な予想ができたことに注目してほしい）。

　2組目のヘッド・アンド・ショルダーズ・トップは、より規模が小さいが、2002年第3四半期の7月中旬から9月にかけて形成されている。これもチャート4.3に示されている。ヘッド（H）の高値からネックラインまでの距離が下値目標となるわけだが、この目標水準は正確に的中していたことが後に明らかとなる。株価は10月にかけて下落するが、その水準はまさに下値目標の範囲内にあったのである。

　チャートでは、さらにもう1つのシナジー（相乗効果）が機能している例が示されている。2002年9月のライトショルダーから先、株価は角度の変化をともないながら下落している。相場は当初、急速に下落していたが、その後より穏やかなペースで下げた。この角度の変化によって、ほぼ完全な形で下値目標が示されているが、この下値目標は、ヘッド・アンド・ショルダーズ・トップによって示された下値目標と一致している。つまり、これによってこの水準での「ボトムフィッシング」（底値拾い）の実行が強く裏づけられたのである。

　以下は、ヘッド・アンド・ショルダーズ・トップについて一般的に見られる特徴である。

●上昇ネックラインを持つヘッド・アンド・ショルダーズ・トップは、フラットなネックラインを持つヘッド・アンド・ショルダーズ・トップと比較すれば、それほど弱気ではない可能性が高く、フラットなネ

ックラインのヘッド・アンド・ショルダーズ・トップは、下降ネックラインのヘッド・アンド・ショルダーズ・トップと比べれば、さほど弱気でない可能性が高い。ネックラインが下降していれば、フラットや上昇ネックラインの場合より下値目標がさらに下にあるとみられる。
●ネックラインを割り込んだ、つまり、ヘッド・アンド・ショルダーズ・トップのフォーメーションが完了したあとには、株価が急速に割り込んだネックラインのすぐ下の水準まで回復する場合が多い。こうした株価の回復は通常、短期間で終わり、総じて、積極的な投資家にとっては新規売りの、また、関連銘柄を保有している投資家にとっては売りを出す好機となる。こうした株価の回復場面は、チャート4.3にある最初のヘッド・アンド・ショルダーズ・トップのパターンで起きることが多いが、いつも見られるとは限らない。
●ヘッド・アンド・ショルダーズ・トップは広く、最も信頼度の高いチャート指標のひとつと考えられているが、絶対に誤りがないというものではない。株価がネックラインを割り込んだ後でライトショルダーの高値を短期的にせよ上抜いた場合、ヘッド・アンド・ショルダーズのフォーメーションは無効となる。ヘッド・アンド・ショルダーズのフォーメーションが失敗し、株価が下値を探ることをやめたと市場が認識した場合、相場は本格的な上昇に向かうことが多い。
●ヘッド・アンド・ショルダーズ・トップが完成するものとあらかじめ予想して、パターンが完成してもいないうちから売りや空売りを出したくなるような場合も多いが、実際は、パターンが形成するまで待つほうが無難だと思われる。

底で形成される逆ヘッド・アンド・ショルダーズ

　ヘッド・アンド・ショルダーズ・ボトムのフォーメーションは、ヘッド・アンド・ショルダーズ・トップと逆向きの形で現れ、売り場で

なく買い場となるものである。

　チャートの向きはヘッド・アンド・ショルダーズ・トップと上下逆だが、基本パターンは同様である。

１．相場が下落する。下げの終盤、出来高を伴った急落場面となることが多い。この下げの部分は最終的にレフトショルダーを形成する。チャートでは2002年６月と７月にこの下落が見られる。
２．相場はいったん反発し、その後、最初の下げ場面よりも出来高が減少するなかで再度、下落する。この下げ場面は、最初の下落よりさらに下げるのが一般的である。下げ止まったところで、今度は前回上昇した水準まで値を戻す。このとき、出来高は減少が続いている。
３．この２番目の反発場面により、ヘッド・アンド・ショルダーズ・ボトムのネックラインが決まる可能性が与えられる。株価は、依然として出来高が減少するなか、この新たなネックラインから最後の下落場面を迎え、最終場面となるライトショルダーのフォーメーションへと向かう。株価がネックラインを上抜いた時点で、フォーメーションは終了する。
４．強気のパターンであるヘッド・アンド・ショルダーズ・ボトムの最低目標価格は、ネックラインからヘッドまでの距離を測定し、ネックラインを上抜いたところから上方にこの距離の分だけ水準を伸ばしていくことで得られる。2002年夏から2003年春にかけてのダウ工業株30種平均では、極めて重要な長期のヘッド・アンド・ショルダーズ・ボトムが形成されている。株価はこのときの目標価格に2003年12月到達した。

　ヘッド・アンド・ショルダーズ・ボトムは、比較的正確度の高いチャートパターンの１つだが、時にはダマシとなる場合もある。逆指値売り注文を、ライトショルダーの最安値を割り込んだ水準に置いてお

くべきである。

マーケットモメンタム指標による確認

ヘッド・アンド・ショルダーズ・トップおよびボトムが本当にフォーメーションされているのかどうか確認するためには、通常、変化率などのマーケットモメンタム指標が用いられる。モメンタムは一般的に、このフォーメーションにともない低下していく。強気のダイバージェンス(ボトムの場合)や弱気のダイバージェンス(トップの場合)が見られるならば、相場環境に重要な変化が起こっている可能性の確証がより大きくなる。

弱気のヘッド・アンド・ショルダーズは、第三段階(相場の天井)で形成されることが多く、強気のヘッド・アンド・ショルダーズは通常、第一段階(下値固め)で形成される。これらが形成されるのに時間がかかることから、投資家はポジションを慎重に減らしたり積み増したりすることができる。

株価が下落していたなら、出来高急増は強力な強気サイン

さて○×クイズをひとつ。「出来高が少ないなかで株価が下落すれば、それは強気相場である」。

一般的ルールでは誤りだ――しかも大間違いである。しかし多くの人がそう信じ込んでいる間違いである。

少ない出来高のなかで、相場が長期的に下げたり中期的に急落する場合、この下げはある一定期間継続する傾向が強い。下落相場での出来高が少ないということは、2つのことを意味している。まず最初に、投資家の間にパニック感がほとんど見られず、むしろ、その展開に満足しているということだ。株価は下げる見込みだが、それは活発な売

り気によるものではなく、買いの需要の消失によるものである。買い需要が低迷すると、株価はそれ自体の重さによって圧迫されるということがよくあるのだ。2番目に言えることは、相場は、旺盛な買い気を呼び込める水準まで下げてはいない、ということである。緩慢な下落場面を通じて、いわゆる自信満々なタイプの投資家はポジションを維持している一方、買い手は様子見の姿勢を崩していないのである。

セリングクライマックス

　どんなに自信満々の投資家でも、遠からず株価の下落によって慌てることになる。売りの圧力は高まって拡大していく。株式（あるいは先物、オプションなどの）が、引かれ腰が弱く神経質になっている向きから、売りパニックに乗じて参入しようとする積極的な買い手へと取引されるなかで、出来高が増加していくのだ。

　このように、自信を持ったゆっくりとした着実な下げ場面から、活発で神経質な売りとなり、そして最後に、旺盛な買いが入る場面まで移行することを、セリングクライマックスという。セリングクライマックスは一般的に、活発で恐怖にかられた売り――つまり、どんな価格であれ、とにかく処分してしまおうとする力が原動力になっている。また、これと同様に、持続した上昇場面に続いてバイイングクライマックスが見られることもある。積極的な買い手による需要に対して、まさにそこで求められている株式を手放そうとしている賢明なトレーダーが売りを出す場面である。バイイングクライマックスは、セリングクライマックスに比べると有用性が低いが、2002年3月のナスダック市場では、このバイイングクライマックスが形成されている。

　繰り返すが、どんな大きさであれ下落相場は、たとえそれが日中の下落であっても（デイトレーダーの読者はここに注目）、出来高が増加に転じるまで、それも往々にして劇的に増加するまで続く場合が多い。

チャート4.3をもう一度見ていただきたい。2001年9月、2002年7月、そして2002年10月に見られるダウの下落終了時点に注意されたい。いずれも、各相場の主要な安値はこれらの安値を付けた期間の前後数日あるいは数週間と比べ、急激な出来高の増加を伴って形成されている。

　もう一度まとめておくと、株価は、長く低調な下値固め場面を経て下げ止まることがあるが、下落中の出来高が低水準であれば、その相場はせいぜい中立どまりである。中期の主要な、あるいは急激な下落場面で見られる最強のパターンは、一定の期間下落した後の出来高の激増である。このような強気への転換は、株式市場でのセリングクライマックスを特徴付けている最終的な急落場面で見られるものである。

支持線と抵抗線

支持価格帯

　支持価格帯（通常、以前のトレーディングレンジと関係した水準で、株価が支持されてそれ以上は下落しない価格帯）や抵抗価格帯（株価のそれ以上の上昇に抵抗する価格帯）を知ることができれば、投資家が主要な相場トレンドの方向性をより正確に見極めることが可能になる。また、こうしたパターンは、価格の基調転換が起きる可能性が高い水準をも示唆している。

　株価は一直線に上昇するものではない。一般的には、上昇した後で横ばいもしくは反落する期間があり、その後、さらに上昇して横ばいまたは反落する、という具合いに、階段を上るような推移をするものである。

　強気相場の期間中では、反落局面の水準が徐々に切り上がっていく。切り上がっていく高値の間にある、こうした切り上がっている安値をつないだものが市場のトレンドとなる。例えば、ある株式が最近、1

チャート4.4　ナスダック(1998-2004年)の支持線と抵抗線

このチャートでは1998年から2000年初頭までの上昇相場で見られた支持線の切り上がりや、その後の弱気相場での抵抗線の切り下がりが示されている。また、大幅なチャートの角度変化によって、2000年から2003年における大きな相場の展開が特定されている。

　株当たり株価45ドルから上昇して、現在、50ドルの高値で推移しているとしよう。45ドルで買いを入れたトレーダーの一部が50ドルで利益確定の売りを出すため、その過程で株価は一時的に下落する。その際、この株はおそらく、47～48ドルの水準まで値を下げることになるだろう。
　この株式のトレンドが総じて強気である場合、つまり上昇トレンドのケースであれば、50ドル水準からの反落場面を待って買いポジションを建てようとしている買い手が必ずいるはずである。こうした買い手たちが積極的であれば直ちに参入し、47～48ドル水準でポジションを建てるだろう。この47～48ドルの価格帯は「支持線」となり、買い手はこの価格帯で、この株式のポジションを建てることとなる。

その後、株価はかつての高値だった50ドル（以前はここで売りが出ていたため、この水準が暫定的な抵抗線となった）を超えて上昇し、さらに、53ドル程度まで上げるが、ここで新たな利益確定の売りが出る。ここで株価が反落した場合も、以前の高値水準（この場合は50ドル前後）では支えられる可能性が高い。

　チャート4.4には、1999年のナスダック指数での支持価格帯が切り上がって行く様子と、その後の弱気相場で抵抗価格帯が切り下がっていく様子が示されている。

　1999年の上昇、反落、新たな上昇によって、チャートパターンには、一種のへこみ——スクープ（半円のスプーンですくった後のアイスクリームの穴）のようなもの、が残されている。このへこみは、次の相場の反落の時の、潜在的な支持帯となるものである。上昇トレンドの期間は、前回の下落時の安値と直近の高値との間にある、こうしたスクープもしくはポケット（くぼみ）と呼ばれる部分が、理想的な買いの水準となる。

支持価格帯

　繰り返しになるが、支持線とは、投資家が参入して下落した株式（またはその他の投資対象）への買い意欲を示す価格帯である。支持価格帯には、広範囲で長期間の支持線（その水準から長期にわたって株価が回復を示しているもの）もあれば、より短期の支持線（限られた期間に売買が見られるような水準）もある。支持帯の範囲が広いほど、より重要性が大きい可能性が高い。

●上昇トレンドで特徴的に見られるのは、支持線が上昇する一方で、この支持線から反発によって形成される高値が切り上がっていくというパターンである。

●新たな高値を付けた場合、その高値と以前の保ち合い圏の間は支持水準となる。
●継続的に上昇する価格帯に支持線が形成されているかぎり、上昇トレンドは続いていると言える。
●上昇トレンドでの抵抗価格帯は、前回の高値水準やそれを下回る水準で形成されることはなく、これらをやや上回る水準で形成される傾向がある。
●強気相場が試されるのは、継続的に支持価格帯と抵抗価格帯を切り上げていく能力である。

抵抗価格帯

　下降トレンドまたは中立トレンドにおいて、それまでに売買があった水準で、株価の上昇が過去に頭打ちになった水準は抵抗価格帯となる可能性が高い。抵抗価格帯はどのように形成されるのだろうか？
株価の上昇が一服し、ある株式の価格が50ドルの高値から44ドルまで反落したとしよう。そうすると、49～50ドルの水準で売っておくべきだったと後悔し、２回目の機会をうかがっている投資家が数多く存在している可能性が高い。この株式が49～50ドル水準まで値を回復した場合、こうした投資家の多くが、前回の高値は50ドルだったことを想起して売り注文を出すと思われることから、株価は反落に転じる。

　この一連の流れにおいて、44ドル（直近の安値、買い価格帯とみられる）から50ドル（直近の高値）の間の水準に「トレーディングレンジ」が形成される可能性がある。44～45ドルは、支持価格帯となるだろう。49～50ドルは、抵抗価格帯となるだろう。

　株価が44～45ドルの価格帯を割り込んで下げた場合――例えば37～38ドル辺りまで――これまでの支持価格帯だった44～45ドルが新たな抵抗価格帯となる可能性が高い。この時点で44～45ドル水準には、自

分の投資(買い)をトントンで手仕舞う機会を狙って、相場のこの水準への戻りを待っている買い手が多数いるはずである。これらの投資家たちは特に、44～45ドルの抵抗価格帯における潜在的な売り手ということになる。

逆に、株価が50ドルを上抜き、55～56ドルあたりまで上昇した場合、これまでの抵抗価格帯だった49～50ドルの水準は売りが出る可能性のある価格帯でなく、株が買い支えられる可能性の高い価格帯として再定義されることになるだろう。

上で説明したことは重要なコンセプトである。支持価格帯が割り込まれた場合、それまでの支持価格帯は抵抗価格帯になることが多い。抵抗価格帯が上抜かれた場合、それまでの抵抗価格帯は支持価格帯に変化する可能性が高いのだ。

例──1999～2003年の株式市況（チャート4.4）

2000年の春から夏にかけて、ナスダック総合指数の基調は強気から弱気へと転換した。株価指数の放物線的な加速度的な上昇は、2000年３月の突出高（スパイク）で終了している。この強気の極の突出高でさえ、最初の急落では、一時的ではあったものの、直後に下支えがあった。株価は最初のスラスト（急落）のあと、急速かつ急激に以前の高値まで水準を回復している。ただその後は、３月中旬の支持価格帯を急激かつ明確に割り込んでしまい、急速かつ持続的な下落へとつながった。

支持価格帯を割り込んだことによって、2000年のナスダック総合指数のメジャートレンドの転換が明確になった。株価は初夏にかけて再度回復を図ったが３月の支持線を上抜けず、これが抵抗線となった。８月には別の支持線が形成されたが、この支持価格帯も相場を支えきれず、結局は抵抗価格帯となってしまった。

弱気相場の特徴は、株価が高下しながら連続的に軟化するなか、抵抗線が切り下がっていく点である。この定義に当てはまる弱気相場が2000年春から夏にかけて見られるが、この相場は2002年末まで一度も抵抗線を上抜くことがなかった。2002年末には、この弱気相場が開始して以来初めてそれ以前の反発場面での高値を上抜いた。2003年初頭にはようやく、徐々に安値と高値を切り上げるという強気相場のパターンが見られるようになるのである。

相場の下降トレンド

　主要な弱気相場の特徴である下降トレンドは、投資家にとってリスクの高い期間である。投資家は一般的に、このような下降トレンドが続いている期間中は新規ポジションを建てるのを避けたり、保有の株式ポジションを軽減するべきだとされている。この弱気の市場環境に伴う、明確なシグナルや変動パターンについて説明しよう。

●相場の下降トレンドに特徴的なのは、高値の切り下がり（抵抗価格帯）と反発場面の開始点となる下値圏（支持価格帯）の切り下がりである。
●安値と高値が切り下がり続けているかぎり、弱気相場は継続している。
●弱気相場での抵抗価格帯は、一般的にその前の反発場面での高値水準、もしくはこれをわずかに下回る水準で形成される。以前の支持水準が、現在の抵抗線となることが多い。
●株価が前の抵抗価格帯を上抜くことができた場合、重要なトレンドの転換の初期のシグナルとなる可能性がある。

　チャート4.4には、これらのコンセプトが示されている。一見して

分かるとおり、支持的要因が主導している期間（1998年から2000年初頭）から抵抗的要因が主導している期間（2000年から2002年）へと移行し、過渡期（2002年終盤）を経て、その後、支持的要因が主導する期間（2003年から2004年）を迎えている。

メジャートレンドシナジーの実践

チャート4.4を見ると、2000年から2003年にかけてのナスダック総合指数での、主要な期間における角度の変化が見て取れる。同指数は当初、非常に急激な角度で下落し、その後、2001年初頭からはより穏やかな角度で推移している。この２つの下落場面で見られる傾斜面の長さは同一である。

2003年初めの時点で、２番目の部分は、１番目の部分と同じ長さに達した。この計測によって、ナスダック総合指数がまず抵抗価格帯を上抜き、その後、徐々に安値と高値を切り上げていく可能性があることが示されている。この角度の変化パターンが、相場が回復へと向かう時期や水準を予測したのである。ここでは、角度変化によって下値の見通しが示されると同時に、その水準で強気を示す下降ウエッジが形成されたことから、偶然にもチャート上でのシナジー（相乗効果）が実現した。

トレンドラインの特徴

トレンドラインは、上昇相場であれば修正安局面の一連の安値、また下落相場であれば修正高局面の一連の高値を結ぶことで描くことができる線である。チャート4.5に示されているように、こうしたトレンドラインが、長期・短期の相場動向トレンドの方向性や角度を決定する場合が多い。

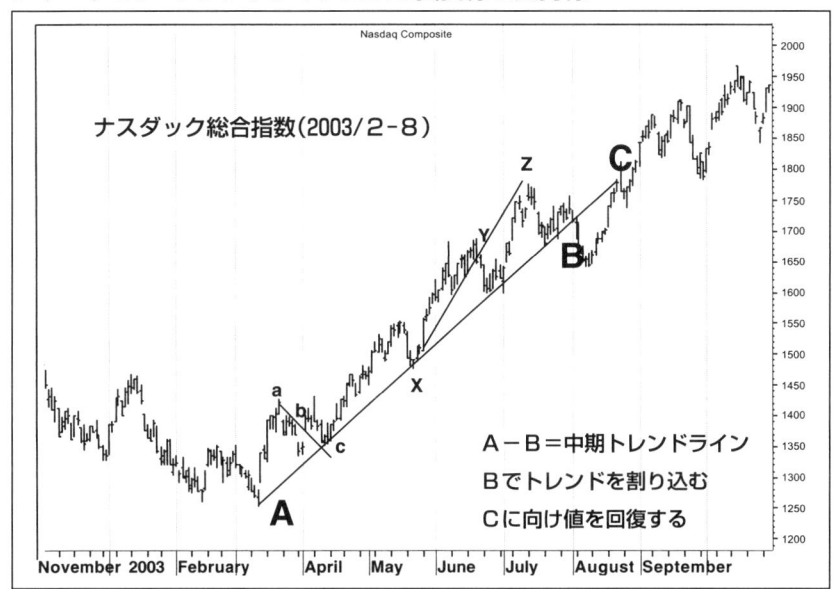

チャート4.5　トレンドラインによる抵抗線と支持線

ナスダック総合指数(2003/2-8)

A－B＝中期トレンドライン
Bでトレンドを割り込む
Cに向け値を回復する

このチャートでは2003年初期の数カ月にわたる強気相場を示している中期トレンドラインを表示している。また、トレンドラインについて、割り込まれた場合に抵抗線として機能し、上抜かれた場合に支持線として機能する複数の例を示している。

　どのようなトレンドラインであれ、結ぶ点が多ければ多いほど、そのトレンドラインの重要度は高まる。例えば、チャート4.5上のトレンドラインA－Bは5つの点、つまり、3月のAの開始点、4月の安値、5月の安値、6月の安値および7月の支持線を結んでおり、相場は最後の点で2週間にわたる下げを試して、とうとうトレンドを割り込むこととなった。このトレンドラインは重要なもので、3月から始まり、その後相場が4月中に見せた修正安によって確立されたものである。
　このチャートで分かるように、メジャートレンドラインの流れのなかで、相対的に重要度が低くマイナーな複数のトレンドラインも描ける。例えば、2003年5月から6月に見られるX－Yのトレンドライン

には、3月から8月の長期上昇より鋭角な短期上昇トレンドが映し出されている。相場は、X-Yのラインを割り込んで短期的に下落したが、より長期であるA-Bの中期トレンドラインでは下支えされた。

　メジャートレンドは、しばしば短期的なメジャートレンドに逆行する価格変動によって阻害されることがよくある。ここでは、3月から2003年4月初めにかけて見られるa-b-cの一時的な下落場面がそのケースに当たる。

　トレンドラインは、そのときに特定しようとしているトレンドの重要度や長さによって、数分間から何年間に至るさまざまな期間について描くことができる。トレンドラインは有益なテクニカルツールだが、独立した指標として使用すべきではないようだ。その理由は、トレンドラインの突破がダマシである場合があるうえ、トレンドラインは、リアルタイムで描くよりも事後的に描いたほうがより正確度が高いように思われる傾向があるからである。いずれにせよ、トレンドラインの角度をどう特定するか、というのは、ある程度主観的なものになりがちなため、ほかの確認用の指標と併せて使用するべきだろう。

逆転するトレンドラインの支持帯と抵抗帯

　支持価格帯はいったん割り込まれると抵抗価格帯となり、抵抗価格帯は上抜かれると支持価格帯となる、という傾向があることについては既に説明した。トレンドラインは、支持線となっているわけであり、ほかの支持線と同様の特徴を持っている。

　上昇トレンドラインは、いったん割り込まれると、上値突破を阻害する上値抵抗線として機能するのが普通である。トレンドラインを割り込んだあと、株価が上昇する場合には、トレンドラインの下限に沿って変動することはあるかもしれないが、この割り込んだばかりのラインを超えてさらに上昇していくことは困難である可能性が高い。

例えば、チャート4.5上には3月から7月の安値を結んだ長期のトレンドラインA－Bがある。株価はこのトレンドラインを8月上旬に割り込んでいる。つまり、ナスダック総合指数はここで、短期的ながらも急激な下げ相場となった。ここから株価はただちに戻したものの、その後、最初の抵抗線となったのはどの水準だったろうか？　A－Bのトレンドラインのすぐ下、つまりCのところである。A－Bのトレンドラインはすでに支持線でなく、抵抗線となってしまっているのだ。

　同様のパターンは、2003年5月から6月にかけてのX－Yトレンドラインを割り込んだ後にも見られる。このときは、株価が6月中旬にラインを割り込んでいた。X－Yのラインを割り込むと同時に、一時的な下げで株価は長期的な上昇トレンドラインA－Bまで下落するが、そこから値を回復している。だが、この回復はどこで終わっているだろうか？　ここでもZの地点、つまり今割り込んだばかりのX－Yトレンドラインの下側だったのである。かつて支持線だったX－Yは、抵抗線になったのである。

　下降トレンドラインは通常、上抜かれると再びラインを割り込もうとする力に対する下値支持線として機能する。例えば、2003年3月には、極めて短期的な下降トレンド（チャート4.5左側のa－b）が形成されている。この下降トレンドは、トレンドラインがただちに上抜かれてしまい、わずか6営業日しか続いていない。株価はその後、4営業日続伸したあと、反落に転じた。この反落相場が終了したのはどこだったろうか？　a－bの下降トレンドラインのちょうど上である。今回は、抵抗線だったトレンドラインが上抜かれたあと、支持線として機能している。

支持線と抵抗線によるチャネル

　支持線と抵抗線について続けて見てみると、チャート4.6では、しっ

かりと形成されたトレンドラインに基づき、チャネルが形成される様子が示されている。このようなチャネルの上限はこのあと、抵抗線として機能することが多い。

　こうしたチャネルは、経験的に目で見て描くことが可能になるものであり、上限は、当初の支持線であるトレンドラインと平行になる。この上限を、株価の動きが残らず収まる形で設定することも可能だが、私としては、相場に対して最もよく適合させるため、多少の逸脱はよしとすることをお勧めする。ある程度の主観性は免れないものなのだ。

チャネルパターンによる早期の警告

　このようなチャネルの持つ機能は、私としては、チャートによって極めてはっきりと見てとることができると考えている。こうした特徴を持つチャネルは、株式市場の基調の変化を前もって示す場合が多い。例えば、4月から7月上旬にかけてチャネルの中線、つまり当初のトレンドラインに株価が接近するたびに見られる反発場面の性質に注目していただきたい。4月から5月にかけての上昇はほとんど瞬時に始まっている。7月上旬の上昇の場合は、1週間余り水準固めをしてからチャネル上限に達している。この時期、株価はチャネル上限に達するとただちに反落へ転じており、6月のようにチャネルに沿って上昇するようなことはなかった。

　7月中旬以降の反発場面では、相場がチャネル上限への接近を試みることは一度もなかった。株価は非常に緩やかな角度で上昇し、その後3月以来初めて、支持線となっている中線を割り込んでいる。この場合、反発の角度が徐々に緩やかになる一方、2週間以上も上限には到達しておらず、下落に向かう予兆が示されている。

　株価が急伸するばかりでなく、チャネル上限を突破した場合、市況は強気に傾いており、さらに高値を付ける可能性が示されていると言

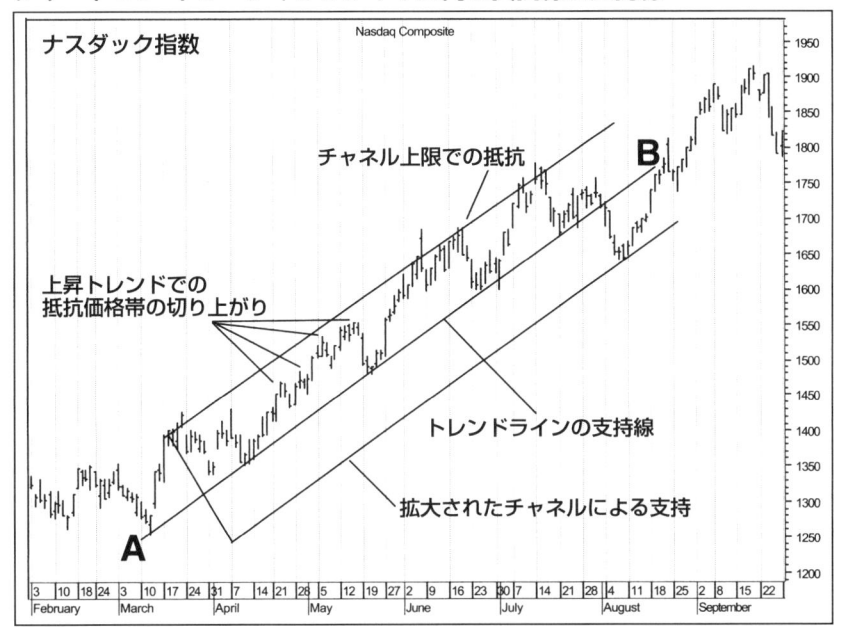

チャート4.6　トレーディングチャネル内の抵抗線と支持線

このチャートではナスダック総合指数の株価および2003年3月から8月までの期間に形成された強気のチャネル内での同株価の推移が示されている。線A―Bは、支持線となっている上昇トレンドラインを示す。チャネル上限はチャネル内での細かな値動きによって作られた複数の高値をほとんど含むような形で描くのが最も適切である。下方へのチャネルの拡大についてはチャネル本体の幅と同じだけ下方に拡大して描いている。

えるだろう。一方、上昇角度が緩やかになり、チャネル上限に到達できなくなるようなら、弱気相場が始まっていることが示唆されているのである。

拡大したチャネル支持線

　支持線となっているチャネルの下限を割り込んだ場合、株価はさらに下落していくことが見込まれる。この場合の下値目標は、支持線の

トレンドラインからチャネルの上限までと等距離だけ、同ラインの下方に平行線を引くことで得られる。簡単に言えば、支持線のトレンドラインをちょうど中心としてチャネルの幅を2倍にするのである。この拡大されたチャネルの支持線が、次の支持水準となる。それまでは支持線となっていた支持線トレンドラインが、今度は抵抗価格帯となる可能性が高くなるのである。

また、株価がチャネルの上限を、新たなチャネルの抵抗線を設定することが十分可能な距離、すなわち以前の支持線のトレンドラインからチャネルの上限までと同じ距離だけ、突き抜けることがある。こうしたケースでは、これまでのチャネルの上限が支持線として機能する。

抵抗価格帯の上昇

チャネル内部の各上昇波が抵抗線の上限まで変動した様子がお分かりいただけるだろう。チャネルの上限自体が、突破すべき上昇する抵抗線の水準を提供しているのである。

また、チャート4.6からは、4月から5月の期間中に株価が4月の安値から5月の天井まで推移するなか、複数の小さな天井と底を形成しながら抵抗線と支持線が切り上がっていることにもお気づき願いたい。

要するに、支持価格帯と抵抗価格帯は直前の取引の成立した価格帯によって形成され、その影響を強く受けているのである。抵抗価格帯は上抜かれると支持価格帯に姿を変える。支持価格帯は割り込まれれば抵抗価格帯に形を変える傾向が強い。

また、支持価格帯と抵抗価格帯は、直前の取引の状況とは別に、投資市場のそのときのトレンドにも大きく影響される。強気相場では抵抗価格帯と支持価格帯の切り上がりに、また弱気相場では切り下がりに注意すべきである。

ダマシの上放れと下放れ──主要な相場パターン

　ダマシの上放れや下放れは、相場の急落や急伸に先立って見られる場合が多い。ここでは、株価の急激な上昇または下落（方向は相場の展開による）が起きる可能性を示唆することが多い、極めて強力なチャートパターンをさらに２例見ることとしよう。
　このパターンはシンプルなものである。最初のケースは、以下のような経緯で形成される。

重要な売りシグナル

　初めのうちは重要で有利な上昇相場になると思われていたのに、すぐに頭打ちになるような場面の直後こそ、最も重要な売りシグナルとなる。これについては、主要な下落相場は常に天井から始まり、強気相場は常に重要な安値から始まる、ということを想起すべきである。ここで、株価のトレンドが強気から弱気へ反転する際によく見られる流れを記してみよう。

１．株価がレンジ取引場面に入る。
２．レンジの上限からレンジを上回る水準へ相場が上放れる。上昇相場に入ったように思われる。
３．しかし上昇場面はすぐに終わり、相場が上放れたのはダマシだったことが示される。株価はそれまでのレンジ内へ反落し、さらに以前のレンジ下限を割り込んでしまう。
４．このような一連の展開があった後でトレーディングレンジの下限を割り込んだ場合、その後、急激で長期的な下落となるのが一般的である。

チャート4.7　ダマシの動きとその結果

[S&P500(2002-2003)のチャート図。「ダマシのレンジ上抜け」「下値を割り込み！」「ダマシのパターン」「上値突破！」「ダマシの割り込み」「上値を突破！」「トレーディングレンジ」「ダマシの下値割り込み」などの注釈あり]

このS&P500指数のチャートでは、上方へのダマシが１件、下方へのダマシが２件示されている。これらのダマシの動きの直後には、素早い基調転換が形成されており、相場がダマシとは逆方向へ急速に向かおうとしていることが示唆されている。

　こうした一連の流れの例は、チャート4.7の2002年５月から６月にかけて見られる。この場合のトレーディングレンジは小幅だが、このコンセプトがしっかり当てはまっている。
　この種のパターンは、イントラデイのチャートでも存在する。デイトレーダーの読者はこれに注目することを勧める。

重要な買いシグナル

　前項とは逆の流れによって、非常に重要な買いシグナルが形成される。

１．株価がレンジ取引場面に入る。
２．相場はトレーディングレンジの下限を割り込む。この過程でいくつかのストップロスの手仕舞い売りが執行されて下げが拡大するかもしれないが、基本的には追随売りがほとんど見られない。
３．株価はトレーディングレンジ内へと急速に反発し、これを上回る。レンジの上限を突破すると、その後は、さらに急激な上昇が続くことが多い。

　こうした一連の展開は2003年２月から３月まで、および同年７月から９月で見られる。３月上旬の強気を示唆する展開については、ダマシの下落場面直前に、角度変化による指標がこの時点の下値目標達成を示していることでも裏付けされていることに注意してほしい。

カギとなる事柄

　いずれのケースでもカギとなるのは、株価が、最終的かつ重要な方向へ向かう前に出るダマシのシグナルである。いずれも、ダマシの上昇・下落に対しては、投資家の追随買いや追随売りがほとんど見られない。トレーディングレンジからの上値突破がダマシだった場合、投資家の追随買いをほとんど誘うことがなく、まもなく上昇は頭打ちになってしまう。その後のトレーディングレンジの上限と下限が相場を支えられなければ、ダマシの上昇が反映していた弱気の動きが確定することになる。
　逆にトレーディングレンジを割り込む動きがダマシだった場合も、同様のことが示されている。トレーディングレンジの下限を割り込んでも、さらに下げ幅を拡大するような動きはほとんど見られない。賢明な投資家たちには、この下限突破がダマシであり、トレーディングレンジが今度は上方に突破されたらすぐ大量の買いが入るということ

が分かっている。

　これらは強力な基調転換のパターンであり、これもまた私の好みのパターンである。

　株式相場の基調転換について最後にもう一言付け加えておこう。それは、株価のあらゆる下落は、株価が新高値を付けた直後に開始するものである、ということだ。新高値自体は、その後も強気相場が継続するという理由にならない。

　また、株価のあらゆる上昇は、株価が新安値を付けた直後に開始するものである。新安値自体は、その後も弱気が継続する理由にはならないのである。

　あなたは、株式相場のトレンド転換が近いことを警告してくれるツールを数多く手にしたことになる。これらのツールは価格目標設定の手助けとなり、モメンタムの衰退を明らかにし、投資家の心理変化が近いことを告げてくれる。本章によって、これらのツールについて皆さんが十分習熟できたなら幸いである。

第5章

政治、季節、時間のサイクル──市場の波動に乗る
Political, Seasonal, and Time Cycles : Riding the Tides of Market Wave Movements

　言うまでもないが、自然界には季節やその他のサイクルがあることが広く知られ、認識されている。季節は毎年ほぼ予定どおりに移り変わる。季節は、植物に生育サイクルをもたらすほか、動物の行動にも（移動、巣づくり、生、死、冬眠などの）変化をもたらす。また地球の大気や天候、氷河の移動にも大きなサイクル的変化を生じさせ、大陸にも変化を生じさせる。

　サイクル的な力は、1分単位や1時間単位でも不思議な力を発揮する。潮は満ちたり引いたりしているが、海岸線やほかの場所では、大きな潮の満ち引きが、これを相殺するような小さな波の動きによって打ち消されている。このような動きは、中期や長期の強気トレンドや弱気トレンドの内部で見られる株価の小さな調整場面に似ている。

　政治的な出来事にも特有のサイクルがあるようだ。例えば過去1世紀は約20年の間隔をおいて戦争が勃発している。このサイクルには米西戦争、第1次世界大戦、第2次世界大戦、ベトナム戦争、第1次イラク戦争、そして、おそらくは予定より約10年早くなったものの、最近あったイラク戦争が含まれる。こうして見てくるとサイクルパターンは時間的に必ずしも完全なものではないにしても、かなり重要な意味をもっている。

　株式市場をはじめとする投資市場がなぜサイクル的に動くのか（少

なくとも私には）分からない。一部のアナリストは、惑星間の位置や月の位相の影響により投資家の動きにパターンが生じるからだ、としている。私個人としては、なぜサイクル的なパターンが生じるかについて、いかなる見解にも異議を申し立てることはできない。私ができるのは、そのパターンがどんなもので、投資家が時間と株価の季節的な動きをどう見極めて活用するか提案することだけだ。

株式市場のカレンダーベースのサイクル

毎月のある日や一年のなかのある月、祝日がからんだ季節的なパターンは、厳密にはサイクル的現象とは言えないが、タイムサイクルと関連しており、株式市場の動きに特に関連しているように思われる。これらの関係は株式市場の動きに正確に反映されているわけでもないし、株式市場の動きと完全に相関関係にあるわけでもない。したがって、サイクル的パターンだけをベースにしたトレーディングは必ずしも最善の戦略とは言えない。ただほかの複数の指標をベースにした取引の決定を確認したり、株式市場の全般的なムードやリスクレベルを決定したりするのに、季節的なパターンやタイムサイクルパターンを利用することは素晴らしいシナジー（相乗効果）原理の応用と言えるだろう。

日

株式市場は各月の最終営業日かその前日、または翌月の最初２〜４営業日に最も上昇する傾向がある（厳密な日数は、年によって多少変化する）。実のところ、月の変わり目を挟んだ４〜５営業日の取引期間での株価の上昇分の合計は通常、同月の残りの営業日で見られる上昇分の合計と一致している。

祝日前のパターン

　株価は、休日前の数営業日や休日明けの3営業日に平均以上の強さを示す傾向がある。月初めや祝日前の数営業日を含んだ月内の有利な季節要因期間には、相場が強気のバイアスを示す傾向がある。しかし最近では、祝日にからんだ強気バイアスはグッドフライデー（聖金曜日＝復活祭直前の金曜日）、独立記念日（7月4日）、プレジデントデー（2月の第3月曜日）周辺の営業日には全般に見られない。祝日前や祝日明けによく強含むのは、1年のうちで最も上昇する月である11～1月期間の祝日周辺の営業日においてだ。

最高の月と最悪の月

　これに関しては議論の余地があまりないように思われる。米株式市場は11～1月の3カ月間に最も堅調な動きを見せる——必ずしも毎年ではないが、全般にその傾向が強いことは確かだ。例えば1995～1996年、1996～1997年、1997～1998年、1998～1999年、1999～2000年は、株価がかなり上昇した。1999～2000年以降は、弱気市場のなか株価が全般に下落したものの、2003年11月～2004年2月に再び上昇を示した。

　7月と9月と10月は株価が最も軟調な動きを示す傾向がある。市場の基調が転換する可能性の最も高い月である10月は、11月と12月を含むトレーディングを行うのに望ましい年末や1月に備え、株式ポートフォリオを計画したり実行したりする格好の月だ。

　10月はメジャーな弱気市場や中期の市場下落から上昇に向かう月となっており、例えば1946年、1957年、1962年、1966年、1974年、1978年、1979年、1987年、1989年、1990年、1998年、2002年がそうだった。2002年は10数年ぶりの大幅な下落からの基調転換となった。言うまでもないが、1929年の10月は、株式市場が暴落した月として悪名高い。

表5.1は、1971年から2004年半ばまでのナスダック総合指数の月ごとの平均パフォーマンスを示している。

表5.1 月のパフォーマンス、ナスダック指数（1971〜2004/8）

月	上昇回数	下落回数	利益月の上昇率	損失月の下落率	全月の平均変動率
1月	23	10	69.7%	30.3%	3.8%
2月	18	15	54.6	45.5	0.6
3月	21	14	60.0	40.0	0.3
4月	22	13	62.9	37.1	0.6
5月	20	15	57.1	42.9	0.6
6月	23	12	65.7	34.3	1.3
7月	17	18	48.6	51.4	-0.3
8月	19	16	54.3	45.7	0.2
9月	18	16	52.9	47.1	-0.9
10月	17	17	50.0	50.0	0.4
11月	23	11	67.7	32.4	2.0
12月	21	13	61.8	38.2	2.2

S&P500総合指数（1970/1〜2004/8）

月	上昇回数	下落回数	利益月の上昇率	損失月の下落率	全月の平均変動率
1月	22	13	62.9%	37.1%	1.7%
2月	19	16	54.3	45.7	0.2
3月	23	12	65.7	34.3	0.9
4月	22	13	62.9	37.1	1.0
5月	20	15	57.1	42.9	0.6
6月	21	14	60.0	40.0	0.7
7月	14	21	40.0	60.0	0.1
8月	20	15	57.1	42.9	0.2
9月	12	21	36.4	63.6	-1.1
10月	17	15	55.9	44.1	1.0
11月	23	11	67.7	32.4	2.0
12月	26	8	76.5	23.5	1.8

最高の6カ月間と最悪の6カ月間

過去半世紀において株式市場のネット上昇分は、事実上、毎年11月1日と4月30日の間に見られた。5～10月は実質的に損益がトントンの水準以下であり、株式は、ほかのノーリスクの投資商品に比べると、投資家へのリターンでやや劣っていた場合が多い。

表5.2は、毎年2回の取引だけで意外な好成績を上げた、簡便な季節性トレーディングシステムを示している。

表5.2　季節性に基づいたトレーディングシステム――10月の最終営業日に仕掛けて、5月4日かその前に手仕舞い（1969～2004/5のS&P500、配当は除く）

総取引	35回
勝ちトレード	28回
負けトレード	7回
勝率	80.0%
平均利益	7.48%
年複利利益	6.91%

上記の結果を、以下の、5月4日の直前の営業日に買って10月最終営業日の1営業日前に売るという、1年で最も不利な6カ月間での投資結果と比べてみてほしい。

表5.3　1970～2004年9月でトレーディングを行うのに最も望ましくない6カ月間のS&P500総合指数投資

総取引	35回
勝ちトレード	22回
負けトレード	13回
勝率	62.9%
平均利益	0.7%
年複利利益	0.3%

表の評価

　投資に有利な6カ月間と不利な6カ月間の双方とも、大半の月で利益が上がってはいたが、有利な期間と不利な期間では平均利益にかなりの格差が生じていた（株価はこの期間中の約75％において上昇を示したが、複数の上昇場面を繰り返して上げていた）。

　不利な6カ月間の期間当たり平均リターンは1％をやや下回り、投資期間の年間利益率は約2％となるため、ほとんどの年のリスクフリー金利を下回っていた。原則として、株式市場で勝利を収めるためには年間を通じて取引を行うのでなく、6カ月間取引したら残りの6カ月間は休むべきである（もちろん、これがすべての年に当てはまるとは限らないが）。

　この季節要因による6カ月間タイミングモデルの結果は、ナスダック・NYSE指数のレラティブストレングスや3～5年単位の金融指標と基本的には類似した動きを示していた。これらの指標は、一定の決められた保有期間について、実質的な市場全体の純利益を示す指標でもある。ただ、これらの「ムード指標」は、マーケットタイミングという意味ではそれ自身が厳密さを欠いているため、より厳密なタイミングツールに基づいて投資決定を下すとき、あるいは投資規模を決定するうえでの参考程度に用いるのが最も望ましいと思われる。

　投資に有利な6カ月間と不利な6カ月間のパフォーマンスにかなりの格差があるのは明らかである。表5.4はパフォーマンスを4期に分けて、1970～2000年のナスダック総合指数とS&P500指数の季節ごとの実績の内訳を示したものだ（『ストック・トレーダーズ・アルマナック（the Stock Trader's Almanac）』を長年発行しているエール・ヒルシュ氏は、季節性と株価の動きの関係に関する分野で主要なパイオニアである。前述した6カ月季節性タイミングモデルや、この章で紹介する他の複数のコンセプトは、エール氏の研究や、「ストリート・スマ

ート・リポート・オンライン(Street Smart Report Online)」の発行人であるサイ・ハーディング氏が開発したタイミングモデルの「シーズナル・タイミング・ストラテジー(Seasonal Timing Strategy)」に基づいている)。

表5.4 ナスダック総合指数の季節性によるパフォーマンス(1971/2/5～2004/9)

季節	上昇回数	下落回数	平均変動(%)	利益率(%)
春	25	9	+2.68	73.5
夏	20	13	+0.42	60.6
秋	18	15	+2.18	54.6
冬	24	9	+6.91	72.7

S&P500総合指数の季節性によるパフォーマンス(1970～2004/9/2)

季節	上昇回数	下落回数	平均変動(%)	利益率(%)
春	22	13	+2.09	62.9
夏	19	15	-0.29	55.9
秋	21	13	+2.53	61.8
冬	24	10	+4.54	70.6

大統領選挙と株式市場サイクル

　欠点も多いものの、広く知られている株式市場の政治的サイクルである。基本的には、大統領選挙の前年は株式市場が最高のパフォーマンスを示す、というものである。そして株価は選挙の年には2番目に高い年率の上昇を示す傾向がある。しかし、株価は選挙後すぐにピークに達することが多い。そして株式市場にとって最悪の年は、大統領選挙の翌年となっている。

　例えば1948年以降、大統領選挙の前年は、1年を除きすべて株式市場のリターンがプラスとなった。大統領選挙の年もほぼ同じ勝率になった(ただし、2000年は注目すべき外れ年となったが)ものの、選挙

の年の株価上昇は全般に、選挙前年ほど大きなものではなかった。選挙の翌年と中間選挙の年には、株式保有者は年間を通じてネットでわずかなリターンしか得られなかった。実のところ、一部のポートフォリオマネジャーは、大統領選挙市場サイクルに通常有利な年だけ株式のポートフォリオを維持している。彼らは、残りの期間については金利の得られる商品へとシフトしているのだ。

　これも、長い目でみれば非常に信頼できる指標であるものの、一部の年では外れている。例えば株式市場は、レーガン大統領の政権二期目が始まった年（1985年）、ブッシュ政権が始まった年（1989年）、そしてクリントン政権の一期目と二期目の各初年（1993年と1997年）には上昇している。しかし、ジョージ・W・ブッシュ政権の初年の2001年を含めた2000年から2002年は弱気市場となり、大統領選挙翌年の下げパターンが復活している。

表5.5　大統領選挙サイクル──1971～2003年の年平均上昇・下落率

サイクルの年	ナスダック	NYSE指数	S&P500指数
選挙年	+9.43%	+12.38%	+10.86%
選挙年の翌年	+5.07	+4.47	+4.19
選挙年の翌々年	-1.41	-1.50	-0.47
選挙年の前年	+32.27	+18.65	+19.53

利益になる月の割合

選挙年	50%	83%	83%
選挙年の翌年	67	67	67
選挙年の翌々年	42	58	58
選挙年の前年	83	75	75

コメント

　表5.5の上の項目は、大統領選挙サイクルのなかでの３つの株価指

数の年平均上昇率を示している。表の下の項目は、大統領選挙サイクルの各年のなかで利益の出た月の割合を示している。大統領選挙が実施される年の前年には、ナスダック総合指数は、NYSE（ニューヨーク証券取引所）ベースの株価指数（NYSE指数とS&P500指数）の先導役になる傾向があるが、それ以外の年については役割に一貫性が見られない。強気市場がピークを迎える傾向がある大統領選挙の年のナスダック総合指数の相対的な（完全ではない）下落を見ると、ナスダックが主要な市場セクターに先駆けて強気市場のピークに達し、主要な市場セクターに関連した株式よりも早く下落する傾向があることを示唆している（例えばナスダック総合指数は1972年4月には実際に下落していたが、S&P500指数がピークを迎えたのは1973年1月だった）。

時間サイクル──4日から4年

常に明確なわけではないが、株価の動きには、時間に基づいているとみられる極めて規則的な波動パターンが数多くある。安値と次の安値の間には、規則的に繰り返す周期として特定できる期間が存在すると考えられるが、これがサイクルの定義となる。マーケットサイクル全体を見れば、市場全体が中立の期間にある場合、高値から次の高値までの時間的な長さも、安値から次の安値までと同じだけあるという場合が多く見られる。しかし、サイクルの長さは、安値から次の安値までで測定されるのが一般的である。

市場サイクルの例──53日市場サイクル

チャート5.1は、株式市場サイクルのコンセプトを図解したものである。2002年から2004年初頭までのS&P500指数では、53営業日ごとに引いた縦のラインが重要な中期的安値とぴったり符合している。

このチャートについては、以下のことが言える。

●価格上昇から下落までの全体を含めたサイクルは、安値から次の安値までの間によって測定される。
●この53営業日の期間中には、より短期のサイクルも生じている。53日のフルサイクルは、短期的なサイクルより上位にあり、短期サイクルによる価格変動より規模が大きく重要度の高い振動を形成する。サイクルの規模は、そのサイクルの安値から高値までの典型的レンジ内での平均的な値幅で測られる。言うまでもないが、期間の長いサイクルは通常、期間の短いサイクルに比べ規模が大きく重要性も高い。
●このチャートには表れていないが、53日サイクル自体、これより規模が大きく期間も長いサイクルの一部となっている。
●実際の安値と理念上のサイクル期間は、タイミングが完全に一致するわけではないが、驚くほど正確で的中する場合が多い。
●株式市場サイクルは、株価が上昇に転じるとみられるときにその存在が明確になるが、その後の上昇期間や大きさについて示すものではない（ただ、本章で後述するが、サイクル自身が示すサイクル変動パターンによって手がかりは得られる）。

　サイクルの測定は、市場がいつ転換するか予想するうえで重要な手がかりになるが、予想の的中率は100％ではない。
　サイクルの測定によって時間的な転換点を完全に予想できれば素晴らしいのだが、実際はそうはいかない。チャート5.2で分かるように、市場サイクルの名目上の長さとサイクルの安値と安値の間の実際の時間的な期間にはズレがあった。例えば2002年7月から2003年5月までで、53日サイクルをベースにした安値と安値の実際のタイムスパンは48〜56日だった。
　より短いタイムサイクル——例えば4〜5日の市場サイクル——な

チャート5.1　2002～2004年のS&P500指数の53日サイクル

このチャートはS&P500の53日タイムサイクルを理想化したものである。株価の安値は53営業日、つまり11～12週の間隔をおいて付けている。これは理想的なサイクルであり、このパラメーターはこの期間のデータ数値とぴったり一致している。実際にはこのように正確に一定の間隔をおいてサイクルの安値を付けることはまずない。

ら、予想が1日以上外れる可能性は低い。タイムサイクルが長ければ長いほど潜在的なエラーは大きくなる。面白いことに、サイクルのエラーは自律修正する傾向がある。したがって、あるサイクルが名目より長くなる傾向にある場合には、そのあとに続くサイクルは名目よりも長さが短くなる傾向にあり、これと逆の場合にもこうした傾向が見られる。チャート5.2で分かるように、長かった56日サイクルのあとのサイクルの安値と安値の時間的な間隔は48日間と短かった。

　サイクルは、予測される時間枠のレンジを示すものだと定義するといいだろう。例えば53日サイクルは、正確に53日間のサイクルであるわけではなく、10～12週のサイクルとか50～60営業日と考えるのだ。

　もう一度チャート5.2に目を移し、ここで分析している名目53日の

サイクルを見ていただきたい。この名目53日サイクルは、実際には56日間の長さだった。ご覧のように、各サイクルはA波とB波の2つの波動で構成され、それ自体もより大きなサイクルのA波あるいはB波である。したがって、無数のサイクルが存在する。小さいサイクルはより大きいサイクル内で形成され、その大きいサイクル自体もより大きいサイクル内で形成されているのである。

市場サイクルのセグメント

　実際には、株価の変動は一連のサイクルのセグメント（部分）のなかで発生している。このセグメントが大きなサイクルを形成し、その大きなサイクル自体もより大きなサイクルを形成しているのだ。

　各サイクルはまた、セグメントAとセグメントBの2つのセグメントで構成されている。例えばチャート5.2での56日サイクルは、最初は24日間続くセグメントと2番目は32日間続くセグメントの2つに分割できるのだ。セグメントは必ずしも時間的な長さや値動きの大きさ、さらに基本的な方向性さえ正確には一致していない。ただしAとBのセグメントは、時間的な長さが比較的等しくなる傾向がある。

　このAとBのセグメントはそれぞれ、さらに2つのセグメントに分割できる。チャート5.2では、24日セグメントは13日セグメントと11日セグメントに分割できる。32日セグメントは17日セグメントと15日セグメントに分割できる。しかも、これらセグメント自体もさらに小さいサイクルを反映しているのである。

　最短11日間から最長17日間のレンジのこれらのセグメントはそれぞれ、さらにA－Bのセグメントに小さく分割できる。例えばチャート5.2の56日サイクルのBの32日セグメントは、17日セグメントと15日セグメントに分割できる。15日セグメントはさらに8日セグメントと7日セグメントに分割できる。お分かりのように、各サイクルのセグメ

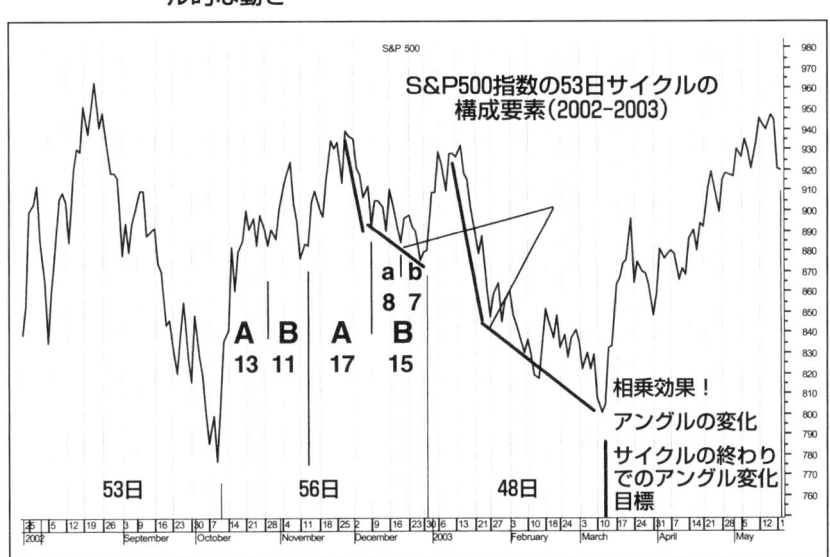

チャート5.2　53日タイムサイクルをベースにしたS&P500の実際のサイクル的な動き

S&P500指数の53日サイクルの構成要素（2002-2003）

相乗効果！
アングルの変化
サイクルの終わりでのアングル変化
目標

53日タイムサイクルは実際のところ、「名目の」あるいは「理想化された」53日サイクルだと考えたほうがいい。チャート5.1よりも時間枠の短いこのチャートは、名目の53日サイクルで反映されたサイクル的なパターンをよりはっきりと定義している。この期間内に形成された実際のサイクルの安値から安値までの時間的な間隔は、48～56日のレンジだった。

ントは、時間的な長さがほぼ同等な２つのセグメントに分かれる傾向があるのだ。

　もちろん、お望みならこのセグメント化をさらに進め、１時間に満たない、あるいはそれよりもさらに短い期間のサイクルにまで分割することも可能だ。反対に、これと逆の方向で考え、56日サイクルをより長期サイクル内で分析することもできる。

セグメント化の重要性

　この56日サイクル全体を、このなかにあるさまざまなセグメントの

文脈で見た場合、このサイクルは単にひとつのサイクルではなく、上昇や下落、同方向や逆方向への移動などといった多数のより小さなサイクルで構成されていることが分かる。最終的にある特定のサイクルが受ける影響というのは、その内部にあるより小さなサイクルと、自らがその一部となっているより大きなサイクルの影響を総合したものである。

　例えば、チャート5.2の最初のセグメントAとその構成要素を考えていただきたい。最初のAは13日間続いている。この13日セグメントの下落は、56日サイクルにも、その24日セグメントにもあまり影響を与えていない。これは13日セグメントの下落が他の重要なサイクルによって支援されていないからである。

　続く11日セグメントの下落は、より長期の24日セグメントの下落によって増幅されたことから、より大きな影響を与えた。しかし、より重要度の高い56日サイクルは、引き続き上昇しており、これによって、ネガティブなサイクルの影響が限定的なものになっているが、2002年11月初めからの同サイクルの下降は短期的に市場の大幅下落を招いた。

　56日サイクルの最後の4分の1は、より大きなサイクルの下落局面となっている一方で、56日サイクルとより小さいセグメントが同時に下落して安値を付けている。この時には56日サイクル、32日セグメント、その下の15日セグメント、そして最後の7日セグメントが一斉に下落している。つまりサイクルが一様に下落する時期だったのである。

　多数の短期市場サイクルと長期市場サイクルがあるひとつの安値に集中しているようなエリアは「サイクルの重複（ネスト）」と呼ばれる。より多数のサイクルがネストに向かって同時に下落しているため、株価はサイクル的に深刻な下落場面となる可能性が高い。複数のサイクルが同時に上昇へと転じ、このようなネストから上昇に向かうと、株価はサイクル的には大きく強気へと支えられる。

　多数のサイクルがバラバラの方向に向かっているようなエリアでは、

サイクルによる影響は弱まる傾向がある。

強気のサイクルパターンと弱気のサイクルパターンの区別

　チャート5.2の56日サイクルは、実際には強気の市場サイクルだった。まず、そのサイクルの後半のセグメント（レッグ）Bで、前半のセグメント（レッグ）Aの水準を上回っている。さらには、上昇波動の全体の長さ、すなわち10月半ばから12月初めの7週間は、全体の11週サイクルのうちの7週間を占めており、明らかにサイクル全体の期間の50％以上だった。中立サイクルは一般に、上昇期と下降期が同じ長さになる。弱気サイクルは通常、値動きの面で上昇しているサイクルより下落しているサイクルが多くなっている。

　しかし、12月2日には、各サイクルの力が弱気サイドに足並みをそろえはじめた。まず、56日サイクルがすでに7週間、つまり名目サイクルの長さの約3分の2にあたる期間にもわたって上昇を続けていた。12月9日までには、セグメントBが終了に近づき、セグメントの後半へと移行するなか、このセグメント自体が弱気に傾くことによって56日サイクル全体が弱気へ向かっていることを裏づけしていた。セグメントBの最後の15日間はさらに2つの小さなセグメント、8日セグメントと7日セグメントに分割できる。12月末にかけての下落場面は、下向きの短期および中期サイクルが合流することで強化された。この合流の結果、大きな56日サイクルの最後の4週間は、大幅な修正安となって表れた。

相乗効果のコンセプトを忘れないために……

　チャート5.2を見ると、2002年12月には角度の変化が生じている。この変化によって、角度変化の起点である12月9日以来続く下落局面

に関して、理想的な価格・時間の目標が示された。

　結果的な株価の推移は、この角度の変化により12月9日の時点で立てることができた目標とほぼ完璧に一致した。ここでも気づかれたと思うが、セグメントAは13日セグメントと11日セグメントにほぼ均等に分割され、セグメントAに対応したセグメントBは17日セグメントと15日セグメントにほぼ均等に分割され、また15日セグメントは8日セグメントと7日セグメントに分かれている。

　2003年1月の大幅な下落場面でも、市場の下落角度の変化が発生した。後半のより緩やかな角度により、2003年3月の大底完成とほぼ一致する価格・時間の目標が得られた。この2003年3月の大底は、前回のサイクルの底から49日後に付けた。これはまさに、角度変化の測定とサイクル的な時間予測が一致した例である。

市場サイクルの長さ

　繰り返すが、市場には数多くのサイクルが存在し、それぞれがいかなるときでも同時に影響を与えている。一部のサイクルはほかのサイクルよりも重要であり、その規模（サイクルによって生じる値動きの幅）はほかのサイクルのそれよりも大きい。信頼性も、あるサイクルとほかのサイクルでは異なっている。ここで想起すべき大切なコンセプトは、株式市場に対するサイクルの影響が最も大きくなるのは、複数の重要なサイクルが合わさって市場の方向性を示したり、重複（ネスト＝長短のサイクルが共に安値を付ける場所）を形成したりして、ともに下落または上昇したときだという点である。複数の重要なサイクルが正反対になったり中立の領域にあるときは、サイクルによる影響が最も小さくなる。

　以下は、私がこれまでの長い年月を通じて最も重要だと思ったサイクルの一部である。お断りしておくが、下記のサイクル期間は、シー

ズナル的なパターンが変化するのと同様に、時に応じて強さや長さが変化することに留意されたい。

- ４年市場サイクル
- １年市場サイクル
- 22〜24週市場サイクル
- 11〜12週市場サイクル
- ５〜６週市場サイクル
- 15〜17日市場サイクル
- ７〜10日市場サイクル
- ４〜５日市場サイクル
- 17〜20時間市場サイクル

　各サイクルはそのすぐ上のサイクルの長さのほぼ半分になり、その下のサイクルの長さのほぼ２倍になる傾向がある。このパターンは検証してきたＡ－Ｂの展開と一致している。
　それでは、複数年を通じて発生したサイクルパターンの検証に進もう。

非常に重要かつ安定している４年市場サイクル

　４年市場サイクルは、株式市場でおそらく最も重要で実際に影響しているサイクルだろう。実のところ、特にその長さの面では、定期的で比較的狂いが少ないのだ。米国市場はもちろんのこと、外国の多くの株式市場でも有効だと思われる。
　もちろん、このサイクルは、先に検討した大統領選挙サイクルに関連している。大統領サイクルが４年市場サイクルの原因か、あるいは４年市場サイクルの結果なのか、あるいはこの場合、政治的影響とサ

イクル的影響が互いに作用し合っているか、といった点を判断するのは難しい。原因はどうであれ、その結果は株式市場に強い影響を与えるサイクルになっている。

　チャート5.3は、1969〜1970年の弱気市場の終わりが起点になっている。実のところ、1970年に市場の安値を付ける前に1962年と1966年に弱気市場が形成されたため、このサイクルは少なくとも1962年までさかのぼっても差し支えない。このチャートから分かるように、1970年、1974年、1978年、1982年に弱気市場の底値を付けている。

　1982年以降の弱気相場については、全般に期間が短く、年ではなく月単位で数えられる。このような状態は2000年の弱気市場まで続いている。しかしながら1986年、（大幅下落したあとの）1990年、（株式市場で目立った動きがなかった）1994年、（第3四半期に大幅下落した）1998年、そして最後に2002年に、サイクル的スケジュールどおりに重要な市場の安値を付けている。2002年は数十年ぶりの深刻な弱気市場が終わった年であり、4年サイクルが名目上終えんし、大統領サイクルの最も強い年が始まった年でもある。

　1966年から1982年までの期間は、株式市場の長期の永続的なトレンドの中で事実上中立となっていた。また、この期間の4年サイクルのサイクルパターンも中立であり、4年サイクルのほぼ半分が上昇し、残り半分は下落している。この永続的なトレンドは1999〜2000年のバブルに向かって上昇しており、株式市場はサイクル波動期の多くを上昇しながら推移している。つまり、各サイクルの末には通常、下げ圧力が最も強くなるのだが、相場は各サイクルの末までしっかり維持されているのだった。2000年の相場の反落は、30年ぶりの大幅な下落であり、しかも主要4年サイクルが中間に達する前に下げに転じているものである。こうした市場サイクル初期での相場の弱気転換は、その後に相場の下落の平均を上回るような下げがあることを暗示している。

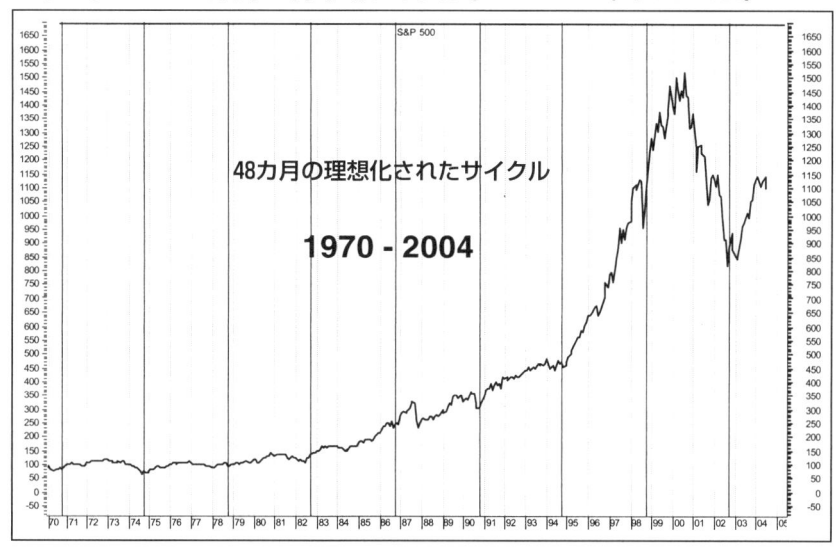

チャート5.3　48カ月（4年）市場サイクル（1970～2004年のS&P500）

48カ月の理想化されたサイクル
1970 - 2004

このチャートは株式市場の非常に重要な48カ月、すなわち4年サイクルを示している（価格は月間ベース）。

中期の市場サイクルと確認指標

　チャート5.4では、サイクル波動と株式市場モメンタムを判断するうえで人気のあるウエルズ・ワイルダーの相対力指数（RSI）とによる相互作用が示されている。

　このチャートは、タイムサイクルを応用するうえでの基本コンセプトを示している。タイミング指標による売りと買いのシグナルは、サイクルパターンに支持されたときにタイムリーなものになる可能性が高い。逆にサイクルパターンは、主要なテクニカル指標に支持されたときに有効なものになる可能性が高い。モメンタムやほかのテクニカル指標が、主要サイクルと同時に売りのエリア、あるいは買いのエリアに接近したとき、最高のシグナルが生まれる。

　チャート5.4は、株式市場での36日サイクルすなわち約7.5週サイク

※参考文献　ウエルズ・ワイルダー著『ワイルダーのテクニカル分析入門』（パンローリング）

チャート5.4 株価のモメンタム指標であるRSIによるS&P500の36日サイクル確認

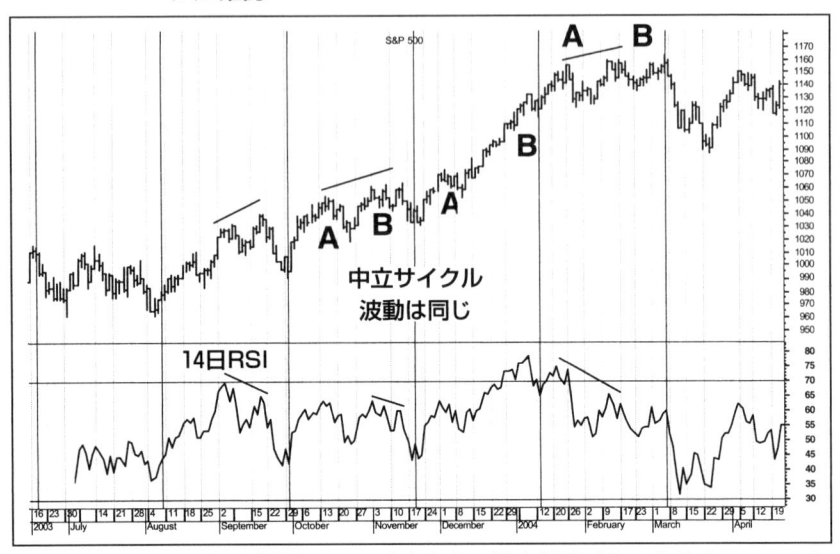

チャート5.4は、かなり重要な36日、すなわち7週市場サイクルとそのA―Bコンポーネントを示している。市場モメンタムの指標の1つである14日RSIによって、そのサイクルの波動内のセグメントの状態がよく確認できるほか、市場モメンタムの強さも分かる。

ルを示したものである。36日サイクル内での値動きは、これまでわれわれが十分に学んだパターンに沿って推移している。このチャートでは4つのサイクル期のうち、3つの期間でA－Bのセグメントが示されているが、それら3つのA－Bセグメントは株価とRSIの双方によって簡単に均等なサブセグメントに分割することができる。

　11月末から1月初めまでの期間は、価格の動きではA－Bの配列を認識し、特定するのが多少難しいかもしれないが、そのA－Bの配列はRSIの数値から簡単に判断できる。

　AセグメントとBセグメントの長さと振幅は、10月初めから11月半ばまでの間や2004年初頭のように、トレンドのない期間には均等にな

る可能性が高い。11月半ばに始まったサイクルは非常に強気である。つまり、セグメントBはセグメントAをかなり上回っており、サイクルが終わりに近づいても価格に下落は見られなかった（ただし、モメンタムでは下げがひとつ見られた）。

サイクルがその期間の最高値で終わった場合、通常は次のサイクルの初期にも強気の動きが続く。こうした状況では、株価だけしか記していないチャートより、市場モメンタムも記したチャートのほうがサイクルパターンを認識しやすいだろう。

確認指標はどのように株価推移の理由づけを行うのか

あなたが1つまたはそれ以上の確認指標を維持した場合（私はそうすることをお勧めするのだが）、2003～2004年の期間については、以下のような考えを持ったかもしれない。

8～9月サイクル

まず、8月初めの安値でのRSIを測定してみよう。ご覧のようにRSIは40辺りにあり、中立～強気市場の期間の14日RSIとしては売られ過ぎとなっている。新しいサイクルに入ると、RSIは上昇し、同サイクルの中間点でピークに達している。株価はこの新しいサイクル中、上昇を続けているものの、RSIが株価に追随して新たなピークを付けることはなかった。これは弱気のダイバージェンスであり、すでに見てきたように弱気見通しを示唆している。

この36日サイクルでは、名目上の終盤が近づくにつれて2つの現象が見られた。1つは、RSIが株価に連動して新高値を付けることがなくなる（モメンタム低下のシグナル）ことから、目先相場の悪化が示唆されたこと。もう1つは、株価とRSIの両方が下落に転じたことだ

った。つまり、株価は天井から下落し、RSIも2番天井から下落したのだ。主要な要素が一致して弱気にあったのだった。このサイクルは、安値に向けて下降する局面を迎えていた。RSIは株価に連動して新高値を付けることがなかった。S&P500指数も下落に転じたのだった。

　さて、9月末にこのサイクルが名目的な安値に達したときに何が起きただろうか。複数の強気要素がこの安値エリアを支援し、買いで入れるような相場上昇の可能性を示唆したのである。一方で、このサイクルは、サイクルとしての底に達する局面を迎えていた。また、もう一方では、RSIがこの時点までで、9月以来の上昇の開始点となった水準まで下落していた。さらには、底練りが進むなか、RSIが上昇を示唆するダブルボトムを形成していた。ダブルボトムは、強気相場での売られ過ぎ水準で形成された場合、極めて重要な意味を持つ。

10～11月サイクル

　これはやや強気のサイクルである。株価はゆっくり上昇しており、市場の時間は、下落よりも上昇のほうが長くなっている。このサイクルは明確にAとBのセグメントにほぼ均等に分割でき、また値動きとRSIパターンの間には明確な弱気のダイバージェンスが示された。このダイバージェンスによってこのサイクルは終了した。

　RSIは、サイクル終了時点で売られ過ぎの領域だったが、再びダブルボトムを形成したうえで、次のサイクルの始まりを確認している。

11月～1月初めの市場サイクル

　このサイクルは、株価はセグメントA初期の終わりに小幅下落したあと、この期間の終わりまで上昇基調を維持しており、非常に強気の展開を示した。強気市場におけるサイクルは、サイクルが完了したか

どうかが判断し難い値動きを示す場合がある。ただ、こうしたサイクルも、価格上昇のモメンタムを追跡する指標を用いて容易に見分けられる。

例えば、RSIはこのサイクルが終わる数営業日前に下落し、S&P500指数が2004年初めにかけて新高値を付けることに追随することはなかった。

通常、11～1月初めまでのサイクルほどの強気でサイクルが終わると、その次のサイクルの初めの市場の動きは非常に強気になる。この場合はそれに当たる。ところで11～1月のサイクルについてRSIではAとBのセグメントがはっきり分かるが、価格パターンではAとBのセグメントは鮮明ではない。

1～3月サイクル

2003年後半に上昇した株式市場は、翌年の初めはトレンドのない動きに終始した。株式市場は2004年は好調なスタートを切ったものの、その後、株価の上昇力は急速に弱まった。

振り返ると、このサイクルでRSIが相対的に弱気の動きを示したことが、2004年3月の市場の大幅下落の前兆となっていた。

18カ月市場サイクルと変化率による確認

変化率とサイクルパターン間の相乗効果

チャート5.5は、有力な市場サイクルの定期性やパワーを示すものである――ここでは、1995年3月から2004年3月までの9年間に、定期的でパワフルな株価変動を生み出した18カ月市場サイクルを示している。このサイクルはこのチャートに重ねた理念上のサイクルライン

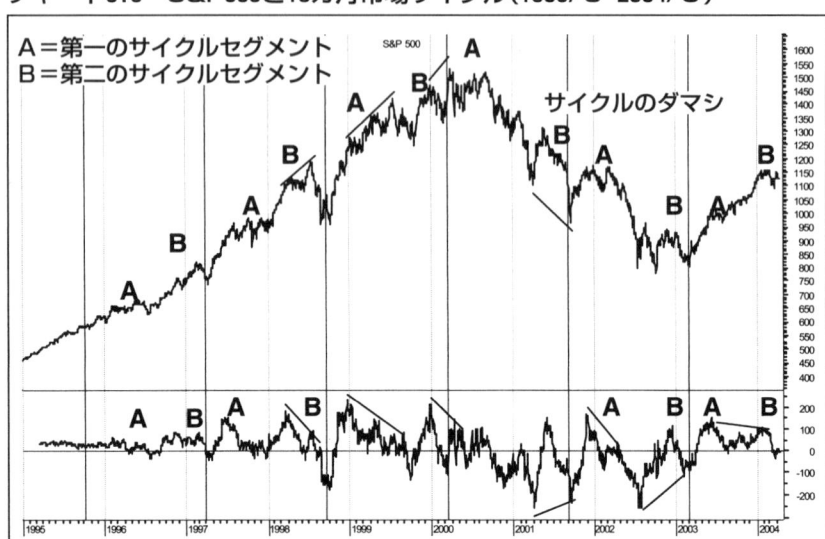

チャート5.5　S&P500と18カ月市場サイクル(1995/3-2004/3)

A＝第一のサイクルセグメント
B＝第二のサイクルセグメント

長期市場サイクルは往々にして18カ月サイクルに分割されるが、このサイクルがこのチャートに反映されている。A波動とB波動はかなりはっきりしており、それぞれ強気市場期には上昇し、弱気市場期には下落している。50日ROCパターンはもちろんのこと、値動きにもA波動とB波動がはっきり示されている。

では、スペースが均等になっている。実際には、この長さのサイクルの場合、サイクルと実際の期間との間に通常生じる誤差を調整する必要はないようだ。

　AとBのサイクル配列の傾斜は、株式市場のメジャートレンドの方向性を反映する場合が多い。例えば1995年から2000年初頭までの各18カ月サイクルは、B波がそれより前のA波の高値を上回ったあと、そのサイクルを完了しているパターンである。トレンドが上向きであることは明らかだった。

　この上昇波動パターンは、2000年下半期に終焉した。2000年下半期には新たなサイクルの最初のA波は、高値で前のB波を超えることはなく、その後下落して、A波が始まった水準を割り込んだ。

上昇して始まり、その後下落に転じて起点の水準を割り込む波動パターンで、特に下落して前回の下値支持線を割った場合には、サイクルフェイラーと呼ばれる。こういったパターンは通常かなり弱気であり、市場の基本的トレンドに変化が生じたことを示唆している。このフェイラー（チャートを参照）が生じた時点から、株式市場は1995～1999年のパターンの逆転状態、すなわちＢセグメントはＡセグメントを上回らず下回っている状態になった。この弱気の波動の連続は2003年第１四半期まで続き、この四半期には波動が逆転し（Ａセグメントが前のＢセグメントを超えた）、新たな強気市場が始まった。要するに、強気市場にあってはＢセグメントは一般にＡセグメントを超えて終わり、弱気市場にあってはＢセグメントは一般にＡセグメントを下回って終わるのである。

変化率の指標を記入

　変化率（ROC）が、1995年と2004年の間に効果を発揮しているのは確かだ。
　まず値動きのパターンで、この指標はこの期間に見られたＡ－Ｂ波の連続をはっきりと反映している。変化率の数値は、事後や同時ではなく事前に、頻繁に市場の基調転換や、株価のトレンドの方向性の転換を指し示した。一般論として、変化率は市場の上昇のなかでおよそ50～65％でピークを付ける。指標は、この水準から下落に転じるが、このエリアはおそらく買いを入れるのは遅すぎであり、売りを仕掛けるのもやや早すぎのエリアである。このエリアに達すれば次の下げの動きへの心構えをして差し支えないだろう。
　お分かりのように1995～2000年の間に起きた各サイクルのピークはすべて、弱気のダイバージェンスによって予測できた。弱気のダイバージェンスでは、価格が上昇して新高値を付けるなか、上昇の価格モ

メンタムの低下を反映して、変化率は下落に転じている。この特徴は、反対に2000～2002年の市場の下落時にも見られた。サイクルでの市場の安値は、事前の強気のダイバージェンスによって特徴づけられ、価格が最終的な安値に向かうなかで、変化率は上昇に転じている。

50日変化率は、2001年末と2002年の市場の反発を明瞭に示した。

投資家は、サイクルの長さと、50日変化率の動向から、この18カ月サイクルを通じて相場の回復の明確なシグナルを得ることができた。

将来の読者のために

本書のこのセクションは2004年3月時点で執筆している。この時期のS&P500指数は依然堅調だったが、18カ月サイクルが現時点で13カ月目に入っていることから、50日変化率には弱気のダイバージェンスが生じている。全般的なパターンは——ブルマーケットのダイナミックな継続ではないものの——さらなる強気を示唆しているようであるが、新たな18カ月サイクルが始まる予定の2004年晩夏にかけての市場の危険性は高まっている。未来の投資家は、この50日変化率がいかに有効だったか判断できるだろう(2004年年末の追記。実際には、株式市場は4月まで堅調を維持したあと季節的な下落が始まり8月半ばに大幅下落した。その時点からは市場の回復が始まり、年末まで回復が維持されている)。

デイトレーディングと短期サイクル

これまで長期市場サイクルに焦点を当てて説明してきた。長期市場サイクルは典型的な投資家にとっては、ごく短期の市場サイクルより重要である。ただコンピューターを通じて行われるアクティブなデイトレーディングなどの短期取引を含む、オンライン取引が増えている。

投資家は、現在では１時間単位の、あるいは１日単位の株式市場の値動きを追うのに、コンピューターのスクリーンや取引プログラムを活用できる。これに関して、私は24〜30時間株式市場サイクルあるいは４〜５日株式市場サイクルが非常に有効と考えている。

　このサイクルは、価格、変化率、RSI、それにあとで述べる、この目的のために特別に使われるMACD（移動平均収束拡散法）パターンによって追跡することができる。私はこのサイクルを時間ではなく日単位で述べている。ただ、このサイクルの変化は１日の引け時点ではなく場中で生じる傾向があるため、１時間ごとの動きを追うのは非常に有効だ。

　４〜５日サイクルは、以下のような配列に分割できる場合が多い。デイトレーダーらは素早く反応する傾向があるうえに、まとまって行動することが多いため、市場は急激に変動する。

１日目　その日のある時点で、前回のサイクルが完了したとか、下落に終止符が打たれつつあるとか、次は上昇波動を描く可能性があることが、トレーダーには何となく分かるようになってくる。MACDの強気のダイバージェンス、RSI、変化率、さらには下向きのウエッジの形成や（このあとで説明する）強気のＴフォーメーションから、その手がかりが得られる。価格は通常、その初日に最も大きくて強い動きを示す。基調の転換に備え、その転換が始まる直前か、始まった時点で行動に移すことが重要である。

２日目　過去に、市場が高く引けると翌日は高寄りする傾向があった。この傾向は近年ではあまり見られなくなってきた。現在では毎日が独自の動きとなっているように思われる。だがサイクルから判断して、１日目での上昇が２日目に少なくとも一部波及する確率が高い。ただ、市場トレンドが非常に強気でないかぎり、２日目のある時点で上昇に

終止符が打たれる可能性があり、3日目には決まって終止符が打たれる。

3日目　大半の市場期間では、この日はほとんど価格変動がなく、株式市場は4日目を迎える準備をする。4日目には多くの場合、短期サイクルにダメージが生じるのである。ただし、全体のサイクルがもう1日継続することもある。

　ここでの主な狙いは、4～5日サイクルを認識し、さらに新規の買い（あるいは売り）のポジションを支持するようなあなたの確認指標（相乗効果を覚えておられるだろう）に関連したパターンも認識することである。利益を得るためには、デイトレーダーは高い勝率を収めなければならない。これは、長期のポジション取引では、株式市場が長期にわたって上昇傾向が続くことからも利益が得られるのに対して、各短期取引あるいはデイトレードでは、投資費用のパーセンテージを長期のポジション取引と比較すると、潜在的な利益が比較的限られているためである。

Ｔフォーメーション──究極のサイクルパワーツールか？

　Ｔフォーメーションは、私のお気に入りのテクニカルのパワーツールのひとつである。このツールは、長期取引にも短期取引にも適用できる。ただし通常、設定と計算に最低限の期間が必要である。Ｔフォーメーションは、広範囲の投資市場で適用できそうだ。

　このフォーメーションの実効性は、波動やそのセグメントの長さが時間的にほぼ等しい点からみて、タイムサイクルは往々にして相対的に中立だというコンセプトに基づいている。こうしたサイクル波動間の相対的な中立性および時間的継続性から判断して、株式市場があるサイクルや、サイクルのセグメントで費やした時間を知り、新たなサイクルやセグメントがいつ始まったか認識すれば、その新たなサイク

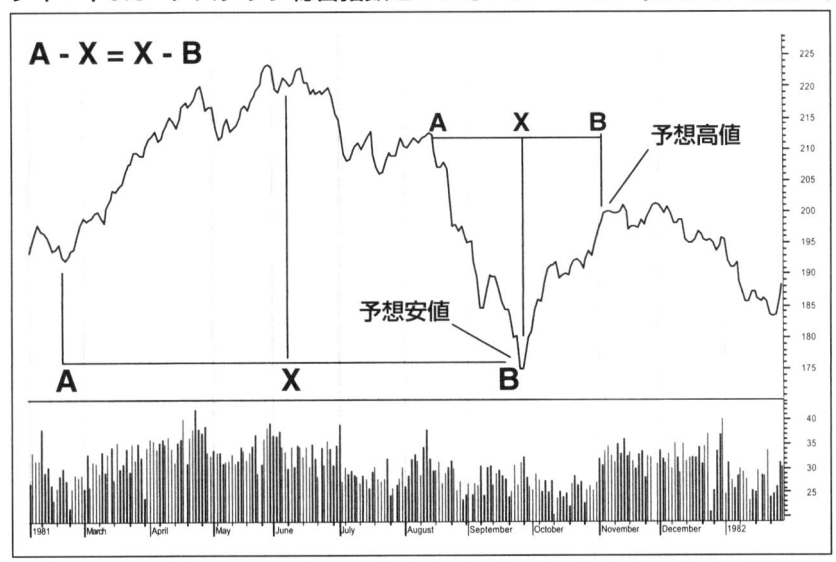

チャート5.6　ナスダック総合指数とTフォーメーション(1981/11-1982/5)

チャート5.6は1981年から1982年までのTフォーメーションの例を示している。見てのとおり、これらのフォーメーションは市場の高値と安値が付けられる前にその予測を示している。

ルやセグメントがいつ終わりを迎えるか予想できるのではないかと仮定してもおかしくはないということになる。このプロセスはここで長々と述べるほどの複雑なものではなく、チャート5.7を分析すれば十分に理解いただけると思う。

Tフォーメーションの形成

エリア1

チャート5.7の左のエリア1から始める。ナスダック総合指数は、7月初めに安値から上昇して7月半ばに高値を付けたあと下落したが、再び上昇を開始し、その後再度下落してダブルトップを形成している。

169

目標は次の市場の安値の時期を予測することだ。

ステップ1　フォーメーションの開始地点の安値（A）からフォーメーションの中心（X）までの距離のA－Xを測定する。Xは垂直の線であり、サイクルの開始地点の安値とピークエリアまでを結んだラインとなる。ただ、ここで重要な変動要因がある。サイクルのピークエリアがひとつのピークではなくダブルトップとして形成された場合は、この２つの山と山の間の谷をサイクルの中心ととらえ、そのエリアからXを測定する。７月のトップエリアはダブルトップのMフォーメーションの形をとった。したがって、Xラインの測定はMの中心から行う。

ステップ2　フォーメーションの始まりとサイクルの高値から引いた縦のラインX間の水平距離を測定し、その水平距離の水平ラインを引けばTバー（Tの文字の横棒の部分）の左側ができる。この長さはA－Xとなる。縦のラインであるXはサイクルが下落しはじめればすぐに引くことができる。

ステップ3　Tバーの右側の長さX－Bを確定するため、A－Xの距離を延長する。そうすることにより、ラインの右側X－Bで次の下落サイクルがどこで終わるか予想がつく。

　基本的なTフォーメーションの作成は、実にやさしい。留意しておきたい第一のコンセプトは、ダブルトップの場合にはダブルトップの２つのピークの１つからでなくMフォーメーションの中心からXラインを引くということである。第二のコンセプトは、A－XとX－Bの距離は同じだということである。第三のコンセプトは、TフォーメーションはB波動がいつ終わる可能性があるか示唆するということである。これらのフォーメーションは、サイクルが終わる時点での価格水準は予測しておらず、単にサイクルの時間的な長さを予測するにすぎ

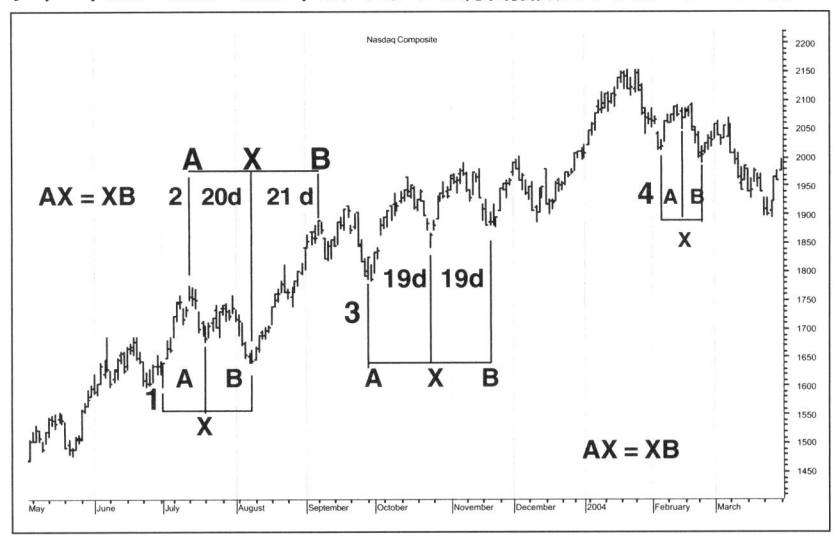

チャート5.7　2003〜2004年のナスダック総合指数とTフォーメーション

チャート5.7はTフォーメーションの構成を示している。ここでの主要コンセプトは、Tフォーメーションの左側と右側は時間的に均等だという点である。Tフォーメーションの左側の長さが分かれば、**市場が基調転換する時期をただちに予測できるのである**。

ない。現実には、予測というのは時間的な予測はもちろんのこと、正確な価格を含んでいる場合が多い。価格予測は、往々にして値動きの傾斜から立てることができる。

エリア2

株価は7月半ばの高値から下落して8月初めに安値を付け、ここで一点底を付けたあと、その後上昇に転じた。この上昇はどのくらい長く続くのだろうか？

価格が上昇を再開したときの安値を確認し、このエリアで縦のXラインを引くことができる。それから最近のピークAからの時間を測定して横線を引くとTフォーメーションの左側のバー（Tの文字の横棒

の部分)のＡ－Ｘが作れる。この場合の時間は20日間だった。この時間を計算することによってＴフォーメーションの右側の予想される長さＸ－Ｂが推測できるのだ。このＸ－Ｂは理論的には20日間となる。実際上、このケースでは21日間かかった。この予測での時間は、実際のピークまでにかかった時間との誤差がわずか１日にとどまった。

　基本ルールは、見てのとおり、Ａ－Ｘの距離とＸ－Ｂの距離は等しいということである。

　繰り返すと、エリア２でのフォーメーションは、フォーメーションの安値となるサイクルの中心を反映した、ひとつのはっきりした上昇を描いている。エリア１でのフォーメーションは、ダブルトップを形成していた。フォーメーションが一点天井・底の基調転換か、ダブルトップ・ボトムの基調転換か判断が難しいこともある。

エリア３

　Ｔフォーメーションの作成と解釈は、これでかなり理解されたと思われる。エリア３では、安値のフォーメーションの予想が、ダブルトップのＭフォーメーションを中心として構成されている。Ｂの安値の正確な予想は、Ｔフォーメーションを使うことによって達成された。

エリア４

　このエリアは、株式市場の小さなサイクルに対してＴフォーメーションを適用したものである。このケースでのダブルトップフォーメーションの２つのトップは、わずか１営業日の期間だけ続いた下落によって分けられた。

　このチャートではほかにもいくつかＴフォーメーションを作成できるかもしれない。読者はこのページをコピーして、チャート上で実践

していただきたい。

相乗効果の応用を含むTフォーメーションの例

　チャート5.8には3つのTフォーメーションが示されている。2001年12月と2002年2月末の間の2つのトップの間に形成された比較的短期のもの、1月末と4月末の間の2つのボトムの間に形成されたもの、そしてより長期の2001年9月と2002年8月の間の2つのボトムの間に形成されたもの、である。

　最初の2つのフォーメーションは市場の基調転換日の予測を示しているが、実際の基調転換日とのズレはわずか数日間で、予測した時点から1カ月から1カ月半の間に基調転換があると予測していたことを考えると、大きなズレではない。

　より長期の9～8月の予測については約1カ月の誤差が生じた。実際は2002年7月下旬に底値を付けたが、これは大きなTフォーメーションによって予測された8月の安値の時期から1カ月弱早まったものだった。8月の安値は、このタイムスパンの長さを考えると、予測の安値と実際の安値の時間的なズレは、それほど大きなものではなかった。ただ、時間的なズレは大きくなくても、実際に付けた安値と、3週間後に付けると予測していた安値の間に生じた値動きは大きなものだった。

　8月の最終的な底値を待たずに、2002年7月に安値を付ける可能性があることをトレーダーに認識させるような指標はあっただろうか。実際、これはあったのである。これには、複数のツールの活用が大いに役に立ったはずである。例えば、7月の安値で見られた出来高の急増であり、売りがクライマックスに達したことを示唆している。7月の安値での出来高と前回2001年9月の安値での出来高を比較すると、出来高のパターンが似ている。2002年7月に付けた出来高は、10カ月

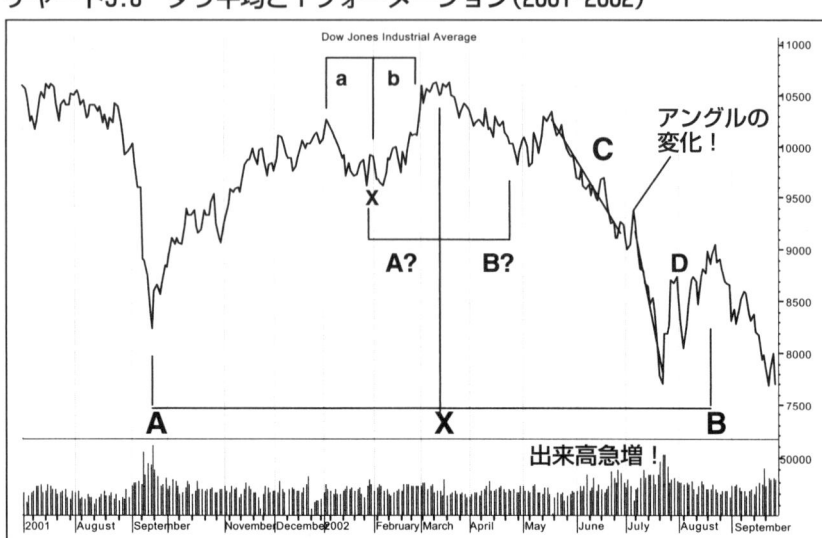

チャート5.8　ダウ平均とTフォーメーション(2001-2002)

チャート5.8は2001～2002年のダウ平均に関するTフォーメーションとTフォーメーションと関連して使用できるほかの指標を示している。

前に株式市場を上昇に転じさせた出来高と同じ水準だった。また角度に変化が生じた（チャート上のC－D）ことからも、価格を予測できたし、同時に出来高の急増も示されていた。安値を予想より早く付けるとしても、角度の変化が有効なツールとなるのである。

　こういった一連の出来事は、市場を予想するうえで、ひとつの指標だけに頼るのではなく、複数の指標を利用するほうがプラスになることを示すさらなるひとつの例である。

Tフォーメーションと株価のミラーパターン

　株式市場は時折（実際は短期の価格変動の場合には、より回数が多いのだが）上昇波動や下降波動の騰落で、一方がまるでミラー（鏡

に映したかのように他方と類似することがある。このようなパターンの発生は別に驚くべきことではない。ひとつには、一方での下値支持線と上値抵抗線がもう一方での値動きに影響を及ぼすことから、ミラーの最初の一方に形成された下値支持線と上値抵抗線が中立サイクルのなかにあるもう一方での値動きを一時停止（調整）させる形で反映されることがあるためである。もうひとつには、トレンドのない中立の市場環境となっているタイムサイクルでは、ミラーリングが最も頻繁に発生するものであり、そのため自然と中立サイクルパターンのあとの相場の基調転換につながるのである。

いずれにしても、チャート5.9は、1985年の市場がミラーパターンを繰り返したことを示している。このチャートで分かるように、フォーメーションの中心から測定できるＴフォーメーションは重要な市場サイクルの最終局面だけでなく、その途中経過での数多くのステップも暗示する場合が多いのだ。

1985年３～５月の最初のＴフォーメーションはトップ・ツー・トップ（高値を結んだもの）であり、その中心がＷフォーメーションの中心となっている。実際に高値を付けた時期と、前もってこのフォーメーションをベースに予想された高値の時期との差はわずか数日しかなかった。

チャート5.9をもっと詳しく見ると、私が記入した以外にも、短い期間で複数のＴフォーメーションの予測が立てられることに気づかれるだろう。例えば、チャートの左側の３月半ばから４月末の間で立てられる２つの連続した短期Ｔ予測は、短期市場サイクルを見極めるうえでかなり正確なものだと思われる。

1985年の最も大きなＴフォーメーションは、５月と９月末の間に形成された。７月半ばに株式市場が下落しはじめたときにＡ－Ｘラインを引けるほか、それによってＸのセンターラインからこのサイクルの最終的な下値目標の時間的な長さ（Ｂ）をほぼ完璧に予測できた。

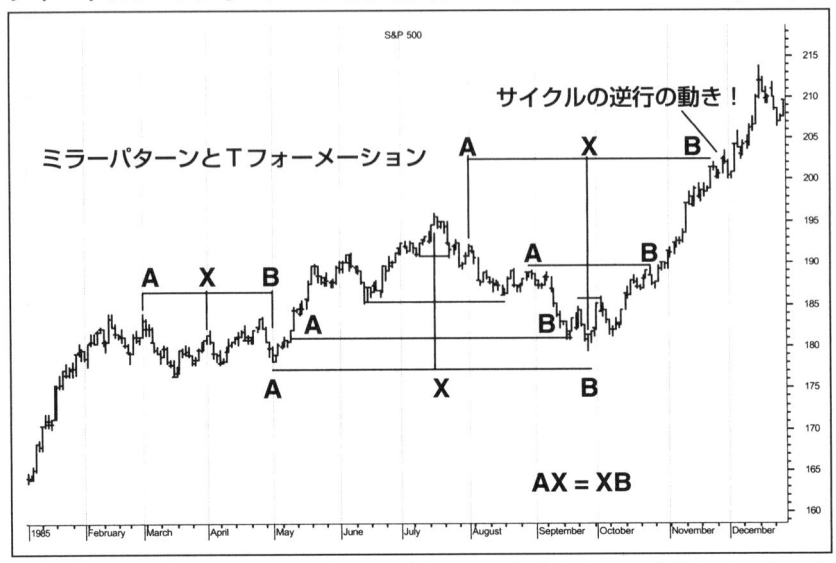

チャート5.9　Tフォーメーションとミラーパターン——S&P500（1985）

チャート5.9は市場の動きにはミラーパターンが存在することを示している。上昇あるいは下落の右側はチャートの左側に表れるパターンのミラーパターンである。このような動きが展開されたときにはTフォーメーションが特に有効である。

　しかも、その最終安値に至る過程で、Tフォーメーションの測定によって定義できる、中間の市場基調転換エリアが複数あった。
　11月のかなり強気の相場反騰は、サイクルフェイラーを示している。サイクル予測は、たとえTフォーメーションをもってしても、いつも当たるとは限らないのだ。
　サイクルのTフォーメーションでは、1985年11月に株価が反落に転じる可能性が示された。株価は1日か2日間は下落に転じる動きが見られたが、サイクル的に予想される相場下落に追随する動きがないことが明らかになると、すぐに基調を転換し大幅上昇した。サイクルによる方向性とは逆向きのこの動きはサイクリカルインバージョン（サイクルの反転）と呼ばれ、一般に反転した方向へ大きな動きを示す。

この場合、サイクル的に予想される下げへの基調転換に従わず、市場は上昇に向かった——しかもかなりの急上昇で。反転は面倒な事態を引き起こしかねないが、それらを認識し素早く対応すれば、しばしば利益を素早く得られる特別な機会を提供するものとなるのである。

Ｔフォーメーションと長期タイムフレーム

　周知のように、株式市場のテクニカルパターンは、ここで検証したタイムフレームの長短とは関係なく作用している。時間、モメンタム、需要と供給、感情的な売りや買いと関連したパターンを生み出すフォース（力）は、長期市場トレンドはもちろんのこと、短期市場の動きにも存在する傾向がある。MACDや移動平均トレーディングチャネルのようなタイミングツールを検討するときに、再度このコンセプトについて述べる。

　チャート5.10は、かなり長期の市場トレンドとそのトレンドを反映したチャートに対するＴフォーメーションの適用を図解したものである。もちろん縦のラインＸは、2000年３月のナスダック総合指数のピークから引いたＴフォーメーションの中心ラインとして存在する。ナスダック総合指数が下落しはじめたときに、あなたは同指数が上昇している主要期間で発生した相場の複数の一時停止部分（調整部分）とセンターライン（Ｘ）の間の距離を応用して、下落が継続する過程での、一時停止（調整部分）のありそうな複数のエリアを予測できたのである。

　この1995年から2004年までのナスダック総合指数の値動きには、チャート5.9の1985年のS&P500指数同様、ミラーリングの特徴が数多く見られる。ある期間には、ミラーリングは６年間続いたこともあったし、５カ月間続いたこともあった。いずれにしても、この２つのチャートには共通点が数多く見られる。

チャート5.10 長期市場サイクルとＴフォーメーション――ナスダック総合指数週足(1995-2004)

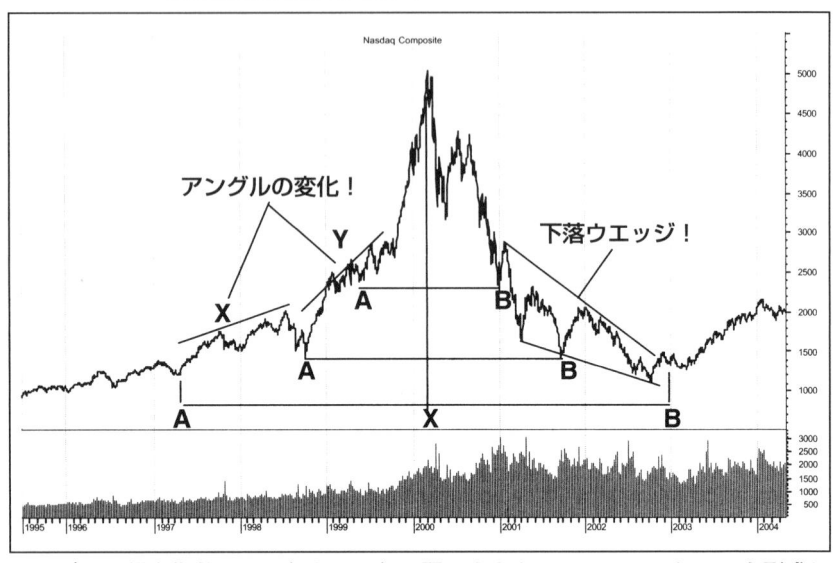

ナスダック総合指数は1997年と2003年の間に大きなＴフォーメーションを形成した。このフォーメーションにもミラーリングの特徴が数多く見られた。

補足指標

　長期の期間でも角度の変化が発生することがある。1998年初頭から1999年末の間にナスダック総合指数の長期の角度予測に明確な変化（Ａ、Ｂ）が生じた。ナスダック総合指数の弱気の動きは、下降ウエッジで終止符を打った。2001～2002年の出来高の減少により、ウエッジの形成が確認されたことに注目されたい。またウエッジの上方の抵抗線は、ひとたび突破されると、ウエッジ内に戻ろうとする価格に対する下値支持線に転じていることも注目に値する。ウエッジ形成の完了とその後の上放れは、まさにＴフォーメーションによって予測された重要な市場の安値で起きており、これは相乗効果が有効に作用した展開であった。

第５章

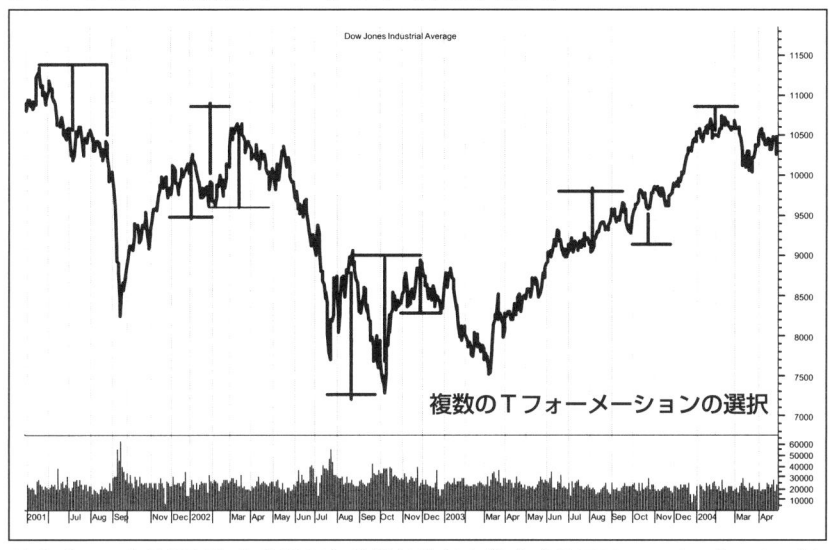

チャート5.11　複数のＴ──ダウ平均(2001-2004)

複数のＴフォーメーションの選択

このチャートは2000年から2004年の間に生じた数多くのＴフォーメーションパターンのうち10例を示したものである。これ以外にもＴフォーメーションが数多くあるがマークはしていない。

Ｔフォーメーションに関する最後の説明

　これはＴフォーメーションの説明の最後のチャートである。
　Ｔフォーメーションは実のところ、日足チャートや週足チャートに加え、時間足チャートや、デイトレーダーがイントラデイで小幅の利ザヤを稼ぐのに利用する、より短期のチャートでさえ、かなりの頻度で生じる。
　チャート5.11では、2001～2004年のダウ工業株30種平均株価の動きのなかで、より重要なＴフォーメーションのうち、10例が示されている。この期間のほかの数多くのＴフォーメーションの例は示されていない。ここでのポイントは言うまでもないが、Ｔフォーメーションはかなり頻繁に生じること、それはそれ自体非常に役に立つし、他の複

179

数のシグナルを確認することにも役立つことから、Tフォーメーションを多くの投資市場や幅広いレンジのタイムフレームに応用できるということだ。

言い換えれば、見よ、さらば見つからん……、ということである。

まとめ

株式市場へのシーズナル的な影響と暦の影響

株式を購入する最善の日は、一般に各月の最初の2～3営業日か最後の1～2営業日である。株価はまた、大半の休日前の数営業日に大きく動く傾向がある。

11～4月は株式を保有する最善の期間である。5～10月は歴史的に見て、株式投資のリターンが短期の利付き投資商品のリターンを下回っている。

株式を保有する最善の年は、大統領選挙が行われる年の前の年か大統領選挙が行われる年である。大統領選後の2年間はリターンが低下している。

タイムサイクル

タイムサイクルは、株式市場がいつ基調を転換するか予測するうえで役に立つ。しかも株式市場の動きは、サイクルの作用が進行することによって、株式市場の強さを知るうえでカギを提供する。

ほとんどの市場サイクルは、AとBの2つのセグメント（部分）に分割できる。ひとつの市場サイクルも、それ自体が、より長期の市場サイクルのAかBのセグメントになる。BセグメントがAよりも水準が高ければ、市場は強いことを示し、その逆であれば市場は弱いこと

を示す。

　サイクル的な影響が最も大きくなるのは、さまざまな長さをもったサイクルの多くが同じ方向を示していたり、あるいは、多くの重要なサイクルが同時にネストに達しているときである。

　４年市場サイクルは、ここ数十年にわたって支配的なサイクルになっている。

Ｔフォーメーション

　Ｔフォーメーションはサイクルに関連したフォーメーションであり、それを作成することによって、株式市場などの投資市場の基調転換時期を予測することができる。

　Ｔフォーメーションは基本的に、あるサイクル波動の初めの安値と高値の間の時間的な距離は、そのサイクルの高値と最終的な安値の間の時間的な距離とほぼ一致する可能性が高いというコンセプトに基づいている。同様に、あるサイクルのピークとその最終的な安値の間の時間的な距離は、次のサイクルの安値と高値の間の時間的な距離と少なくともほぼ一致する可能性が高い。

　サイムサイクルは、株式市場での有力な売り時と買い時を予測するうえで最高の指標だ。ただしタイムサイクルとＴフォーメーションは、単独の売りシグナルあるいは買いシグナルとするのではなく、他の株式市場の指標と合わせて活用する必要がある。

第6章

大底拾い、天井確認、トレンドフォロー ── モメンタムオシレーターと市場の幅の指標を組み合わせたパワーツールで売買のタイミングを改善
Bottom Fishing, Top Spotting, Staying the Course : Power Tools That Combine Momentum Oscillators with Market Breadth Measurements for Improved Market Timing

これまでに学んだことの簡単な復習

　第1章では、平均を下回るリスクで平均を上回るリターンを生み出す可能性がある投資ポートフォリオに関するコンセプトや、このような投資ポートフォリオの構築方法を検討した。第2章では、簡単に維持することができる2つの市場ムード指標を取り上げた。これらの指標は長期にわたり、リスクの高い投資環境とリスクの低い投資環境を区別するという素晴らしい実績がある。第3章では、市場のトレンドの方向性や強さを明確化するための移動平均線の使用方法に加え、そうした市場トレンドのモメンタムを一段と明確化するための変化率について検討した。

　第4章では、特別なチャートパターンを取り上げた。時には数カ月前に、価格見通しや市場サイクルの時間目標を予測する角度の変化、株価の方向転換を示唆するウエッジフォーメーション、株式市場の値動きが停止する可能性のある地点を決めるのに手助けとなるほかのチャートのテクニックなどだった。最後に第5章では、政治的な暦に関する時間サイクルの重要性に加え、株式市場の重要な転機がいつどこで起こるかを占う上で、これらの時間サイクルがどのように使用されるのかを検証した。

繰り返すが、われわれの目標は多様性のある実用的な一連のタイミングツールを開発することである。これにより投資決定は、1つあるいは2つだけの投資テクニックに頼るよりも、株式市場指標のコンセンサスに基づくものになり得る。もちろん時には、さまざまな異なった指標が矛盾するシグナルを送ることもあるだろう。実際のところ、これはおそらく例外よりも典型的なケースとなるほうが多いだろう。また別の時期には、チャートフォーメーション、サイクル分析、モメンタムの測定、金利構造、さまざまな市場セクターのレラティブストレングスなどから得られるメッセージに一貫性があり、どんな単一のタイミング指標よりも、相乗効果を伴った有効な買いまたは売りのシグナルを生み出すことがある。

　この第6章では、相場の変動のパターンに関連したいくつかのコンセプトを検証し、これらを（より明確な価格の測定とは対照的な）内部的な市場の幅や強さの測定、指標の確認を試す手法、そしてこれまで部分的にしか触れられなかった他の分野や、まったく新しい別の分野などに適用するものである。

　テクニカル分析の最も重要な分野のひとつである、市場の幅に関する分野から始めよう。

「外部的」ではなく「内部的」な株式市場

　金融情報の報道は、広くフォローされている複数の株価指数の選ばれたグループによる利益と損失に焦点を当てる傾向がある。これらには、30種の株式を加重平均したダウ工業株30種平均（この指数では高価格の銘柄が大きく影響する）、500社の株式に基づくS&P500指数（この指数は時価総額によって加重平均されており、大規模な企業が小規模な企業よりも影響力がある）、約3500社の異なった銘柄から構成されるナスダック総合指数（時価総額によって大きく加重平均され

ているので、おそらくたまに10余りの銘柄が極めて不釣合いの影響を及ぼす)、それからニューヨーク証券取引所(NYSE)のすべての上場株が対象となるNYSE株価指数(これも加重平均されているので、大企業が平均値に最も大きな影響を及ぼす)などが含まれる。

ほかの指標であるバリューライン単純平均は、さまざまな取引所に上場されている約2000の銘柄が対象となり、時価総額で加重平均されていない。同平均の対象となるすべての企業は、均等に平均されている。

これらの株価指数の大半が内在している加重に対して、賛成か反対の立場から論議を提起することも可能だが、明確な事実として、1つあるいはそれ以上の加重平均された指数の動向と、代表的な上場銘柄の変動の間に、しばしば重大な食い違いがあることを指摘する。

大部分の株価が実際は下落しているにもかかわらず、一握りの大企業の株価が上昇したことによって、加重平均された市場指数は上昇する公算が大きくなる。知名度の高い株価指数は、皆がよく目にする市場の景色である「外部的な株式市場」を代表している。市場で実際に騰落した銘柄の数や割合を計る指標は、株式市場の内部的な強さや幅を測るものであり、代表的な株式やミューチュアルファンドの強さを全般により正しく反映している。

原則として、比較的狭いグループである大資本の大型株の上昇によって起こった株価指数の上昇に伴い、市場が選択的に上昇するときよりも、市場が広範囲に上昇して、上場株の大部分が上昇しているときのほうが、株式市場の地合いは強いといえる。

これは実際、極めて論理的だ。上場株の大部分が上昇している場合、利益になるポジションを選択したり維持する可能性は強まる。比較的少ない数の株式だけが市場指数を押し上げている場合には、首尾よく利益の出る株式を選択する可能性は低くなる。加重平均された市場指数に基づいて判断すれば、投資家は上昇しているとみられる株式市場

で損失を被る可能性が強まる。この上昇は実際のところ、選択的な上昇にすぎないためである。外部的な指標は強気だが、内部的な市場の幅の指標は、別の実態を示しているのである。

市場の幅の計測

　市場の幅を測るひとつの便利な物差しは騰落ライン（ADライン）である。これは、さまざまな取引所において、それぞれの値上がり銘柄と値下がり銘柄の差を累積加減したものである。デイリーベースの騰落ラインを読むためにデイリーベースの数値を用いたり、ウイークリーベースの騰落ラインを測るためにウイークリーの数値を使用して、どのレベルからでもこれらの累積ラインをスタートできる。

　例えば、NYSEの騰落ラインを10000という任意の水準から始め、初日にはNYSEで1500銘柄が上昇し、1000銘柄は下落したとすれば（横ばいの銘柄は含まれていない）、その日には上昇した銘柄数が下落した銘柄数よりも500銘柄多いことになる。騰落ラインは500ポイント上昇して、10000から10500になる。翌日に下落した銘柄数が上昇した銘柄数よりも200銘柄多くなれば、騰落ラインは10500から10300に低下する。

　このあとで各種株価指数への騰落ラインの適用の説明をするが、その前に新高値まで上昇したり新安値まで下落する銘柄数の関係について、さらに詳しく検証する。これは、株式市場の内部的な幅や強さを反映する別の側面である。

新高値と新安値

　これは、株式市場の実際の内部的な強気（あるいは弱気）を映した数値であり、まさに市場の幅を反映した指標である。これは、新高

値・新安値の指標であり、それに関連したデータの多様な派生物も含んでいる。日次であれ、週ベースでの集計であれ、新高値を付けた銘柄の数は、日次であればその日のある時点、週ベースであればその週のある時点で、過去52週間ぶりの高値を付けた銘柄数を意味する。この高値は、過去52週間に記録されたどの価格よりも高いものである。逆に、下落して新安値を付けた銘柄数は、下落して52週間ぶりの安値を付けた銘柄数ということになる。

言うまでもないが、大量の数の銘柄が上昇して新高値を付けるときのほうが、上昇トレンドになっている株式の数が減少するときよりもより強気である。逆に、大量の銘柄が新安値に向けて下落し続けるときのほうが、目先の底を入れて、おそらく新たな上昇トレンドが始める株式が増え続けるときよりも弱気と言える。

株式市場の価格トレンドにおける新高値・新安値の確認

変化率の測定など市場モメンタムを計る指標を使用した価格の上昇や下落の確認、あるいは未確認に関するコンセプトについては、すでに学んだ。これらの中には、モメンタムと価格動向の間の関係に基づく、強気のダイバージェンスと弱気のダイバージェンスに関するコンセプトがあった。

確認や未確認、強気のダイバージェンスや弱気のダイバージェンスに関するコンセプトはまた、株式市場の外部的な価格の強さと内部的な強さの大きさとの間の関係に関連するとも言える。例えば、新高値を更新する株式の数が株価指数の上昇に伴って増加する場合、この状況は市場が上昇する強気の確認と判断される。内部的な強気の計測によって、外部的な強気の計測を確認することになる。しかし、新高値を更新する銘柄の数が平均株価の上昇に歩調を合わせることができない場合は、内部的な強気が外部的な株式市場よりも低いパフォーマン

スを示しているものと認識される。これは市場の幅に弱気のダイバージェンスが起こっているのであり、今後、トラブルが予想されるという警告である。

　逆に、価格は下降トレンドを維持しているが、加重平均された価格指数とともに、下落して新安値を付ける銘柄が少なくなれば、このダイバージェンスによって、外部指標が引き続き低下するなかで、株式市場の内部的な強気が形成されている証拠になり得る。これらの状況は市場の幅の強気のダイバージェンスを映し、平均価格が下落しているコンテクストの中でさえも、より多くの株式が支持される局面となり、通常は強気の前兆になる。

強気と弱気の確認（1995〜2004年）

　これらのポイントは、チャート6.1に示されている。チャート6.1では、S&P500指数の値動きに加え、1995年から2004年上旬にかけて高値更新した銘柄数が示されている。1994年の株式市場はあまり勢いがなくスタートしたが、その後同年は堅調に推移する値動きとなり、1995年上旬には一段と地合いが強まった。1995年から1997年にかけては、S&P500指数の上昇とともに、上昇して高値更新したNYSE上場株の数は増えた。株価の調整局面で付けた新高値の数は、強気相場の時期であっても通常並みだった。同じように、高値更新に伴い、新高値を付けた銘柄の数も再び増加していった。新高値と新安値によって算出される市場の幅によって、S&P500指数の上昇は確認されており、1997年第4四半期には新高値を付けた。

　1998年の初めには、市場の幅に弱気のダイバージェンスが発生し始めた。その年の経過とともに、新高値を付ける銘柄数は急速に減少した。その年の半ばまでには、加重平均された株価指数の水準が上昇を持続する一方で、高値更新した銘柄の数は激減した。1998年の晩夏と

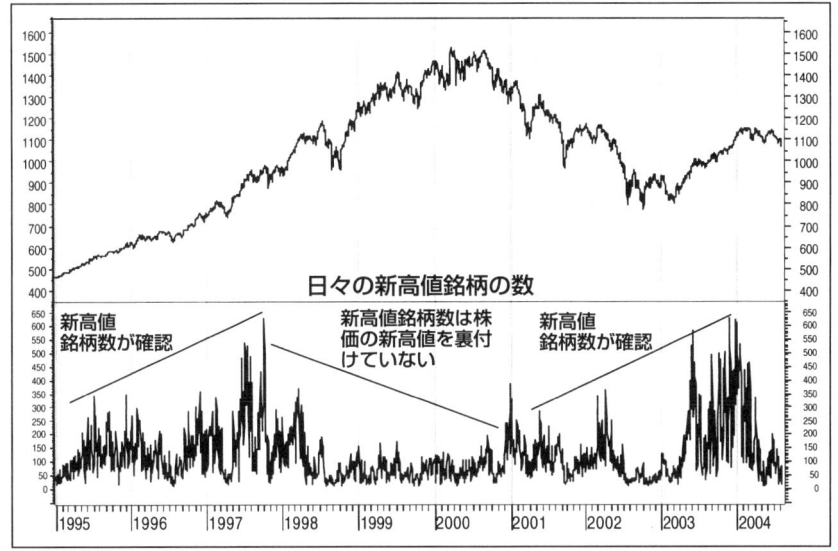

チャート6.1　S&P500と新高値銘柄数(1995-2004)

S&P500の値動きと新高値更新の銘柄の数の関係を示す。新高値銘柄は1995年から1997年にかけて株式市場の上昇を裏付けた。しかし、1998年に入ると大きく減少して、2000年上旬にかけて上昇した株価指数とは反対の動きとなった。

初秋の時期には株価が極めて深刻な中期的な調整局面を示し、この価格と市場の幅のダイバージェンスによってもたらされた弱気シグナルが現実のものとなった。

最終的に株価は反発して、株式市場は2000年初めの天井にかけて不規則に変動する上昇局面となったが、この時期は広範な市場参加者を欠いていた。つまりどの時点であっても高値更新の数は増えなかった（実を言うと、株価が最終的な天井に向けて上昇していたときには、安値更新した銘柄の数がはっきりと増加したのだった）。1999～2000年の時期は、まさに株価が一見力強いとみられる上昇を示すなかで、実際はかなり狭い範囲に動きにとどまっていたという好例である。

2000～2002年の弱気市場では、ある時点で、特に2001年が始まってから高値更新が増えている。だが予想どおり、高値更新する場面は比

189

較的少ないなかで、この弱気市場は終わった。株価の変動と、高値更新した銘柄の数に反映される市場の幅には一貫性があった。2003年春には急速に強気市場となり、再び高値更新により価格の上昇が確認された。この時期は価格と市場の幅の関係が共に拡大し、株価指数と市場の幅の数値がともに2003年第2四半期から年末まで大きく上昇した。

株式市場が底値圏を形成している局面での新安値

　まったく逆の方向だが、同様に、市場が下落するにつれて安値を更新する株式の数が減少するのは、市場の幅の強気のダイバージェンスを表している。株価水準が低下するにつれて、内部的な市場の強気は高まるのである。

　チャート6.2は、市場での主要な中期的安値や大底の時点でときどき起こるかなり代表的なパターンを例示している。株式市場の主要な底値圏は、2002年夏季から2003年3月の間に形成された。これは、S&P500指数の3度にわたる下落局面によって付けられた底値圏である。これらの3つの下落局面では、安値更新した銘柄の数が急増している。

　しかし、S&P500指数がこの期間に、安値を更新し、その後でも新安値に近い安値を付けたものの、下落して52週間ぶりの新安値を付けた銘柄の数は、2002年7月の安値と2003年3月の安値との間の期間には急減した。S&P500指数は2003年3月に、2002年7月の安値とほぼ同水準まで下げたにもかかわらず、この期間に下落して安値更新した銘柄の数は900以上から300をわずかに上回るまで減少した。株式市場では明らかに、内部的な強気が形成されつつあり、この後に続いて起こった強気相場の前兆となった。

　基本原則の要約は以下のとおり。
●高値更新する銘柄数の増加を伴う市場の上昇は、市場の幅によって

チャート6.2　S&P500と新安値銘柄（2002-2004）

各安値圏での新安値銘柄の数が減少していることは、市場内部の強さが回復していることを示しており、続いて起こった強気市場の始まりを暗示している。

しっかりと裏付けされた上昇局面になる。このような上昇は、継続する傾向がある。

●高値更新する銘柄数の増加を伴わない市場の上昇は、市場の幅に全面支持された市場の上昇と同じような内部的な強気の裏付けがない。高値更新の数のピークと平均株価の最高値の間には、正確で規則的な時間の差はない。例えば、1998年の夏季の下落は、1997年に付けられた高値更新のピークの後１年以内に起こった。一方、2000～2002年の全面的な弱気市場は、1997年に付けられた高値更新のピークから２年以上も経過して始まった。一般規則としてはおそらく、強気市場が最終的にピークアウトする１年ぐらい前に高値更新の銘柄数の重要な天井を付ける傾向がある。

●下落して安値更新する銘柄数の増加を伴う市場の下落は、継続する傾向がある。もし下げの売りのクライマックスで、新安値の銘柄数が

ピークを付け、なおかつ相場が急落状態にあるなら、弱気市場が最終的な底を入れるまでに、これまでの安値や市場の幅の安値をさらに試す展開が見込まれる。チャート6.2は、この展開を示している。
●価格の下落に対して、安値更新の銘柄が拡大しない場合には、市場の幅と強気のダイバージェンスとなる。これは、株式市場が上昇に転じる前触れとなる傾向がある。

　繰り返すが、市場の幅のダイバージェンスは、強気であれ弱気であれ、すぐに市場が反転するシグナルではない。この種の指標グループは通常、効果が現れるまで時間が必要となる。しかし、トリプルボトム（三点底）のフォーメーションで、安値更新の銘柄数が減少するのを伴う場合は、３回目の底を入れた後は、しばしば市場の反騰は極めて速くなる。2002年に起こった市場の底入れは好例である。

株式投資家の勝算が非常に高いときに、新高値・新安値の指標を作成して株式投資を継続する

　一般に株式市場では、価格の上昇時には市場の幅の強気で一致することが好まれる。すなわち、高値更新する銘柄の率が高く、安値更新する銘柄の率が低いことである（市場の天井圏ではしばしば、市場の幅が大きく分かれてしまうことを反映して、高値更新をする銘柄と安値更新をする銘柄がともに増加する割合が高くなる。NYSEで高値更新の銘柄数と安値更新の銘柄数がともに、NYSEの上場銘柄総数の５％以上に達したら、常にではないがしばしば、本格的な市場の下落が近いうちに始まる）。
　市場の幅の強気の一致の水準を計測する実用的な指標は、高値更新した銘柄の数を、高値更新した銘柄数と安値更新した銘柄数の合計で割ることで得られる。例えば、ある任意の日に高値更新した銘柄の数が100で、安値更新した銘柄の数は25になった場合、100（高値更新し

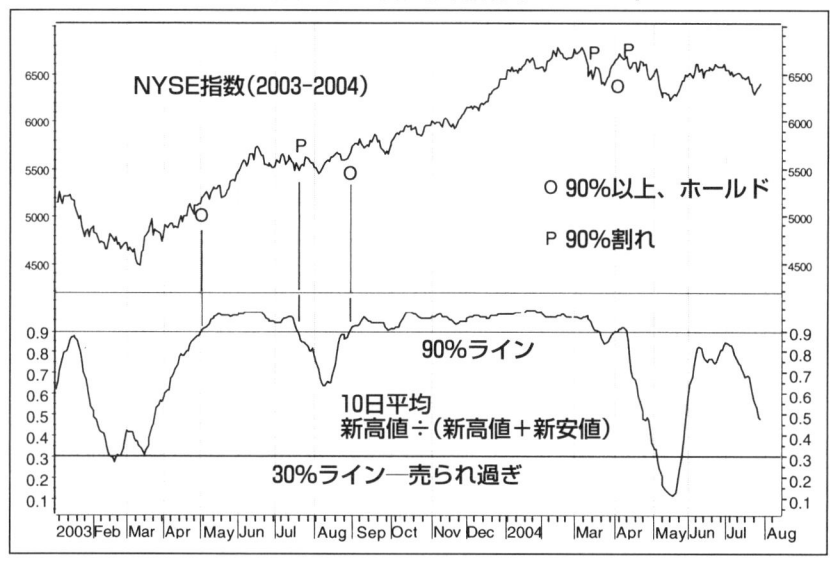

チャート6.3　新高値÷(新高値＋新安値)指標(2003-2004)

新高値÷（新高値＋新安値）指標を示しており、この指標は2003年に市場の上昇が始まったときから同年末にかけて常に強気を維持していた。新高値・新安値レシオにより、この期間の株式市場の強さを十分に裏付けており、この過程で大量の投資ポジションがあることを示している。

た銘柄数）を125（高値更新した銘柄数100と安値更新した銘柄数25の合計）で割れば、日次ベースのレシオは0.80あるいは80％になる。この日次ベースの数値は、これだけで有益に活用することが可能だが、これの10日間単純移動平均線を維持することによって、データを平滑化したものにすることができる。

解釈方法

「新高値÷（新高値＋新安値）レシオ」の10日移動平均線がまず25％（極めて売られ過ぎ）を下回って、それから約10ユニット上昇——例えば13％から23％まで上昇——した場合、市場の幅の下げのモメン

タムは反転し始めており、買いシグナルが送られていると言えよう。

新高値÷（新高値＋新安値）レシオの10日移動平均線が30％（売られ過ぎ）を下回り、それから上昇して30％を超えた場合も、買いシグナルが送られていると言える。

最後に、買いシグナルが現時点で現れていない状態で、同レシオが70％未満の水準から上昇して70％を上回った場合、買いシグナルが送られていると言える。

新高値÷（新高値＋新安値）レシオが70％以上の水準から低下して70％を下回った場合は、売りシグナルが出されていると言えよう。あるいは、勇み足となる場合もたまにあるが、安全な手仕舞いのため、お好みなら80％以上の水準から低下して80％を下回った場合に実行してもよい。

これらのパラメーターは単独のタイミングモデルとしては推奨されないが、市場の分析や予測を行うためのひとつのグループとして使用できる一連の指標の一部とみなされる。

ただ、次の数値は、新高値・新安値のデータに関して、それだけでも有効な独自の買いや維持を指示する素晴らしいパラメーターを示している。過去数年にわたり最良のリスク・リワードレシオを提供したとみられているパラメーターの組み合わせが、次の表に明らかにされている。

以下は、基本的な運用規定である。

●NYSEで高値更新した銘柄の数を、高値更新した銘柄と安値更新した銘柄の合計数で割った比率の10日移動平均線が90％に達したときは、買い方針を取るか、あるいは既存の株式のポジションを維持する。

●新高値÷（新高値＋新安値）レシオの10日移動平均線が、90％、85％、80％、75％あるいは70％の中からあなたが選択した水準を上回り続けるかぎり、ポジションを維持する。

●新高値÷(新高値＋新安値)レシオの10日移動平均線が、あなたの設定している売りのパラメーターを下回った場合は、売り方針を取る。

表6.1は、この仕様でタイミングモデルとして使用している同レシオのこれまでの結果を示している。

表6.1 新高値÷(新高値＋新安値)レシオのシグナルに基づいて、S&P500総合指数を取引する。1970～2004年の期間の同レシオの10日移動平均線が使用されている。同レシオの10日移動平均線が90%を上回れば買い、同レシオが下に表示されている数値を下回れば売る

	90%	>85%	>80%	>75%	>70%
トレード数	75	55	44	40	36
勝率	54.7%	49.1%	52.3%	57.5%	58.3%
勝ちトレードの平均利益率	3.4%	6.6%	8.1%	7.9%	8.9%
負けトレードの平均損失率	-1.9%	-2.1%	-2.4%	-2.9%	-4.0%
年利益率	2.0%	3.2%	3.6%	3.6%	3.3%
年率換算の利益率	11.8%	16.1%	15.3%	13.9%	11.9%
投資期間の割合	17.6%	21.0%	25.0%	27.0%	29.2%
最大のドローダウン	19.7%	12.3%	15.7%	14.8%	24.8%
バイ・アンド・ホールド	7.6%	7.6%	7.6%	7.6%	7.6%

上記の結果はバックテストにより算出した仮定のものである。将来の結果を保障するものではない。

勝率 原則として、大半の取引から利益が出ている。パラメーターは、保有期間が長くなれば、利益の出る取引の確率が高くなるものの、投資期間で見るとリターンの比率は低下するような設定となっている。

勝ちトレードの平均利益率 利益の出たトレードの平均利益率。

敗けトレードの平均損失率 損失を被ったトレードの平均損失率。

年利益率 これらのシグナルを用いた取引による年間の平均利益率。例えば、高値更新した銘柄の数を、高値更新した銘柄と安値更新した

銘柄の合計数で割ったレシオの10日移動平均線が90％を上回ると、自動的にS&P500指数を買い、この10日移動平均線が85％を下回るまで保持した場合、年間平均利益率は3.6％になる。これは、株式市場で投資する場合の完全なタイミングモデルではない。これによると、投資期間の比率が比較的低くなるのだが、投資期間のみにおいては素晴らしい結果が得られるモデルである。

年率換算の利益率　投資期間での利益率は——この場合は15.3％——バイ・アンド・ホールド（株式の長期保有）戦略による年率換算の利益率のほぼ2倍になる。配当金の受け取り額や現金ポジション時期の利息は計算外としている。

手仕舞い時点での最大のドローダウン　資金の価値が新たなピークに達する前に、このモデルを使用して被った最大の含み損失額。最小のドローダウンとなったのは、85％を売り発動の水準とした場合だった。

　90％（買い方針）と85％（売り方針）のパラメーターを使用した場合、バイ・アンド・ホールド戦略によって達成された年間利益の42.1％の利益が得られる一方、投資時間は全体の期間のわずか21％だった。90％（買い方針）と80％（売り方針）のパラメーターを使用した場合、バイ・アンド・ホールド戦略によって達成された年間利益の47.6％が得られる一方、投資時間は全体の期間のわずか25％だった。

　新高値・新安値の非常に良好な関係が明らかになった期間は概して、株式市場の平均利益率がほぼ2倍になる傾向があった。

新高値÷（新高値＋新安値）レシオをナスダック総合指数に適用

　理由が何であれ——そして、間違いなく多くの理由があるはずだが——タイミングモデルはダウ工業株30種平均やS&P500指数などのNYSE関連の市場指数に適用されるときよりも、ナスダック総合指数

に適用されるときのほうがより良い結果が出る傾向がある。

　一例を挙げると、ナスダック総合指数は過去数年間、S&P500指数などの市場指数よりも多くのトレンド（より強い自己相関、すなわち前営業日の価格動向と同じ方向の値動きをする傾向）を形成する傾向がある。S&P500指数の動きは総じて、日ごとにばらつきがあるようだ。したがって、ほかのすべての条件を同じとするならば、一例としてS&P500指数に関連した売り買いのシグナルよりも、ナスダック総合指数に関連した売り買いのシグナルに従うほうがより多い追随の動きが出るだろう。

　さらに例を挙げると、ナスダック総合指数は通常、NYSE関連の市場指数の大半に比べてよりボラティリティが大きくなっている（いくつかの期間を通じて、価格の絶対的な変動値が比較的大きい）。タイミングモデルは一般に、より小動きで値動きがランダムな投資対象に適用するときよりも、ボラティリティが大きく、トレンドを形成する投資対象に適用するときのほうが一段と効果的になる傾向がある。新高値÷（新高値＋新安値）タイミングモデルのナスダック総合指数に適用して評価する際に、これらの特徴に留意されたい。また、ここではナスダック総合指数の動向を追っているが、NYSEに基づく新高値・新安値データに基づいてそうしていることにも留意されたい。

表6.2　NYSEの新高値÷（新高値＋新安値）レシオのシグナルに基づいて、ナスダック総合指数を取引する。1971～2004年の期間の同レシオの10日移動平均線が使用されている。同レシオの10日移動平均線が90％を上回れば買い、同比率が下に表示されている数値を下回れば売る

	90%	>85%	>80%	>75%	>70%
トレード数	73	70	51	44	35
勝率	63.0%	57.1%	64.7%	65.9%	74.3%
勝ちトレードの平均利益率	5.7%	7.6%	9.4%	10.4%	11.3%
負けトレードの平均損失率	2.1%	2.6%	3.6%	5.0%	8.1%

年利益率	5.1%	5.9%	6.4%	6.0%	5.7%
年率換算の利益率	32.3%	28.9%	26.4%	22.7%	20.6%
投資期間の割合	17.8%	22.5%	26.4%	28.4%	29.5%
最大のドローダウン	18.4%	22.9%	32.3%	36.6%	42.5%
バイ・アンド・ホールド	9.4%	9.4%	9.4%	9.4%	9.4%

　上記は、バックテストにより算出した仮定による結果である。将来の結果を保障するものではない。

　このモデルは、S&P500指数に適用されるときよりも、ナスダック総合指数に適用されるときのほうが、年率換算の利益率は大幅に高くなる。例えば、新高値÷（新高値＋新安値）レシオの90％で買って85％で売れば、年間利益率は5.9％となり、ナスダック総合指数のバイ・アンド・ホールドによる総利益率（9.4％）の62.8％に相当する。しかも、投資期間は全体の期間のわずか22.5％だった。これは、投資期間中のリターンが28.9％になったことを表している。

　90％（買い方針）と80％（売り方針）のパラメーターを使用した場合、6.4％の年間利益率が得られる一方、投資期間は全体の期間の26.4％だった。つまり、全体の26.4％の投資期間で投資して、これだけの年率換算の利益率を出したことになる。全体のわずか26.4％の投資時間で、バイ・アンド・ホールドによるナスダック総合指数の総利益率（9.4％）の68.1％が達成されたことになる。

　一方、ナスダック総合指数の取引は、S&P500指数の取引に比べて、リスクが大きい。ナスダック総合指数の取引時に、パラメーターが90％～85％で推移すれば、最大ドローダウン率は22.9％となった。また、同じパラメーターをS&P500指数に適用した場合、最大のドローダウン率はわずか12.3％だった。

弱気の前の市場の比較

　1971～2000年の期間の結果と、2000～2002年の弱気市場を含む1971～2004年の期間の結果を比較してみると、興味深いことが分かる。1971～2000年の期間に90％（買い方針）と80％（売り方針）のパラメーターを使用した場合、投資期間中のリターンは34％となる一方、最大のドローダウンはわずか8.6％で、実益が出た取引の72％を占めた。新高値・新安値のタイミングモデルによる主なドローダウンは、2001年と2002年に起こった。

　この弱気市場は確かに、このタイミングモデルやほかの多くの株式市場のタイミング指標のヒストリカルなパフォーマンスに影響を及ぼした。このことは、株式市場のタイミングテクニックの研究や評価を行う際に、長くてかつ多様性のある株式市場の歴史の期間を活用することの重要性を明確に示している。

NYSEの騰落ライン

騰落の幅のデータに関して

　一般的な意味では――私は本当に確固としたパラメーターを知らないので――日次と週次の騰落ライン（内部的な市場）の変動と、いろいろな加重平均された株価指数（外部的な市場）の動向の関係について、いくつかの見方があり得る。バリューライン単純平均指数は加重平均されていない指数で、S&P500指数を構成するすべての銘柄のほか1200の別の銘柄も含んでいるが、ダウ工業株30種平均やS&P500指数などの他の市場指数よりも、NYSE市場ベースの騰落ラインと一層の相関があるようである。

　騰落ラインとバリューライン単純平均指数はともに、代表的なミュ

ーチュアルファンドのパフォーマンスを予測する有効な指標だが、どちらのパフォーマンスも、採用銘柄の広範なNYSE株価指数のパフォーマンスほどには、ミューチュアルファンドのグループと緊密に相関を示すことはない。

概説

　日次と週次ベースの騰落ラインの強気によって、異なる株式市場セクターを反映している各種指数の強さが確認されるときには、株式市場は強い地合いを持っている可能性がある。言い換えると、S&P500指数などの指数の新高値は、週と毎日の騰落ラインでの新高値によって確認されるべきである。また、この逆の場合も同様である。

　株式市場のテクニカル専門家らはしばしば、市場の幅の指標が、S&P500指数やダウ工業株30種平均などの株価指数の新高値を確認できない期間を評価しない姿勢を取っている。しかし、弱気の市場というのは、市場の幅の指標が、広くフォローされている複数の株価指数の表示よりも強気を維持している時期に始まるものである。例えば、1981～1982年の弱気市場は、騰落ラインよりも、主要な株価指数が明らかに弱気を示しているときに始まり、そして相場の下げは、最終的には、株式市場の全体に広まった。

　株式市場は、すべての部門での強気を好むものである。株価指数が市場の幅の指標を先導するよりも、逆に市場の幅の指標が株価指数を先導するほうが良いのだろうが、やはり全面的な強気がベストである。

　主要な株価指数の高値が騰落ラインでの新たなピークによって確認されるときや、あるいは株価指数の新安値が騰落ラインでの新たなボトムによって確認されないときは、株式市場が一段と強気に傾いていると言える。

　繰り返すが、すべての指標が一致しての強気がベストである。しか

し、自分で選択をしなければならない場合で、市場の幅の指標に追随する傾向がある広いセクターの小型株関連のミューチュアルファンドが手持ちのポートフォリオにかなり高い割合で含まれている場合には、市場の幅の指標の強さが一般に最も決め手となる。

市場の幅のデータは、NYSE関連市場に加えナスダック関連市場でも入手可能である。ナスダック総合指数の騰落ラインはしばしば良い手掛かりを、特にナスダック総合指数だけの値動きだけでは明らかにされないような手掛かりを提供する。

ナスダック総合指数の価格水準は、NYSE株価指数あるいはS&P500指数の価格水準よりも、より頻繁に比較的小規模な企業グループによる影響を受けている。一部のミューチュアルファンドやETF（株価指数連動型投資信託受益証券）は、ナスダックで取引されているマイクロソフトやインテルなどの大資本の企業を反映しているが、新興企業に投資しているミューチュアルファンドは通常、価格動向においてはナスダックの騰落ラインをより厳密に反映している。

いろいろな市場セクターの騰落ラインの強さの水準は、市場の幅の強さの変化を反映する変化率の数値を用いて追跡することができる。次のチャート6.4や騰落データに関する他のチャートを用いて、このことを一層明らかにしたい。

チャート6.4――2002年から2004年にかけての騰落ライン

チャート6.4は、ここまでで説明した要点の多くを示している。

このチャートは、2000～2002年の弱気市場が実質的に終わった時期、2003年の強気相場が始まった時期、それから2004年が始まってからの市場の調整局面を網羅している。

日次ベースの騰落ラインとS&P500指数は、この時期に相関関係が極めて強かった。2002年半ばから2004年初めにかけては、S&P500指

数の価格水準と日次ベースの騰落ラインの推移はほぼ完全に一致を示していた。S&P500指数は2004年、騰落ラインよりも早くピークアウトしたが、4月上旬までには双方ともに下げ歩調となった。

これは要するに、市場の幅が価格の強さを確認し、この逆も同様であるという状況で、市場の幅と価格動向が一致していた時期だった。このパターンは、強気市場が始まる際に非常に典型的な市場動向であった。

騰落ラインの21日間の変化率

買われ過ぎの水準

チャート6.4の一番下のスケールは、騰落ラインの21日間変化率である。繰り返すが、これは現在の騰落ラインの指標の水準から22日間前の騰落ラインの指標の水準を差し引いたものである。最近の数年間は、中期的な振幅が約＋9000〜＋10000の高水準から－9000〜－10000までのレンジで推移する傾向がある。これらは、それぞれ極めて買われ過ぎと売られ過ぎの水準である。

極めて買われ過ぎの数値は総じて、強気市場のなかでも非常に地合の強い時期だけに現れる。極めて買われ過ぎの数値は、市場が上昇してピークを付けたときに初めて出現することはほとんどない。極めて買われ過ぎは通常、中期的な市場の上昇がほぼ50〜65％終了したころに表示される。

実際のところ＋10000の水準に達したのは、市場が次の天井を打つかなり前の時期の2003年4月下旬と、2004年第2四半期の初めに騰落ラインが最後のピークを付ける数カ月前の2003年12月だった。また、買われ過ぎ・売られ過ぎを示すオシレーターがプラスの水準を長期に渡って継続している局面は、一般に強気のシグナルとなり、買いを入

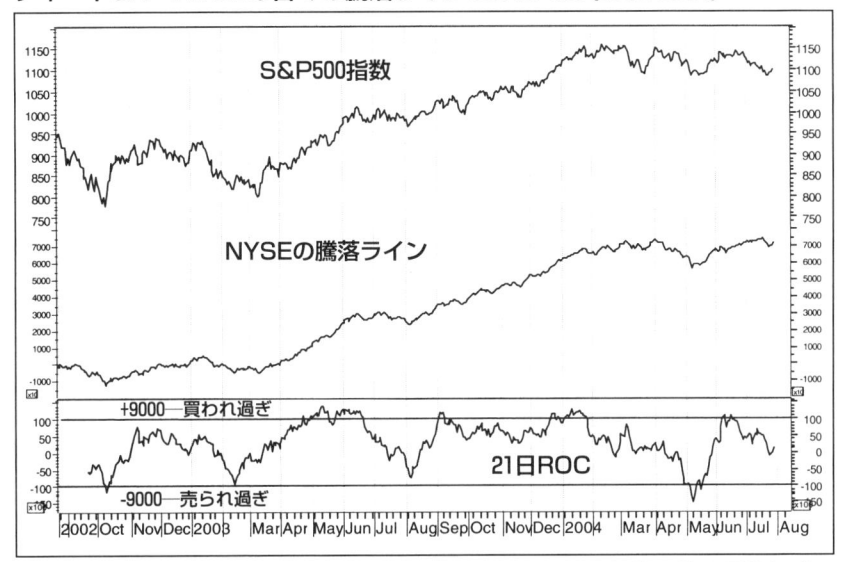

チャート6.4　NYSEの日々の騰落ラインとS&P500(2002-2004)

日々の騰落ラインは、毎日の値上がり銘柄数と値下がり銘柄数の差を累積加減してチャート化したものである。騰落ラインの下にあるのは騰落ラインの21日ROCを示す目盛で、現在の騰落ラインから22日前の騰落ラインの水準を差し引いた水準。このチャートは弱気市場が終わるにつれて、市場の幅の強さが徐々に増し、2003年の間は引き続き市場の幅の強さが維持されて、2004年初めには市場の幅の強さが大幅に弱まる推移を示している。

れるにはやや遅い可能性がある一方で、積極的に売り込むには時期尚早と思われる状況を暗示している。

売られ過ぎの水準

現時点（2004年）では、騰落ラインの21日間変化率の表示が－9000～－10000以下の水準に低下すれば、売られ過ぎになっているとみなされる（過去数年は、以前よりも少ない銘柄がNYSEで取引されていたので、変化率の数値もより狭いレンジ内で推移した。その上、価格

変動を少しずつ十進法に移行する価格の小数点化により、前日比変わらずで推移する銘柄は以前よりも少なくなった)。

　株式市場は、特に強気市場となる局面では、市場の天井圏に比べ底値圏で異なった値動きをする傾向がある。市場の底値圏は天井圏よりも値動きが急で、一段と盛り上がる傾向にある。天井圏では、価格はよりゆっくりと反転する傾向がある。このため、騰落ラインの21日間変化率などタイミングオシレーターは通常、市場が下げに転じる少なくとも数週間前に買われ過ぎの数値を前もって表示するのに対して、特に強気市場となる局面ではしばしば、これらの指標が大幅に売られ過ぎの水準から上昇に転換すれば、すぐに強気に転換することが見込まれる。

　もう一度、チャート6.4を見てみよう。ご覧のように株式市場は2002年から2004年にかけて、騰落ラインの21日間変化率が－10000に接近したり、あるいは－10000を下回ってから上昇したときはいつでも、少なくとも中期的な上昇局面になっている。もちろん、騰落ラインの21日間変化率が必ずしもこのようにうまく機能するとはかぎらないが、概して市場の幅が広がっているような市場環境においては、絶好の買いシグナルが示される。

強気市場の高値局面での市場の幅のパターン

1997～2000年──市場の幅の移動期

　チャート6.4はS&P500指数の動向に関して、市場の幅が基本的に拡大していた時期における、騰落ラインの推移とその21日間変化率のモメンタムオシレーターを示したものである。内部的・外部的な市場の関係が有利だったことから、市況の好転に加え、続いて起こった強気市場を暗示していた。

チャート6.5はその逆であり、価格の面でも市場の幅の面でも強気の相場だったものが、最終的に失速したものである。最初に失速したのは市場の幅の数値で、そして相場の変動がそれに続いた。これは、強気市場が終わる局面にしばしば現れるパターンである。このチャートを調べてみよう。

1997年は中期的な市場の下落局面で始まったが、騰落ラインの21日間変化率が買い場を示唆する売られ過ぎの水準となる-10000の付近（-10000の低水準まで完全に下落していないが）まで低下した時点で、市場の下落局面は終わった。そしてここで出された市場への参入のシグナルは有効なものとなり、価格は1998年初めにかけて徐々に上昇を示したのである。

1997年から1998年初めにかけての上昇局面の21日間変化率の指標の推移に注目してみよう。この指標は同時期の大半、ゼロを上回る水準で推移しており、変化率が総じて強気であり、この時期を通じて市場の幅も有利に作用していた。

要するに、ポジティブな市場の幅により、強気の価格動向が確認されたのである。すべてが調和していた。

基調転換

市場の幅と価格動向は、1998年春季まで同調していた。1998年春季には、S&P500指数がやや下落（それほどひどくではないが）する一方、NYSEの騰落ラインは大きく下げている。市場の幅の強気市場の最終局面の始まりとして、私はチャート6.5の同時期に印を付けた。S&P500指数はその後に持ち直して新高値を付けたが、市場の幅の指数が実際に上昇してその高値更新を確認することはなかった。この市場の幅の指数の失速は、1998年夏季に値幅の数値とS&P500指数の双方が急落する前兆となった。

チャート6.5　強気から弱気への市場の幅の変化――1997-2000年のS&P500

NYSEの騰落ラインは1997年から1998年初めにかけてS&P500に連動していたが、1998年初めには市場の幅での強気市場が実質的な終わりを示した。この時期から2000年初めにかけては、S&P500に比べて騰落ラインは相対的に下落し、その後に発生した深刻な弱気市場の前兆となった。

続いて起こった市場の幅の弱気のダイバージェンス

　チャート6.5で分かるように、騰落ラインの21日間変化率によって示されているとおり、S&P500指数は1998年夏季に底を付けている。この底値圏からの最初の市場の大幅上昇には、外部的な市場に加え、内部的な市場も含まれていた。騰落ラインの21日間変化率は、通常は強気のサインとなる買われ過ぎの水準に達した。

　しかし、市場の幅の指標はすぐに、S&P500指数やナスダック総合指数などの市場指数の上昇と足並みをそろえることができないようになった。S&P500指数とナスダック総合指数はともに、強気市場の最

後の投機筋の饗宴となった1999年に大幅上昇している。チャート6.5は、その時期に付けられた重要な弱気のダイバージェンスを示している。1999年から2000年にかけては騰落ラインが急落する一方、S&P500指数は上昇して高値を更新した(あなたは、変化率の指標が大部分の期間でゼロラインを下回る水準で推移していたこと、そして、売られ過ぎとなる-10000の水準となったにもかかわらず、なぜ市場の幅が短期的な回復しか示さなかったのかということに気づくはずである)。これらの弱気のダイバージェンスは、2000年に入って目に見えて始まった重大な弱気市場を暗示していた。

前の文章は「目に見えて」という言葉を故意に用いている。チャート6.5にある市場の幅の低下は、ほとんどの株式にとって、弱気市場は2000年から始まったのではないことを示唆している。ほとんどの銘柄にとっておそらく、弱気市場は早くとも1998年に始まり、1999年には確実に弱気市場となったのであった。

要約すれば、いろいろな加重平均された株価指数の価格水準が、市場の幅を反映する指標の上げ幅と相応しないで上昇する場合、これは株式価格のより大きな値崩れが間近に迫っていることを警告している。

逆に、加重平均された株価指数の価格水準が、騰落ラインや新高値÷(新高値+新安値)レシオなどの市場の幅の指標の持続的な低下を伴わないで下落すれば、この下落が続く可能性は低い。明るい未来が期待されるのである。

重要な市場の底値に極めて近く、かなり正確な市場参入の水準を指示する、市場のモメンタムの弱気のクライマックスの数値を探してみよう。私はこれまで、騰落ラインの21日間変化率で、-10000辺りの水準を提示してきた。これは、2004年上旬で約3500社となっているNYSEの上場銘柄数の約3倍の数になる。週間ベースの新高値÷(新高値+新安値)レシオでは、クライマックスの大底水準は、週間で約900-1000の新安値になる。この指標は、1週間のフルのトレーディ

ングレンジで、52週間ぶりの高値あるいは安値を付けた銘柄の数を集計したものである。週間の新安値の数が900～1000に増えると、株式はおそらく、少なくともある程度持ち直す下地が整っており、大幅に反発する可能性もあると言える。

若干より敏感な騰落ラインの変化率の指標を使用する

10日変化率の指標

騰落ラインの21日間変化率は、市場モメンタムのより重要な変化を表しているとみられるものの、10日間変化率にも有効性はある。

チャート6.6でご覧のように、10日間変化率のパラメーターは21日間変化率の指標のパラメーターよりも、やや狭くなる傾向がある。10日間ベースでは通例、±10000の表示をしばしば付けるが、このタイムフレームの変化率は+5000（買われ過ぎ）と-5000～-8000以下（売られ過ぎ）の間で変化する傾向がある。

10日間変化率の指標の方向と騰落ラインそれ自体の方向のダイバージェンスはしばしば、市場の幅の短期～中期トレンドの変化が間近いことを示唆する。例えば、10日間変化率の高値更新によって確認されない騰落ラインの新高値は多くの場合信頼性が低いと言え、市場は少なくとも短期～中期的に下落する可能性が出てくる。

米国の株式市場では、極めて重要な6～7週間の取引サイクルがある。このサイクルは頻繁に、騰落ラインの10日間変化率の指標で追跡できる。この指標は6～7週間のサイクルの中では、サイクルの底から約15～20営業日にわたり上昇する傾向がある。NYSEの騰落ラインの10日間変化率が3週間以上にわたって上昇した場合は、少なくとも短期的には警戒する必要があることが示される。

チャート6.6　S&P500の騰落ラインと騰落ラインの10日ROC（2002-2004）

このチャートにはS&P500に加え、NYSEの騰落ラインの10日ROCも示されている。10日ROCは21日ROCに比べて、素早く方向を変える傾向があり、より短期的なタイムフレームを反映している。

週間のインパルス（衝撃）継続シグナル

　市場の幅の指標が特別に有利となる期間を見極めることの恩恵や、株式ポジションを保持するのに極めて有利な確率となる市場環境を判断するための客観的なパラメーターを作り出すことの恩恵については、すでに学んでいる。新高値・新安値のデータが、この目的のために使用された。

　同様の基本コンセプトを採用している別のモデルがある。そのコンセプトは、強気の市場の幅のモメンタムが一定水準に達すれば、市場が一層上昇することを暗示するというものである。このモデルは、新

高値・新安値のデータよりもむしろ、騰落のデータを採用している。明らかに、市場の幅のこれらの2種類の指標には互いに関連があるうえ、各指標が株式市場に対する強気シグナルを送り出す時期にもある部分で重複するものがある。しかしながら、騰落に基づくインパルスシグナルが作動する頻度やタイムフレームと、新高値÷(新高値+新安値)レシオが作動する頻度やタイムフレームには違いがある。各指標は、それぞれ効果を示すものの、相乗効果のコンセプトに基づき、双方の採用が推奨される。

まずは指数平滑移動平均線の説明

週間の騰落データに基づく、週間のインパルス継続シグナルは、算出時に指数平滑移動平均(これはまだ説明していない)が採用されている。この指数平滑移動平均は、MACD(移動平均収束拡散法)ライン(これについては今後の章で詳細に説明する)を算出する際にも使用される。

実際には、指数平滑移動平均線はフロント(現在に近い期間)に加重された移動平均に極めて類似している。このフロント加重の移動平均線は、平均すると最近のデータが過去のデータよりも一層の重要性を帯びていることから、加重調整したものである。フロント加重は、過去の出来事よりも最近の出来事のほうがより重要と考え、使用する統計的なトラッキングにこの考えを反映することを望んでいるテクニカル専門家によって使用されている。しかし、指数平滑移動平均線は通常の移動平均線に比べ、算出したり維持することがより簡単なうえ、当然ながら、フロント加重の移動平均よりも算出したり維持することが容易となっている。

指数平滑移動平均線の平滑定数

　指数平滑移動平均線は、平滑定数を使用している。この平滑定数は、平均したいユニットの数に1を加え、そして2をその加算数で割ると得られる。

　例えば、10日間の指数平滑移動平均線の平滑定数を求めるには、10（ユニットの数）に1を加えて11を算出する。それから2を11で割る（2÷11）と平滑定数になる。これを小数点で表示すれば、0.1818となる。実用性のためにこれを四捨五入して、小数点以下二ケタの0.18に省略することも可能だ。

　19日間の指数平滑移動平均線の平滑定数は、19に1を加えた20で、2を割ればよい。2を20で割れば0.10となり、19日間の指数平滑移動平均線の平滑定数が得られる。39日間の指数平滑移動平均線の場合は、39に1を加えた40で、2を割ると、平滑定数の0.05（2÷40）が得られる。

　下記は、指数平滑移動平均線を算出する公式である。

　新たな指数平滑移動平均＝平滑定数×（今日のデータ－前日の指数平均）＋前日の指数平滑移動平均

例1

　あなたが毎日の上昇した銘柄と下落した銘柄の差の10日間指数平滑移動平均を集計しているとする。前日の指数平滑移動平均線は＋200だった。10日間指数平滑移動平均線の平滑定数は、上記で算出したように0.18となる。今日は800銘柄が上昇して、500銘柄が下落しているので、差は＋300になる。新たな指数平均線は、以下のように算出される。

新たな指標平均 = 0.18(300 − 200) + 200
            = 0.18(100) + 200
            = 18 + 200

この結果、新たな指数平滑移動平均線は +218 となる。

方程式の中の300は今日の騰落の差(800 − 500)。200は前日の指数平均線。平滑定数は0.18。

例2

平滑定数が0.18だった前日の指数平滑移動平均線の騰落の差は +150だった。今日は600銘柄が上昇して、850銘柄が下落した。新たな指数平滑移動平均線は？

新たな指数平滑移動平均 = 0.18([600 − 850] − 150) + 150
                  = 0.18(−250 − 150) + 150
                  = 0.18(−400) + 150
                  = −72 + 150
                  = +78

お分かりのように、負数がしばしば指数平均線の計算に入っている。このような負数の取り扱いに慣れる必要があるだろう。

例3

NYSEの値上がり銘柄と値下がり銘柄の累計である騰落ラインは、前日、+60000株で引けた。今日は900銘柄が上昇して、600銘柄が下落した。前日の平滑定数が0.05だった指数平滑移動平均線は +59500だ

った。騰落ラインの平滑定数が0.05（39日間）の新たな指数平滑移動平均線は？

　ステップ１　騰落ラインの新たな水準を計算する。今日の純増分は＋300（上昇した900銘柄マイナス下落した600銘柄）となった。前日の騰落ライン（60000）に300を加えると、新たな騰落ラインとなる＋60300が得られる。

　ステップ２　騰落ラインの平滑定数が0.05の新たな指数平均線を計算する。

$$新たな指数平均 = 0.5(60300 - 59500) + 59500$$
$$= 0.05(+ 800) + 59500$$
$$= 40 + 59500 = 59540（新たな指数平均）$$

指数平均の安定化

　計算を始めるときには、最初の指数平滑移動平均線を確保する必要がある。

　ほとんどの目的にほぼ通用する推定指数平滑移動平均線を確保するには、２つの比較的容易な方法がある。その選択肢のひとつとして、単純に初日の価格あるいは市場の幅のデータを、最初の指数平滑移動値として使用するのである。つまり、初日のS&P500指数の終値が1100だと、この1100の水準をとにかく最初の指数平滑移動平均線として使用することである。もしあなたが、10日間、すなわち平滑定数が0.18の指数平均を維持している場合には、指数平滑移動平均線を安定させて、少なくとも比較的正確にするために、最低10日間の数値の表示を計画すべきである。これを20日間、すなわち２倍の指数平滑移動平均線のタイムスパンで安定化させるならより良いだろう。平滑定数が0.05（39ユニット）の指数平均は少なくとも39日間、できればその

２倍の78日間は安定化させたほうがいい。

　２つ目の望ましい選択肢としては、指数平滑移動平均線を計算する日数の単純移動平均線を計算して、この移動平均線を最初の指数平滑移動平均として使用することだ。例えば、直近の10日間のデータの単純平均を用いて、10日間で平滑定数が0.18の指数平滑移動平均線を始める。

　テクニカル分析と関連しているコンピュータープログラムの多くは、データベースに十分な初期データがあれば、難なく指数平滑移動平均線を計算する能力を持っている。

指数平滑移動平均線に固有の特質

　指数平滑移動平均線には、単純移動平均線あるいはフロント加重（直近を加重）した移動平均線の特性とは異なった特有の性質がある。

●最新の価格やほかの入力値が指数平均線の下方から上方に上昇したり、あるいは指数平均線の上方から下方に下落する場合は、その指数平均線はそれぞれ上昇したり、あるいは低下することになる。このことは、ほかの移動平均線には見られない。
●最も短期的な指数平滑移動平均線でさえ、その留数のなかに同指数平均線の特定の算出過程の一部になっているすべての過去データを含んでいる。このため、指数平滑移動平均線の正確な水準は、計算を始めたその特定の日に左右される。ただ、データストリームが極めて長ければ、その差異は比較的小さなものになる可能性もある。
●指数平滑移動平均線は比較的シンプルで、日々手動で維持することが可能である。管理する必要がある唯一のデータは、指数平滑移動平均線の前日の終値と今日の終値のデータだ。

それでは週間のインパルス継続シグナルに進もう。これは最初だが、もちろん最後でもなく、指数移動平均線の適用になる。

週間インパルス（衝撃）シグナル

モメンタムの指数や他の市場の幅に関連したデータに基づき、多数のツールを検証してきた。これらのうちいくつかは、その解釈において非常に主観的であり得る一方で、ほかのツールは各シグナルにおいて極めて客観性がある。主観的な指標は通常、チャートパターンの認識や解釈に基づいており、有用な市場ツールの目録にその名を連ねている。だが、これら主観的な指標はまた、その主観性のために問題をもたらすことから、確認のための複数の指標やサイクル的な期間測定とを併用すれば最適な活用が可能となる。

主観的な指標とは対照的に、週間インパルス（衝撃）シグナルなどの客観的な数理面に基づく指標は、統計的な側面に根差しており、客観的なシグナルを発する。これらの指標が送るシグナルのすべてが利益を生むわけではないが、すべてのシグナルははっきりと認識できるものであり、バックテスト（過去の相場でのテスト）で確認する必要がある。

週間騰落データに基づく週間インパルスシグナルは完全に客観的で、正確性は高く、計算には毎週わずか数分を要するだけである。また、1970年から2003年の期間に、S&P500指数では56.4％の利益率がもたらされる一方で、投資時間はこの期間の22％未満だった。

毎週必要とされるデータ項目

週間インパルスシグナル指標を維持するには、以下の週間ベースのデータ項目が必要である。これらは、週刊のバロンズ紙を含め、多く

の情報源から入手できる。

●**総売買銘柄数** この数値は、過去数年間に総じて増加を示しているNYSEの総売買銘柄数の変化に対して、この指数を対応させるために必要なもの。週間インパルスシグナルの週間の比率は、NYSEでの騰落銘柄数の単純な数値的な差ではなく、総売買銘柄数に対する割合として作成されている。NYSEでは2004年半ば時点で、毎週3500～3600の個別銘柄が取引されている。

●**週間の値上がり銘柄数と値下がり銘柄数** これらは、日次の騰落の差の合計ではない。これらは、前週終値と比較した週間の株価終値に基づく差である。週間の騰落データは、日次の数値よりも実際の市場の幅を反映する場合が多い。日次の表示はしばしば、下げのバイアスを示す傾向がある。

必要なデータはこれだけである。ただ、この指標を集計している人の多くは、インパルスシグナルの水準と株価水準の表も表示したいと感じるだろう。

以下は計算の順序である。

1．NYSEにおける毎週の総売買銘柄数を入手する。
2．NYSEでの値上がり銘柄数と値下がり銘柄数を入手する。
3．値上がり銘柄数から値下がり銘柄数を差し引いて、その週の純騰落銘柄数を出すこと。例えば、1800銘柄が上昇して1500銘柄が下落している場合、週間の騰落の差は＋300になる。
4．週間の騰落の差を総売買銘柄数で割って、市場の幅のネットの週間比率を出す。例えば、ある週に値上がり銘柄数が値下がり銘柄数を300上回り、総売買銘柄数が3500（株価が横ばいの銘柄も含む）の場合、市場の幅の週間比率は＋0.0857あるいは＋8.57％（純値上がり銘柄数

300÷総売買銘柄数3500)になる。横ばいの銘柄数は総売買銘柄数に含まれるが、騰落の差には含まれていない。

5．市場の幅のネットの週間比率の6週間指数平滑移動平均線（平滑定数0.286）を記録する。

以下はその計算例である。

平滑定数が0.286となっている6週間指数平滑移動平均の市場の幅のネットの週間比率は前週25.7％で引けた。今週NYSEでは、3526銘柄が売買され、このうち1906銘柄が上昇して、1533銘柄が下落した。市場の幅のネットの週間比率の平滑定数が0.286の新たな指数平滑移動平均はどうなるだろう？

週間の騰落ディファレンシャル（1906－1533）は＋373となる。

＋373を総売買銘柄数（3526）で割って、市場の幅のネットの週間比率を出す。これは、＋10.58％（373÷3526）になる。

平滑定数が0.286の新たな週間指数平滑移動平均線
　　＝0.286(10.58－25.7)＋25.7
　　＝0.286(－15.12)＋25.7
　　＝－4.32＋25.7
　　＝＋21.38(21.4に四捨五入してもよい)

それでは、これのリアルタイムの実例を検討してみよう。

ここに、2003年4月から5月の期間の連続する週がある。この計算によって、いろいろな統計の列が導き出されたが、あなたはこの計算を定義できるだろうか？

日付	NYSE指数	銘柄総数	値上がり銘柄数	値下がり銘柄数	純市場の幅の比率	0.286の指数平滑移動平均
4/17	5006.32	3521	2701	744	55.58%	24.89%
4/25	5017.63	3536	2211	1227	27.83	25.73
5/02	5201.10	3533	2789	668	60.03	35.53
5/09	5242.84	3537	2443	1002	40.74	37.02

＊0.286の指数平滑移動平均線での週の25.73の数値は、週間インパルス・買いシグナルをもたらすには十分だった。

銘柄総数は、横ばいの銘柄数も含んでいるので、値上がり銘柄数と値下がり銘柄数を加えた合計とは一致しない点に注意。

買いと売りのシグナル

わずか2つの売買シグナルが、週間インパルスシグナルによって出された。ひとつの買いシグナルとひとつの売りシグナルである。

市場の幅のネットの週間比率の平滑定数0.286の指数平滑移動平均線が25％かそれ以上まで上昇すると買いを入れる。上記のリアルタイムの表では、買いシグナルは2003年4月25日に出された。

市場の幅のネットの週間比率の平滑定数0.286の指数平滑移動平均線が－5％を下回るときには、売りを出す（これは新規の空売りのシグナルではない。この売りシグナルは、現在の買いシグナルが有効な状態のときに実行可能となるもので、これが実行されれば、週間インパルス指標は、株式市場から撤退し、中立のキャッシュポジションとなる）。

2003年4月25日（NYSE株価指数は5017.62）に出された買いシグナルは、市場の幅のネットの週間比率の平滑定数0.286の指数平滑移動平均線が－7.26％に低下した2003年8月1日にキャンセルされた。NYSE株価指数が翌月曜日に5505.73で引けたので、入力数値は＋9.73

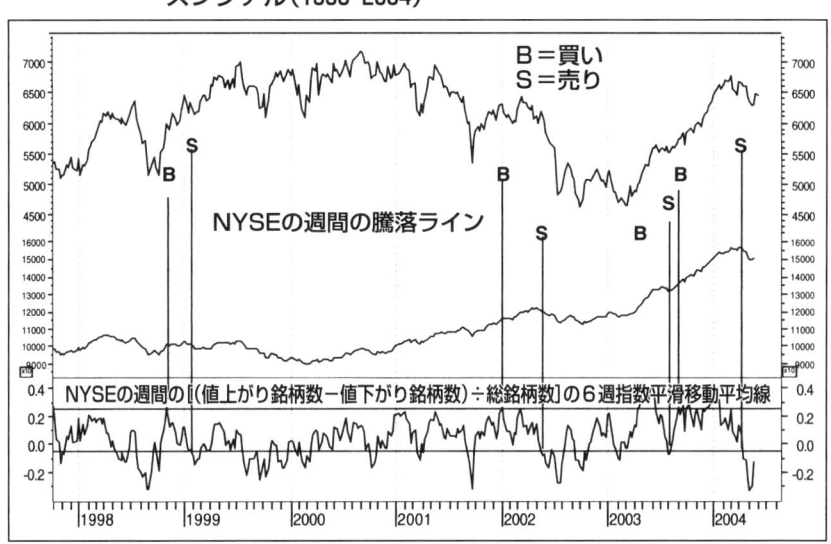

チャート6.7 NYSE指数──NYSEの週間の騰落ラインと週間インパルスシグナル(1998-2004)

このチャートは、1998年から2004年までの期間にNYSEで形成された週間インパルスシグナルを示している。2003年に形成されたシグナルは、特に利益が大きかったことが確認される。

％の上昇を示した（この週間指標の上昇や低下の計算は、データを算出する週の翌週の第１営業日の終値に基づいている。これは、ほとんどのユーザーが毎週の最終営業日の引けまでに、必要とされる週間の数値を入手できないためである）。

週間の市場の幅のインパルスシグナルの基本コンセプト

あなたが推測しているように、週間の市場の幅のインパルスシグナルは、市場が上昇する際の最初の強いインパルス──急激な買われ過ぎへの展開や、上昇のモメンタムの数値の拡大──は、実際には、市場が下方への基調転換となるよりも、一層の上昇の前兆になる可能性

が高い、という基本原則に基づいている。

このケースの場合は、まれにしか到達しない高い週間の市場の幅のモメンタムの数値を使用している。この数値が達成されれば、一層の上昇となる可能性が強まる。このコンセプトの抽象的なことをこれ以上述べるよりも、ここで週間インパルスシグナルの歴史的なパフォーマンスを具体的に調べてみよう。

表6.3 週間インパルスシグナル（1970～2003年）

シグナルの日付	NYSE指数	キャンセルされたシグナル	NYSE指数	損益
70/09/08	45.27	102670	45.40	+0.29%
70/12/07	48.94	051071	56.38	+15.20
72/01/10	57.17	032772	59.73	+4.48
73/10/01	58.42	110573	56.71	-2.93
75/01/13	38.44	040775	42.69	+11.06
76/01/12	50.99	041276	53.33	+4.59
76/12/13	56.35	022877	54.23	-3.76
78/08/07	58.20	092578	57.38	-1.41
79/08/20	62.02	100179	61.84	-0.29
80/05/19	61.39	102780	73.82	+20.25
82/08/30	67.50	071183	97.44	+44.36
85/01/21	101.12	081285	108.67	+7.47
85/11/18	114.55	062386	140.71	+22.84
87/02/09	158.83	041387	162.14	+2.08
88/03/07	150.53	041888	146.77	-2.50
91/02/04	190.28	062491	203.50	+6.95
92/01/06	229.85	033092	222.99	-2.98
93/02/08	247.07	110893	254.72	+3.10
97/06/09	450.17	110397	492.63	+9.43
98/11/09	559.14	012599	586.06	+4.81
02/01/07	593.15	052002	580.22	-2.18
03/04/28	485.65	080403	521.56	+7.39
03/08/03	546.67	120803	568.17	+3.93

結果の要約──週間インパルスシグナル（1970～2003年）

トレード数	23
勝ちトレード数	16（69.9％）
利益ポイント	243.77
損失ポイント	28.38
利益／損失比率	8.59
１トレード当たりの平均利益率	+6.62％
年利益率	+4.1％
投資期間中の利益率	20.3％
投資期間の割合	21.9％
手仕舞い時点での最大ドローダウン	5.4％
NYSE指数のバイ・アンド・ホールド（1970～2003年）	7.34％（年率）

週間インパルスシグナルは、この期間の22％未満の投資時間で、株式市場の上昇幅の56.4％を達成した。最大の損失額は、株式市場の損失額よりも大幅に少なかった。

最後のコメント

週間インパルスシグナルは、株式市場で極めて確率が有利な場合にかぎり投資しようと考えている（実際のところ多くの投資家にとって、これは最悪のアイデアではないはずだ）ような非常に保守的な投資家でないかぎりは、単一で使用するタイミングモデルにはなりえない。

このモデルは多くの市場の上昇局面でチャンスを逃しているが、シグナルが出されたときの損失は比較的少ない。この指標は毎年一回以下しか取引を行わないのに、この指標を毎週にわたってわざわざ維持する価値が本当にあるのだろうか？　読者の皆さんはこの件について各自で判断するべきだが、実は私のスタッフと私は毎週、週間インパルスシグナルを実際に表示して追跡している。見直しができるように、１回の取引ごとに市場の幅のインパルス・シグナルを表示しているの

で、皆さんは、このシグナルの期間を見直しされるといいだろう。買いシグナルの約3分の1は、新たな強気市場、あるいは非常に重要な中期的上昇のどちらかの始まりに比較的近い局面で出されており、株式市場に形成されつつある強気に対する重要な手掛かりを提供した。残りのシグナルは結果的にあまり有効ではなかったものの、それでも一部では利益が出て、損失は発生した時点でしっかりと抑制された。

つまり、週間インパルスシグナルはそれ自体が有効なツールであり、自分の活用可能な他のタイミングツールを確認するものとして、平均を上回る市場の強気についての指標を提供するものとなる。

日次ベースの市場の幅のインパルスシグナル

別の市場の幅のインパルスシグナルは、週間インパルスシグナルと同様の強さを持ち、投資期間に対して週間インパルスシグナルよりも極めて高い利益率を示した。このシグナルは、私がこれまでに経験したタイミングモデルと同様に、実益が出る取引の確率面で高い成功率を示した。

過去の34年間の投資期間に年率換算で41.6%の利益率を生み出し、（NYSE株価指数に基づく）取引の84%で利益を出し、全体の期間のわずか7.4%の投資期間でNYSE株価指数でのバイ・アンド・ホールド戦略による総利益の39%を確保したタイミングモデルに、あなたは関心を持たないだろうか？

これが、日次ベースでの市場の幅のインパルスシグナルのこれまでの経歴である。このシグナルはそれほど頻繁には発生しないが、発生した際には極めて強い影響力があり、年間にこのシグナルが発生する平均的頻度は、1回をやや下回るのである（この本の後の部分では、タイムフレームが非常に短期である日次ベースでの市場の幅のインパルスシグナルの基本バージョンを、保有期間を一層延長してリターン

の拡大を図るための中期的なバージョンへと変更する方法を示している)。

日次ベースの市場の幅のインパルスシグナルの構築と維持

　日次ベースでの市場の幅のインパルスシグナルは、週間ベースでのそれと同様、最初に強いモメンタムで始まった株式市場の値動きは平均的な株式市場の振幅より長く続く可能性がある、というコンセプトに基づいている。このシグナルは、振幅の幅を計測する物差しとして、デイリーでの市場の幅の指数平滑移動平均を使用している。振動に明確で非常に大きな振幅を示すだけの力があれば、市場の幅が平均をはるかに上回っている、ということになる。こうしたことは、市場の上昇局面の終わりでなく、むしろ始まりの時期である場合が多い。

　この指標によって示されたシグナルが、完全な市場タイミングモデルとなるわけではない。こうしたシグナルは確かに、株式市場で少なくとも短期的な利益が見込める可能性が非常に高い、限られた期間(比較的まれにしか起こらないが)をいくつか選び出すことはできる。ただ、参入のシグナルが出なくなったからといって、そのこと、あるいはそのシグナル自体によって、株式市場の下落が示唆されているわけではない——そこでは単に、既存の市場の幅による直接的な強気の影響がより大きくなった、ということが示唆されているにすぎない。

　以下は、構築と運用のルールである:

1．毎日、NYSEでの値上がり銘柄数と値下がり銘柄数を確認する。
2．毎日の値上がり銘柄数を、値上がり銘柄数と値下がり銘柄数の合計で割って比率を出す。つまり、値上がり銘柄数を、値上がり銘柄数と値下がり銘柄数の合計で割る。
3．ステップ2で得た日次比率によって10日間の指数平滑移動平均線

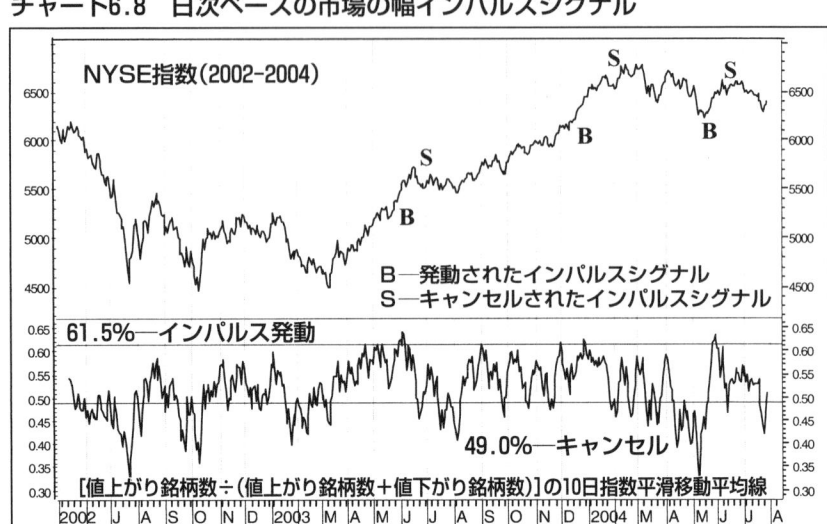

チャート6.8 日次ベースの市場の幅インパルスシグナル

日次ベースの市場の幅インパルスシグナルは、61.5％以上に上昇すると買いシグナルを発する。このようなシグナルはこの指標が49％以下まで低下するとキャンセルされる。シグナルはまれに発生するが、歴史的に見て非常に信頼性がある。

を維持する。10日間の指数平滑移動平均線は、2÷11（平均日数＋1）で得られる平滑定数0.1818を用いる。

4．日次比率の10日間の指数平滑移動平均線が0.615か、それ以上に上昇すれば、株式市場での買いシグナルを意味する。

5．この買いシグナルは、日次比率の10日間の指数平滑移動平均線が0.490かそれ以下に低下するまで有効となる。同指数平均が0.490以下まで低下する場合、このモデルは中立の評価に戻る。売りシグナルは、日次ベースの市場の幅のインパルスシグナルによっては発動されない。

それでは、このサンプルワークシートを見てみよう

日数	値上がり銘柄数(A)	値下がり銘柄数(D)	(A+D)	日次比率A (A+D)	10日間指数平均
1	1500	1400	2900	0.517*	0.517**

2	1800	1100	2900	0.621	0.536***	
3	2500	425	2925	0.855	0.594	
4	2200	650	2850	0.772	0.626****	

* 1500値上がり銘柄数÷(1500値上がり銘柄数＋1400値下がり銘柄数)＝0.517
** 最初の記入値の0.517は、最初の指数平滑移動平均線とみなされる。
*** 0.1818(0.621－0.517)＋0.517＝0.1818(0.1040)＋0.517
　　＝0.0189＋0.517
　　＝0.536
**** 市場の幅インパルスの買いシグナルが発動された。値上がり銘柄数÷(値上がり銘柄数＋値下がり銘柄数)の10日間比率は、上昇して0.615を上回った。

日次の市場の幅インパルスシグナルのパフォーマンス記録

　以下のパフォーマンスの表は、仮定によるバックテストから導き出されたもので、1970年12月までさかのぼり、株式市場の33年以上にわたる期間を包むものである。お分かりのように大幅な損失は1回（1974年）だけで、この期間のパフォーマンスは一貫して信頼性を維持している。

日次の市場の幅インパルスシグナル（1970～2004年）

買いの日付	NYSE指数	キャンセルの日付	NYSE指数	増減率
70/12/29	530	71/02/19	562	+6.0%
71/12/03	565	72/01/24	600	+6.2
73/09/21	610	73/10/16	629	+3.1
74/01/03	562	74/01/10	523	-6.9
74/10/10	388	74/10/24	392	+1.0
75/01/03	394	75/02/25	455	+12.9
76/01/02	507	76/02/27	564	+11.2
76/12/09	594	77/01/12	591	-0.5
77/11/10	549	77/12/06	542	-1.3
78/04/17	557	78/05/23	580	+4.1
78/08/02	611	78/08/29	617	+1.0

79/01/05	585	79/01/31	592	+1.2
82/08/20	683	82/09/29	737	+7.9
82/10/08	793	82/11/16	827	+4.3
84/08/02	936	84/09/04	1013	+8.2
85/01/14	1040	85/02/21	1105	+6.3
85/05/20	1160	85/06/12	1151	−0.8
85/11/11	1203	85/12/24	1260	+4.7
86/02/21	1368	86/04/03	1421	+3.9
87/01/12	1578	87/02/23	1703	+7.9
91/01/30	1966	91/03/15	2157	+9.7
91/12/27	2365	92/01/21	2391	+1.1
97/05/05	4561	97/07/21	5017	+10.0
03/05/30	5435	03/06/23	5549	+2.1
03/12/30	6444	04/01/29	6556	+1.7
04/05/25	6429	04/06/14	6465	+0.6

　上記では、2003年末に実施されたNYSE株価指数の構成や価格決定の変更を反映して、同指数を過去にさかのぼって調整している点に留意されたい。

　1970年12月から2004年5月までの期間に、26のシグナルが発動された。これらのシグナルのうち22（84.6％）は利益が出ることが判明し、残りの4（15.4％）の取引は利益が出なかった。

　利益が出たシグナルの平均利益率は、ひとつの取引につき5.24％だった。利益の出なかったシグナルの平均損失率は、2.37％だった。勝ちトレードの取引期間における利益率の合計は115.28％で、負けトレードの取引期間での損失率の合計は9.5％となった。全体では、利益／損失の比率が12.13対1になった。

　1970年12月から2004年6月14日までの時期のわずか7.6％の期間で、これらのシグナルが発動された。この時期には、投資期間中の利益率が年換算ベースの平均で40.3％となった。このモデル単独で同時期のわずか7.6％の期間に投資して、年間平均3.07％の利益率が生まれた。

これは、NYSE株価指数の年間平均利益率（+7.8％）の約39.4％に相当するものである。キャッシュポジションのときに見込まれる潜在的な利息収入は、これらの計算には含まれていない。

ナスダック総合指数の取引に対する日次ベースの市場の幅のインパルスシグナルの適用

ナスダック総合指数の取引ごとのリストを掲載するスペースはとらないが、1971年12月3日から2004年6月14日までの期間にナスダック総合指数に対して適用された以下のシグナルの主要部分によって、そのパフォーマンスの状況が非常に明確になるだろう。この期間のシグナルの日付は、上記に掲載されているNYSE株価指数の場合と同じになる。シグナルが、NYSEの騰落レシオに基づいているためである。（ナスダック総合指数は1971年2月5日に始まったので、NYSEの集計表に示されている最初の取引は含まれていない）。

1971年12月3日から2004年5月までの期間に、25の参入シグナルが発動された。最後のシグナルは、2004年6月に実行された。23（92％）のシグナルは利益があり、わずか2つ（8％）が利益が出なかったことが判明した。

勝ちトレードの平均利益率は、+7.76％になった。暦年ごとの平均利益率は、+5.04％だった。負けトレードの平均損失率は、2.28％になった。勝ちトレードの利益率の合計は、178.52％となった。負けトレードの損失率の合計は、わずか4.57％だった。総利益／総損失の比率は、39.8：1になった。30年以上の期間にわたり、40％近くの利益が出る一方で、損失は1％だったのだ。

このタイミングモデルだけを活用して取引したトレーダーらは、同期間のわずか7.19％の時期に投資して、ナスダック総合指数を100％バイ・アンド・ホールドで投資して達成される年間平均9.1％の利益率の55.4％が得られたはずである。この期間内での同モデルで投資して

いた期間の年率換算の利益率は70.15％になった。これらの計算には、キャッシュポジションのときに見込まれる潜在的な利息収入も、株式の配当金支払額も含まれていない。

注意

　私と私のスタッフは長年にわたって、このタイミングツールのいろいろな型を活用してきたが、1970年代初めまでさかのぼる計算は、仮定に基づくものとしてとらえるべきである。未来においては、同じような結果が出る場合もあれば、出ない場合もありうる。そうは言っても、日次ベースの市場の幅のインパルスシグナルは、1985年6月下旬からこの原稿の執筆時の2004年9月までに損失は出していない。

　この長く複雑な章では、新しい型の移動平均、市場の幅に関した多数のコンセプト、内部的・外部的な株式市場に対する洞察力を提供するための、形式化して客観的な複数のタイミングモデルを紹介した。

　それでは次の章に進み、補助的な市場指標についてより簡潔で分かりやすい説明を行うことにしよう。これらの指標は、大衆の心理を映す他の市場指標と同様に、買いと売り圧力の確認やその関係に対する洞察力を提供するものである。

第7章

出来高の極限、ボラティリティ、ボラティリティ指数（VIX）――クライマックスの水準や、相場の底値での買いのチャンスを認識する

Volume Extremes, Volatility, and VIX : Recognizing Climatic Levels and Buying Opportunities at Market Low Points

　ここまでに、株式市場の主要な基調転換が発生しそうなときを予測するために時間と関連サイクルをどう利用するかについて説明した。また、上昇相場にとどまるべきとき、手仕舞うとき、そして下落相場の終了が間近に迫っているときなどを示す多数の市場の幅に基づく指標についても説明した。この章では、買い圧力や売り圧力や、株式市場の心理的トーンを反映する、市場タイミング指標の三兄弟を解説する。これらの指標はしばしば、タイムリーで重要な、そしてしばしば主要な期間となる買い参入や手仕舞いのシグナルを提供する。

　ここに含まれるコンセプトは複雑なものではない。この目的のために使用される指標は、どちらかといえば単純なものである。まずは株価の動きが持ついくつかの特徴について説明し、それから関連したタイミング手法の具体的な構築法の説明と判読の説明に移りたい。

天井――嵐の前の静けさ、大底――静けさの前の嵐

　一般的には、株価は全体の取引時間の約75％は上昇し、下落しているのはわずか25％にすぎない（1953～2003年のS&P500指数は、50年間のうち38年間で上昇した）。しかし株価は、10年以下の期間に関しては、概して上昇ペースの約2倍の速さで下落するため、株価の上昇

期間と下落期間の単純な比率が暗示する以上に、株式市場のリスクは高いのかもしれない。

株価の急上昇は、爆発的なエネルギーやスラスト（急上昇）を伴って始まる場合がよくある。しかし上昇が続くにつれて上昇のモメンタムは徐々に弱まり、上昇トレンドの終了に伴い最終的には消滅する。大半の弱気相場（すべてではない）では、初期の展開は秩序だって進行する。株価指数のトレンドが上昇から緩やかな上昇へ、さらには緩やかな下落へと転じる過程で、産業セクターがひとつずつ勢いを失い、最後には買いの推奨から落とされる業界セクターの割合が一気に増えると、株価指数の下落ペースにさらに拍車がかかるのである。

弱気相場が進むにつれて、新規の買いで入る投資家の比率は変化する。数カ月あるいは数年にわたる上昇相場は、市場全体に楽観的なムードを作り出す傾向があり、株価が予測可能な未来において上昇を続けるだろうという期待を生み出す。ミューチュアルファンド、ブローカー、多くの市場アナリストは、永遠の富を手にするために、「方針を維持しよう」「アメリカを信頼しよう」と推奨し、あるいは相場の下落に対しても単純に「安値での買い場」として利用することを喧伝する。

やがては悲観的な見方が構築される——最初はゆっくりとだが、価格が下落を続けるうちに、それは勢いを増してくるのである。もしも投資家が強気相場の期間中に、株価上昇は永遠に続くと考えていたとすれば、いずれは弱気相場中に、増え続ける悲観的なメディア報道にも助長されて、株価の下落は永遠に続くと考えるようになる（残念なことに、弱気な内容の記事や出版物は、弱気相場の底入れ時、もしくはそれに近い時期に最も多く出版される。そのため、こうした出版物は紛れもなく素晴らしいセンチメント指数となる）。

多くの弱気市場では、相場が大底入れ間近になると売りが急速に増加する。相場の下落は無秩序になり、それまでの安心感は懸念へと変わり、懸念はパニックへと形を変えるのに伴い、相場の下げのボラテ

ィリティは拡大する。この一連の流れは、最終的にいわゆるセリングクライマックスを迎えて終わることが多い。セリングクライマックスとは、おびえた株式保有者が膨大な売りを見境なく出すことで、売られた株は、株価急落でようやく重い腰を上げ、安値拾いの用意ができた抜け目のない投資家やトレーダーへと渡るのである。

　私たちの課題は、弱気相場や中期的な急落相場のこうした最終ステージを確認し、最悪の時期は過ぎ、新たな強気市場が始まるということを一般大衆が気づく前に、ポジションを買い集めることにある。こうした確認は即座に行えるものではない。確認の遅れによって、メジャーな下降トレンドから、メジャーか少なくとも中期的な、上昇トレンドへの転換の兆候が強まるのを認識し、そして処理し、行動を起こすチャンスが生まれるのである。

TRIN──多目的型の市場ムード指標

　TRINは、短期売買指数あるいはアームズインデックス（発明者のリチャード・W・アームズ・ジュニアにちなんで）とも呼ばれ、1967年に発明者アームズ氏によってバロンズ紙で紹介された。指標の詳しい記述については、1989年発行の『相場心理を読み解く出来高分析入門』（パンローリング）を参照していただきたい。

　TRINは人気のある指標で、多くのトレーダーが株式市場の蓄積（買い）圧力や分配（売り）圧力に関連したフォース（力）を監視するのに使用している。この指標は、デイトレードのような超短期の売買にも、あるいはより長期にも、市場の買い圧力や売り圧力を測る指標として適用することが可能である。私は自身の経験から、TRINを厳密な指標だとは受け止めていないものの、そのパターンは、転換中の市場のセンチメントを反映するという点で役立つ場合が多く、なかでもしばしば株式市場の買いのチャンスとなるような極度の弱気の期

間には有効である。多くの場合、TRINは天井を判断する指標というよりも、底値を判断するツールとしての利便性が高いようである。これは株式市場の指標としてはめずらしくはない。というのは、株価の底値は天井よりも定義しやすい傾向があるためである。

TRINの計算に必要なデータ

TRINに必要なデータは以下の4つである。

- ●ニューヨーク証券取引所のその日の値上がり銘柄数
- ●ニューヨーク証券取引所のその日の値下がり銘柄数
- ●値上がり銘柄の出来高（値上がり出来高）
- ●値下がり銘柄の出来高（値下がり出来高）

TRINは、これら以外の指標から計算することもできる。例えば、ナスダックTRINは、ナスダック総合指数の各数値データを使って計算できる。またTRINの値は、NYSE（ニューヨーク証券取引所）が集計したイントラデイのデータに基づき、昼時点で計算することも可能である。イントラデイTRINの値は、ほとんどのクオートシステムで入手可能である。

TRINの計算

TRINの計算式は以下のとおりである。

（値上がり銘柄数÷値下がり銘柄数）÷（値上がり出来高÷値下がり出来高）

今日のNYSEの引け時点で、値上がり銘柄が2000株、値下がり銘柄が1000株、値上がり出来高（値上がり銘柄の出来高）が8億株、値下がり出来高（値下がり銘柄の出来高）が4億株だったと仮定してみよう。では、この日の引け時点のTRINはどうなるだろうか。

（2000÷1000）÷（8億÷4億）
＝（2000÷1000＝2）÷（8億÷4億＝2）
＝1.00

お分かりのように、値上がり銘柄数は値下がり銘柄数の2倍あった。値上がり銘柄の出来高の全体に対するシェアは公正で、値下がり銘柄の2倍だった。この場合TRINは、値上がり銘柄数と値下がり銘柄数、そして値上がり出来高と値下がり出来高による比率が均衡していることを表している。TRINの値の1.00は、一般的な解釈としては、中立的な値として受け止められている。

では、値上がり銘柄が2000株、値下がり銘柄が1000株で変わらず、（値上がり出来高が8億ではなく）値上がり出来高と値下がり出来高が双方とも4億株だった場合、TRINの値はどうなるだろうか。市場の幅の指標は前と同じだが、出来高の比率が変化することになる。

この場合の計算は、2000÷1000を400÷400で割ることになり、2.00÷1.00、つまりTRINの値は2.00となる。この数値が意味しているのは、値上がり銘柄に集まった買いは過度に少なく、全体の出来高に対するシェアが公正ではないという事実である。この数値の場合には、出来高・アキミュレーショントレンドの観点からは一般的に弱気と解釈されるが、TRINの数値が非常に高く、相当数の投資家が悲観的になっており、なかにはパニックとなっている投資家もいると考えられることから、強気と受け止めることも可能なのである（物事は時に紛らわしいものである）。

今度は値上がり銘柄数を2000株、値下がり銘柄数を1000株、値上がり出来高を1200万株、値下がり出来高を400万株に設定してみよう。TRINの値はどうなるだろうか。

　この場合、(2000÷1000)÷(1200万÷400万)＝2÷3なので、答えは0.67となる。この値は1.00を下回っており、値下がり銘柄に比べて、値上がり銘柄に相応以上の出来高が集まっていることを表している――この日は強気のアキュミュレーションパターンを形成した証拠である。

TRINの値の解釈

　デイトレードを行ううえで、イントラデイのTRINの値が日内のトレンド転換の早期警告となることは少なくない。株価が実際に方向を転換する前にTRINが方向転換することはよくある。TRINの値と株価指数の間で生じる弱気や強気のダイバージェンスは、デイトレーダーにとって重要なものである。

　例えば、朝方の株式市場は軟調で、ダウ工業株30種平均は75ドル下落し、値下がり銘柄数が値上がり銘柄数より500株多かったと仮定しよう。午前のTRINの値は1.30となり、大きな売り圧力がかかっていることが示された(1.00を中立と考える)。株価はその後、若干回復するものの、午後早くには再び下落に転じ、ダウ工業株30種平均はまたも75ドル安を付け、同様に値下がり銘柄数は値上がり銘柄数を500株上回っていた。ところが、TRINの値がその合間に1.30から1.00へ、そして0.90へと改善した。これは株価が今にも地合いを回復しようとしていることを示す重要なシグナルである可能性が高い。買い圧力が売り圧力に追いつき、さらに追い越したとすれば、その日は強気の地合いで引ける確率が高いということになる。TRINは、株価が実際に方向転換したあとではなく、方向転換する前に買うチャンスを与えてくれたのである。

この反対のパターンも同じように起きることがある。株式市場が堅調に寄り付き、TRINの値が0.65や0.55のように非常に低かったとする。TRINが0.70以下に長く持続することは滅多にない。0.50を下回るTRINは通常、日中に買いパニックが起きていることを示しており、たいていは持続不可能である。理想的なのは、市場の幅が強気を示し、価格も強気の上昇で、そしてTRINの値が中立以上となって強気の数値を維持していることである。強気相場では、TRINは0.70から0.80の範囲に収束する。

　日次や週間ベースでのポジション商いにおいては、TRINは日次の株価と出来高情報に基づいて解釈されるのが一般的である。

　株式市場が強気の期間は、各種株価指数の株価パターンや、市場の幅の数値、そして出来高に強気のトレンドが形成される。アキュミュレーションのパターンは相対的かつ継続的に低いTRINの値に反映され、TRINは10日移動平均線ベースで平均0.80から0.90の間となる。こうした状況ではTRINは、市場の幅や価格の強気を確認する手段となる。

　株価が上昇しているのにTRINの数値が弱気を示しているという場合、これが相場が基調転換間近であることを示す早期警戒のシグナルであることがある。株価が上昇しているにもかかわらず、TRINの数値が上昇している（売り圧力を示す）という弱気のダイバージェンスは、市場の買い圧力が弱まっていることを示す（TRINの場合、数値が低いほど、株価のアキュミュレーションが多いということをお忘れなく）。ただ、多くのテクニカルアナリストは、10日間かそれより長期のTRINが0.85以下の場合は、過剰な強気地合いが示されているため危険だという見方をしているが、この点に関する証拠は不十分なようだ。TRINの上昇時よりも、TRINの数値が低水準を継続しているほうが、（少なくとも著者の偏見を持った見方では）、TRINの数値の上昇よりも、市場の継続中の強気を表す、より優れた指標になっていると思われる。

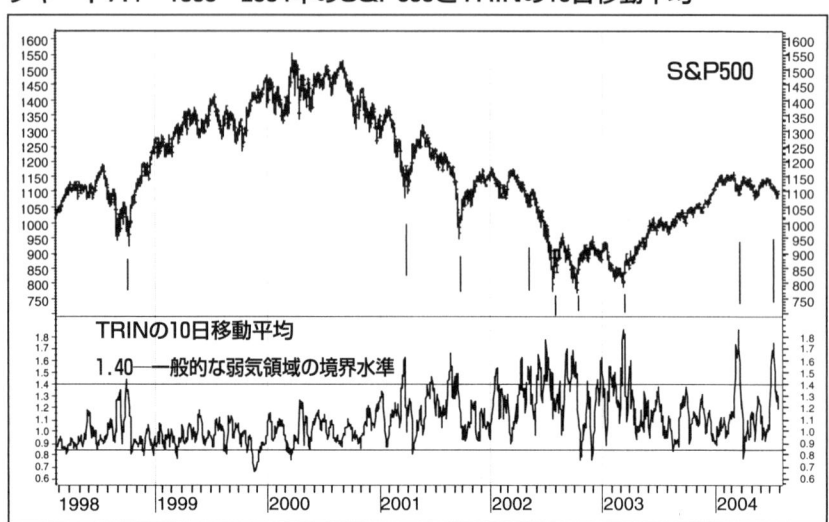

チャート7.1　1998～2004年のS&P500とTRINの10日移動平均

TRINの10日平均が投資家のパニックを表す領域まで上昇したときは、株式市場は通常、少なくとも中期的な上昇、おそらくは急上昇をいつでも開始できる状態にある。TRINの変動はこれまで以上に急激になっており、TRINの全般的なパラメーターは近年変化しているようだ。過去数十年間は、TRINが1.35以上に達するのは非常にまれだった。近年、TRINは1.70台まで上昇することがあり、1.35以上に達することも非常に多い。

底値模索ツールとしてのTRIN

　しかし、TRINの数値が過度の高水準に達した場合は、投資家がパニックに陥っていることを表し、市場が過剰に悲観ムードとなっており、反騰開始の可能性を示す非常に優れた指標となることがあり、実際にそのとおりとなるときも多い。
　チャート7.1のTRINの10日間平均は、このコンセプトが示されている。2000～2002年の弱気相場のセリングクライマックスのピークと、チャートの最初のほうの1998年の安値では、TRINが急上昇していることがすぐに分かる。

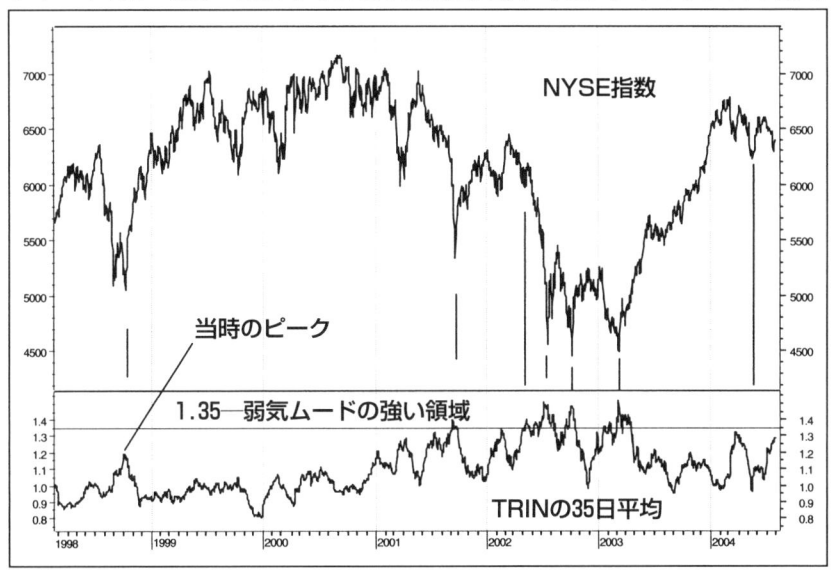

チャート7.2　1998～2004年のTRINの35日移動平均とクライマックスの領域

NYSEでは、TRINの35日移動平均が1.30かそれ以上に達したときは、強気の領域に移行したと判断することができる。TRINの値がこれほどの買われ過ぎを示したときには、TRINが下げるまで買うのは待ったほうが安全かもしれない。

　ほかの多くの指標と同様、この数年間の出来高の増加と全般的なボラティリティの高まりに伴って、TRINの数値も極端さを増してきている。過去数十年間に相場のクライマックスの底を定義するうえでは、TRINの10日間平均の値が1.30を上回るということが、ほとんど必ず重要だったが、1998年以降はTRINが1.30を上回る頻度が高まっている。近年では10日間平均の値が1.50以上となったときが、売りのクライマックスの兆候となり、上方への基調転換が間近に迫っていることを示唆している。

　チャート7.1は、TRINの10日移動平均線を使ってこのコンセプトを示したものである。チャート7.2はTRINの35日移動平均線を使ってこのコンセプトを示したもので、1.30～1.35が売りのクライマックス

だったことを表している。

　TRINの35日移動平均線は、TRINの10日移動平均線とおおむね同じ時期にシグナルを出す傾向にはあるが、そのパターンには「ノイズ」が少なく、パターンの特定もより簡単である。あなたは、10日間平均線と35日間平均線、もしくは独自の期間の移動平均線を自由に選択して使用することができ、TRINが弱気市場の底値を示す領域に突入したときにポジションを建てることができる。もしくはTRINがピークに達するまで待ち、少し低下してからポジションを建てるという方法も可能で、そのほうがおそらくはより安全だと考えられる。

　この方法でTRINが使われたため、重要な市場の底値水準を確認するという点で、TRINは優秀な成績を挙げている。TRINのピークの値は近年、徐々により高い水準へと更新される傾向がある。このため、投資家が過度の悲観ムードにあることを示したり、投資家にとっては高確率で低リスクの仕掛けのタイミングを明瞭に示すような、TRINの恒久的な目標水準を設定することが難しくなっている。10年ほど前は、TRINの35日移動平均線が1.05～1.10の水準に達すると、それが買い参入の指標となった。現在にはそれは当てはまらない。またTRINの10日移動平均線も、かつては1.20～1.30の領域がピークとなっていたが、今は違う。最近のピークは1.50以上で、時には1.70前後まで上昇することすらある。

　この指標を利用している投資家は、買いのパラメーターをときどき見直す必要があるかもしれないが、その努力はけっして無駄にはならない。TRINのクライマックスの数値は多数の有効な指標を生み出し、大半の投資家が恐れ、過度の悲観ムードに陥っているときに株式市場に買い参入するチャンスを与えている。株式市場が最悪の時期にコントラリーオピニオン（逆張り）をベースに考えることができるならば、TRINが非常に役立つはずだ。

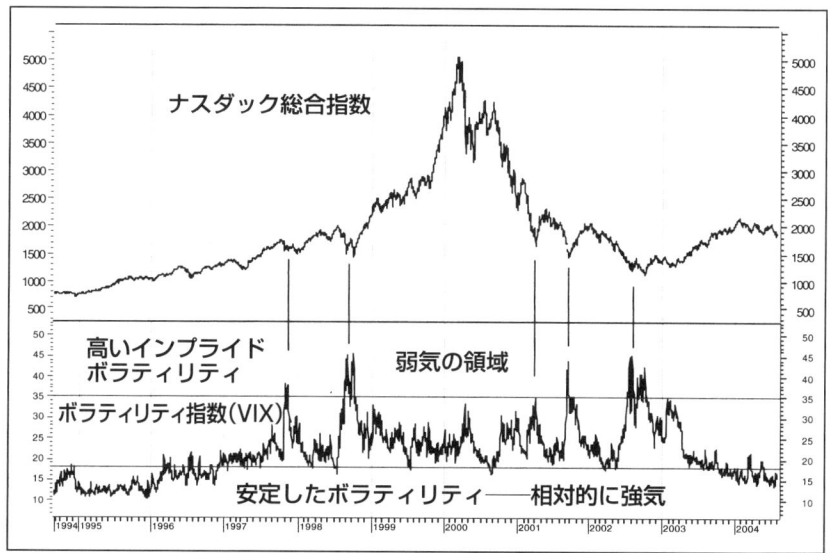

チャート7.3　ナスダック総合指数とVIX（1994-2004）

株式市場のボラティリティと投資家のセンチメントを間接的に測るVIXが35に達することはめったにない。こうした水準は概して絶好の買いのチャンスを意味している。VIXが35以上から18かそれ以下に下落するまでは、投資家は株価急落の危機から守られている。ただしVIXが18以下となっても、それは売りのサインとはならない。垂直の線はVIXが35以上に上昇した場所を示している。その後にVIXが18以下へと下落した期間はご覧のとおりである。

ボラティリティ指数（VIX）と重要な株価の買いゾーン

　株価のボラティリティ（価格の変動率）が非常に高く、しかもそれが上昇する期間は、通常は株価の下落に伴って生じる。株価のボラティリティは一般的に上昇時よりも下落時のほうが高く、ボラティリティの低下と同時に株価が底入れするということは多々ある。チャート7.3やほかの一連のチャートには、過去数十年間のボラティリティと株価の関係が図示されている。

ボラティリティ指数

ボラティリティ指数（VIX）は、株価のインプライドボラティリティ（予想変動率）の基準である。S&P500種株価指数（SPX）に関連する株式オプションの価格から導かれると考えられるからだ。2003年以前は、VIXの計算はより銘柄の少ないS&P100種株価指数（OEX）に関連するオプションを基準としていた。旧型のVIXは現在もVOXという記号で継続されている。旧VIXは新VIXに比べて若干変動が激しいが、本質的な解釈のパターンと方法はほとんど変わらない。

株式オプションの理論値あるいは価格は、オプション満期までの残存期間(満期までの残存期間が長いほどオプションの価値が高い)、現行の金利(現行の金利が高いほどオプション価値も高い)、現時点での株価とオプションの権利行使価格の関連性、オプションと関連のある株のボラティリティ、これらの要素によって決まる。

ボラティリティの高い株や変動の激しい時期にある株のオプションは、当然ながら、ボラティリティの低い株や比較的静かな時期を迎えている株のオプションよりも、価値が高い。例えば、一般にボラティリティの低い株があった場合、株価の上昇に賭けることを意味するコールオプションは、よりボラティリティの高い株に比べて価値が低くなるはずである。ボラティリティの高い株のほうが、インプライドボラティリティが高いため、同じ上げ幅を達成する確率が高いためである。ボラティリティの低い株のコールオプションの売り方が得るプレミアムは、やはりボラティリティの高い株のコールオプションのプレミアムよりも低い可能性が高い。なぜなら、こうしたボラティリティの低い株式の保有が、コールの売り方にもたらすリスクが低いからである。

ボラティリティの低い株のオプションの売り方と買い方は通常、ボラティリティの高い株のオプションよりも株価やオプション価値が低

いことを了承している。

オプションの理論値

オプショントレーダーは、オプションの理論的な公正価格を算出するために設計された特定の方程式（例えばブラック・ショールズ方程式）を使う。当然ながら、売り方は公正価格を上回る水準で売ろうとするし、買い方は公正価格を下回る水準で買おうとするだろう。これらの方程式は、株価あるいは全般的な市場のボラティリティの測定値、金利、オプションの満期までの残存期間、プットオプションやコールオプションの権利行使価格と現在の株価ないしは（株価指数オプションの場合の）市場価格水準との関連などのデータに基づいている。

理論上は、方程式にそれぞれの数値を入力し、方程式に沿って理論価格を計算すればいいということになる。実際的には、オプションは理論価格もしくは理論価格に近い水準で売られることもあるし、そうでない場合もある。

インプライドボラティリティ

現行の金利、満期までの残存期間、株価もしくは市場価格とオプション権利行使価格との関連性がすべて分かっているという事実を考えると、実際のオプション価格が理論値から大きく離れる場合があるのはなぜだろう。実はこうしたダイバージェンスが起きるのは、オプショントレーダーが売買の意思決定を行うときに、株式市場の過去のボラティリティではなく、将来の見込みのボラティリティに基づいているということが原因となっている。もしもオプショントレーダーが、ボラティリティが将来高くなると予想していたならば、オプション価格をより高く設定する可能性が高い。逆にオプショントレーダーが、

ボラティリティは将来低下すると考えていたならば、オプション価格をより低く設定すると考えられる。

　もしあなたが、関連オプションの実際の価格を含め、関係のあるその他の変数をすべて知っていたとすれば、オプションの価格決定方程式を用いて、株式市場もしくは個別株式の予想変動率、つまりインプライドボラティリティを割り出すことも可能である。

　このため、実際のオプション価格の水準が、市場の予想変動率を測る手段となることも多い。つまりオプションの価格が高いほど、予想されている価格の変動率も高いということになる。ボラティリティの高い時期は、たいていは株価が下落している時期で、つまりインプライドボラティリティの値が高い時期は、オプショントレーダー（をはじめとするトレーダー全般）が最も悲観的になっている時期と重なる傾向がある。

　投資家が最も悲観的になっている期間は、概して株式を買い集める絶好の時期となる。当然、投資家の全体的な悲観ムードを暗示する高水準のVIXが、重要な買い場で生じる可能性は高いということになる。

VIXのレンジ

　VIXの数値は、バロンズ紙などで週間ベースのデータが入手可能であり、最小で15前後（低リスク、低ボラティリティが予想されているとき）、最大で35～50（高リスク、高ボラティリティが予想されているとき）のレンジ内で推移する傾向がある。

　VIXが導入された1990年以降の株式市場では、VIXが35以上になった時は、そのほとんどが絶好の買い場となったことが判明している。VIXが上昇してこの領域に突入すると同時に買いを入れる、あるいはVIXがピークに達し、反落を始めると同時に買いを入れるという方法を活用することができる。

VIXが買いのゾーンへと上昇したとき、過去の経験則では、その株を少なくともVIXが18以下に低下するまでは持ち続けても安全だった。VIXが18を上から下へと割り込むこと自体は、売りのシグナルにはならない。それは単純に、株を持ち続けても自動的に安全な期間が終わるということを示しているにすぎない。

　チャート7.3には、1994年から2004年半ばまでに現れたシグナルが描かれている。従来のパラメーターに従って解釈すると、VIXが、大幅な利益が出るとして株買いを推奨するシグナルを出しているのは、1990年、1991年、1997年、1998年、2001年、2002年になる。これには弱気相場中に現れた買いシグナルも含まれており、弱気相場も安全な期間の終わりまでは買いのパラメーターから利益が出たことが示されている。

　2000年から2002年半ばの期間は、この指標にとっては難しい期間となったものの、弱気相場の終盤に新たなシグナルが出されたことで、この指標は再び常勝街道に戻ったようだ。

VIXから生じる強気ムード

　私は、VIXから開発できる売りシグナルに関しては、信頼に足るものをひとつも知らない――つまり、買いシグナルの後に続く非常に安全な期間の終わりを知らせるシグナルのみである。

　実際のところ、比較的相場が安定した期間中は、VIXの値は（低水準のTRINの値のように）低くなる傾向があり、堅実な上昇と安定した強気相場が続くかぎりは、その傾向も続く。VIXの値は1990年代の大半の時期は低水準を維持し、株式市場にとっては非常に好ましい時期となった。ただ、VIXの数値が18を大きく下回ったときには、これが過剰な強気感を示唆していると受け止められることが多かった。

まとめ

おそらく、自分自身でVIXを計算したいと思う人はいないだろうが、VIXの値はバロンズ紙やインターネット上に掲載されているので、その推移を追跡しておけば非常に役立つ場合があるだろう。VIXの値が35以下から35以上の水準へ動いたときは、株式市場参入に備えよう。そして、購入した株式は少なくともVIXが18〜20に低下するまでの期間、あるいはそれ以上の期間持ち続けるつもりで株購入に臨んでいただきたい。

当然ながらVIXやTRINの値は、あなたが使うかもしれない別のタイミングツールとの関連で解釈されるべきだが、これら2つだけでも底値を特定する指標として優れた機能を発揮したのである。

メジャーリバーサル・ボラティリティモデル

ここまで見たように、株式市場のボラティリティは通常、株価の下落に伴って拡大し、価格崩壊が最終局面に達すると同時に究極的なクライマックスレベルに到達する。

TRINのクライマックスレベルはこうした時期に発展する傾向があるため、TRINのピークは、弱気相場が間もなく基調転換しそうなときなど、株式市場のボラティリティを間接的に計測する手段として活用することができる。VIXの値が最大値に達したときは、オプション価格から予測される変動率と認識されるリスクが高いことを示しており、これも株価のボラティリティの間接的な計測手段として使うことができる。

TRINとVIXは双方ともボラティリティを間接的に反映するため、ほぼ同じタイムフレームで買いのシグナルを出す傾向があり、それは当然のことといえる。

弱気相場での底値買いという手段には、まだ最後の一手が残っている。これは株式市場のボラティリティを直接計測する手段である。メジャーリバーサル（基調転換）・ボラティリティモデルと呼ばれる手段で、これまでの説明であなたも納得すると思われる下記の前提に基づいている。

●ボラティリティは相場が下落している環境では高まる傾向がある。
●ボラティリティは弱気相場の環境から、回復している相場環境への転換期にピークに達し、その後は低下する可能性が高い。
●ボラティリティが横ばいか低下を続けるかぎり、株式市場は上昇する可能性が高い。

　基礎的なコンセプトはありふれたものだが、メジャーリバーサル・ボラティリティモデルは、VIXやTRINのような、株式市場のボラティリティを間接的に示す指標ではなく、直接的な計測手段を使用する。

メジャーリバーサル・ボラティリティモデルの計算方法

１．毎週末にナスダック総合指数の週間の変動率を計算する。過去１週間に相場が上昇したか下落したかは問題ではない。変動率の絶対値を割り出すのである。
２．週間変動率の絶対値の10週間平均を継続して記録する。今回の目的では、１週間の終値を使うこと。

メジャーマーケット・リバーサルの買いシグナル

　市場買い参入のチャンスはそれほど頻発するわけではなく、以下の２つの条件が満たされる必要がある。

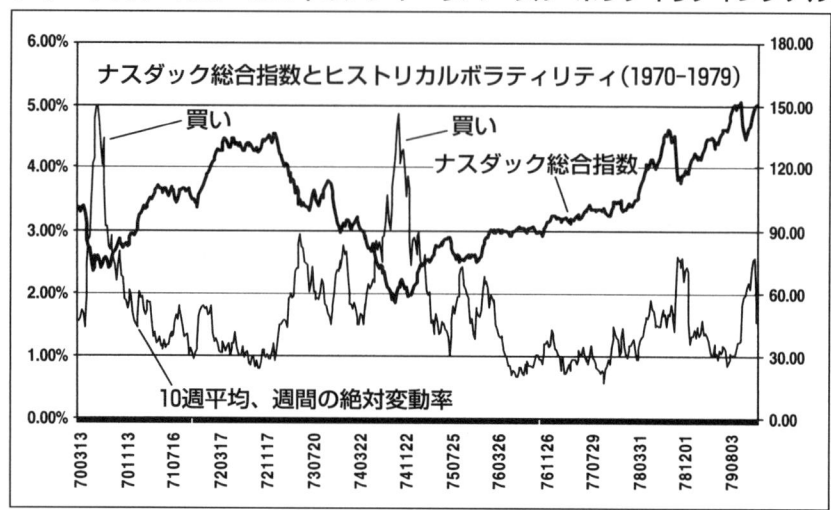

チャート7.4　1970〜1979年のメジャーリバーサル・ボラティリティシグナル

ナスダック総合指数とヒストリカルボラティリティ(1970-1979)

買い　買い
ナスダック総合指数
10週平均、週間の絶対変動率

1970年から1979年の間にメジャーな基調転換ボラティリティシグナルが出現したのはわずか2回だった。最初のシグナルは1970年7月に、2回目のシグナルは1974年9月に現れた。両方とも、その10年間に形成された二度の最も深刻な弱気相場の底で、非常に絶妙な買いシグナルが出されている。

●ナスダック総合指数の週間変動率の10週間平均が3％かそれ以上、6％を超えない水準に上昇する必要がある。この6％の水準は市場が非常に不安定であることを示している。
●買いシグナルは、10週間平均が最高値から少なくとも0.5％下落しないと現れない。例えば、週間変動率の10週間平均が4.5％に上昇した場合、平均が4％かそれ以下に下落すれば買いシグナルが出現する。週間変動率の10週間平均が6％以上に上昇した場合、まずは平均が3％以下に下落し、その後3％以上を回復し（ただし6％は超えない）、さらにその高値から0.5％下落しないと、買いシグナルは出現しない。

　売りの法則はない。メジャーリバーサル・ボラティリティモデルは、株式市場の買いのタイミングを特定するが、手仕舞いのタイミングは

特定することができない。

1970〜1979年の10年間

　1970年代に明確な買いシグナルが現れたのはわずか2回のみで、それぞれが、投資家が歓迎するような買い参入水準を示している。買いシグナルは上記のチャート7.4に示されている。
　最初のシグナルは、1969〜1970年の弱気相場が終わりを迎えた1970年7月に現れた。シグナルが示されてから40週間以内に、ナスダック総合指数は50％以上も上昇した。
　2つ目の買いシグナルが現れたのは1974年9月で、1973〜1974年の弱気相場の最後の安値を付ける直前だ。この弱気相場は当時、1929年の大暴落以降の最悪の弱気相場と受け止められていた。買いシグナルが現れてから40週間で、ナスダック株価指数は37％上昇した。

1979〜1989年の10年間

　この期間には、市場のボラティリティに基づいた4つの明確な基調転換シグナルが出現した。チャート7.5を見てもらいたい。
　最初の際立った買いシグナルは1980年6月に現れ、実際の相場が底を打ったその年の3月から2カ月以上が経過していた。市場買い参入のタイミングは若干遅れたものの、ナスダック総合指数は買いシグナル出現後の40週間に32％上昇し、シグナル出現後1年間では45％も上昇した。
　2つ目の主要な買いシグナルは1982年12月に発生し、ナスダック総合指数はその後の40週間で28％上昇した。シグナル出現後52週間（1年間）の場合、ナスダックの上昇率は20％に低下する。
　3つ目の買いシグナルは、株価が大暴落した1987年10月19日のブラ

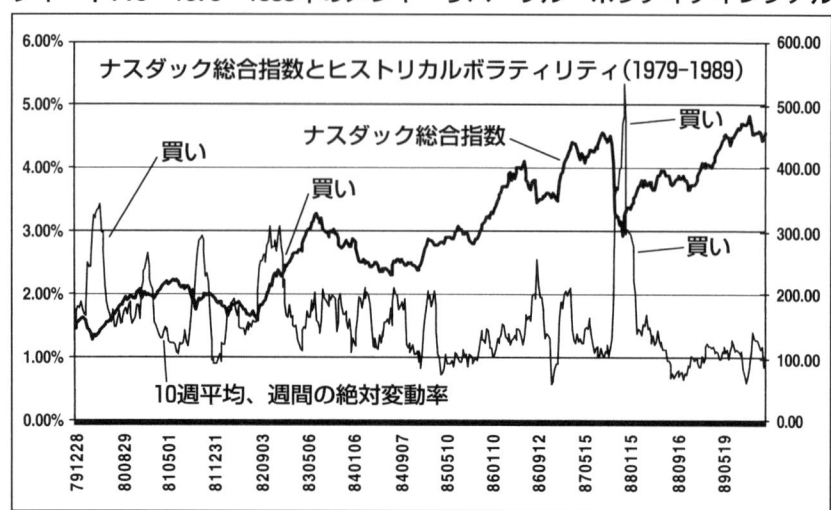

チャート7.5　1979～1989年のメジャーリバーサル・ボラティティシグナル

[チャート：ナスダック総合指数とヒストリカルボラティリティ(1979-1989)。「買い」シグナルが複数箇所に示されており、10週平均、週間の絶対変動率が表示されている。横軸は791228から890519まで。左縦軸は0.00%～6.00%、右縦軸は0.00～600.00。]

チャート7.5には1979年から1989年の間に出現したボラティリティに基づくメジャーな基調転換シグナルが示されている。この期間に現れたすべてのシグナルは長期間のポジションの保持で利益を生んだ。

ックマンデーから数週間後の1987年12月に現れ、時宜を得たものとなった。ナスダック株価指数はその後の40週間で16％、52週間で13％上昇した。

　4つ目となる最後の買いシグナルは1988年2月に出現した。今回のシグナルは、1987年の株価大暴落後の上昇相場中に現れた2つ目の買いシグナルで、相場が一時的に急上昇し、ボラティリティが急速に低下したために現れたのである。株価はその後の40週間で4％、52週間で14％上昇した。

　1986年夏にボラティリティが急上昇した。これはタイムリーな買い参入を示唆するものだが、主要期間の基調転換シグナルのすべてのパラメーターが明確に現れなかったため、正式な買いシグナルとしては扱われていない。

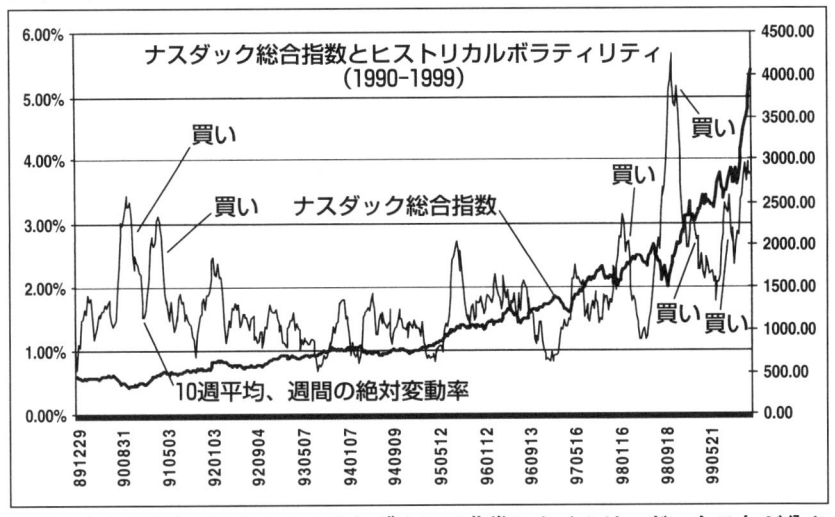

チャート7.6　1989〜1999年のメジャーリバーサル・ボラティティシグナル

ナスダック総合指数とヒストリカルボラティリティ
(1990-1999)

1989年から1999年に現れた６つのシグナルは非常にタイムリーだったことが分かる。株式市場のボラティリティは1990年代後半になって全体的に上昇し、株価の値動きが新たな枠組みに突入したことの先触れとなった。

1989〜1999年の10年間

この10年間には６つの明確な買いシグナルが現れた（チャート7.6参照）。今回も前の10年間に比べてシグナルの出現する頻度が高まっている。指標の連勝記録はここでも損なわれることなく、すべてのシグナルが利益を出していることが分かる。

1990年11月の絶妙な買いシグナルは、その後の40週間で51％の利益、52週間で61％の利益を生み出した。

1991年４月に現れた買いシグナルの場合は、その後の40週間でナスダック総合指数が25％上昇した。ただ、その後の12週間では上昇幅を失ったものの、それでも52週間では16％の上昇となった。

1998年２月は再び大きな買いのチャンスとなり、40週間で17％の利

益をもたらし、52週間のタイムフレームでは利益は32％に拡大した。

株価は1998年後半に入って急落するが、その年の10月には回復を始めた。この期間に出現したシグナルは最良のもののひとつで、40週間で43％、52週間で74％の利益をたたき出した。

最高の買い参入シグナルは1999年3月に現れたもので、ナスダック株価指数はその後の40週間で64％上昇、52週間で92％も急上昇したのである。

最後のシグナルは1999年9月に現れ、その後の4週間に34％の利益、52週間では38％の利益を生み出した。

1999年以降──結果はばらばら

1970年から1999年の間に、メジャーリバーサル・ボラティリティモデルは12回連続で収益性のあるシグナルを出した。ところが、ナスダック総合指数上場以来の最悪の下落と言われている2000〜2002年の弱気相場は、株式市場としては1930年代初め以来の高いボラティリティを伴ったため、結果として、それまで負け知らずだったこの指標ですら、対応できないことが判明した。チャート7.7には2000〜2004年の動向が示されている。

最初の災難となった買いシグナルは、弱気相場が始まって比較的間もない2000年4月に現れた。ナスダック総合指数はシグナル出現後の40週間に41％下落し、52週間では61％も下落した。

チャート7.7を見てお気づきかもしれないが、2000年5月から2001年11月の間には、ボラティリティが急上昇した時期が4回あるが、そのいずれも買いシグナルの先行指標にはみなされない。これはボラティリティの最高値が6％を超えていたためで、安全に買い参入するには、全体のボラティリティが高すぎ、株式市場があまりに不安定であることを示していたためである。

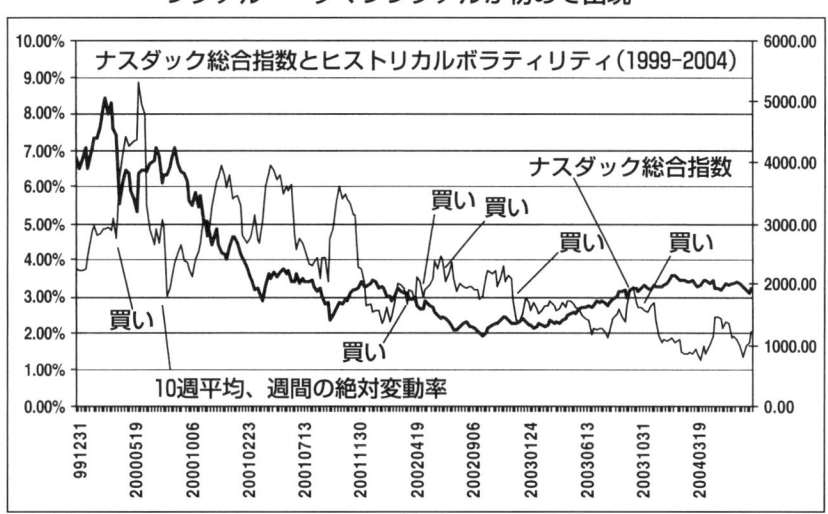

チャート7.7　2000～2004年のメジャーリバーサル・ボラティリティシグナル シグナル――ダマシシグナルが初めて出現

このチャートには1999年から2004年半ばの期間に発展したボラティリティに基づく買い参入シグナルが6つ示されている。同様に、ボラティリティのピーク水準が高すぎてシグナルが出現しなかったときもある。この期間の買い参入シグナルに基づくパフォーマンスはこれまでの数十年間に比べると良くない。

　ボラティリティの値は、2002年初めまで3.0％を下回ることはなかった。その後、2002年と2003年の間に一連の買いシグナルが出現した。2002年には時期尚早だったシグナルも、弱気相場が終わりに近づいた2003年には徐々に利益を生むようになった。

　1999年末から2004年半ばまでの4年半の期間には6つの顕著な買いシグナルが出現し、その数は1970年からの10年間と同数に並んだ。どうやらこれは、長年にわたって進行していた株式市場のボラティリティの緩やかな上昇を反映したもののようだ。メジャーリバーサル・ボラティリティモデルの基礎となるコンセプトは、毎回の売買ごとに保証されているというわけではないにせよ、依然として有効だととらえることができそうだ。ただし、株式市場のボラティリティが上昇トレ

251

ンドを続けるようならば、パラメーターを時期に合わせて修正する必要があるかもしれない。

表7.1は、メジャーリバーサル・ボラティリティモデルが1970年から2004年半ばまでに出したすべての買いシグナルとその結果を示したものである。

表7.1 メジャーリバーサル・ボラティリティモデルのシグナルとその後の市場動向（1970～2004年）

買い参入日	ナスダック総合指数	5週間後	10週間後	20週間後	40週間後	52週間後
70/07/02	72.21	4.5%	10.4%	14.0%	50.1%	50.6
74/09/06	60.70	-0.5	6.1	7.7	37.5	28.1
80/06/06	152.68	8.0	17.8	28.5	32.4	44.9
82/12/31	232.41	8.3	14.5	30.6	28.0	19.9
87/12/24	333.19	3.4	12.1	11.8	16.4	13.3
88/02/12	353.27	8.0	5.9	11.7	4.1	13.9
90/11/02	336.45	10.4	7.5	38.0	51.1	60.8
91/04/12	501.62	-4.0	-3.2	4.8	25.0	16.5
98/02/20	1728.13	5.5	8.4	12.4	16.7	32.1
98/11/13	1847.98	12.9	26.6	34.9	43.3	74.3
99/03/19	2421.27	7.0	2.0	5.2	63.9	98.2
99/09/10	2887.03	-5.4	16.7	34.6	33.7	37.8
00/04/07	4465.45	-20.6	-13.2	-9.0	-40.9	-61.31
02/03/28	1845.35	-12.6	-16.8	-26.3	-24.8	-25.8
02/05/10	1600.80	-6.0	-17.6	-25.1	-18.2	-8.4
02/07/05	1448.30	-9.8	-10.8	1.4	-6.2	14.9
02/12/20	1363.10	-1.5	-1.9	11.5	31.5	43.1
03/10/24	1865.59	5.1	7.6	6.4	2.3	-
勝ちトレード数		10	12	15	14	14
負けトレード数		8	6	3	4	3
利益率		55.6%	66.7%	83.3%	77.8%	82.4%
平均損益率		+0.7%	+4.0%	+10.7%	+20.2%	+26.6%

シグナルが18回というのは、統計純粋主義者の基準を満たすには出

現回数が少なすぎるかもしれないが、その損益比率、特に株を20週間から52週間保持した場合の比率には目を見張るものがある。シグナル出現時に買い参入し、20週間以上保持した場合は、その約80％が利益を生んだ。過去の業績に至っては、10週間保持すれば明白な収益が出ている（願わくは、1930年代初頭以降で株価が最も激しく変動した2000年から2002年の失敗が、将来常習化せずに、例外的な出来事にとどまるように…）。

さらにこのモデルは、買いシグナルが出現してから実際に株式市場が好転するまでの平均的な先行時間（リードタイム）によって、二次的な利益をも生んでいる。平均的には、シグナル出現後5週間の維持期間（ホールディング・タイム）だけでは、わずかの利益しか上げることができない。しかし、このシグナルによって、投資家らは、おそらくは株価が一時的に軟調地合いをたどっている時期に、徐々にポジションの態勢を整え、その後の大きな上昇に備えることができるのである。また買いシグナル出現後、平均して最大10週間も買いポジションを増やせる時期もあった。総体的には、買いシグナル出現から10週間後に株価は大きく上昇している。

理想のシナリオ

理想的な状況下では、市場のセンチメント（TRINとVIX）、ボラティリティ、市場のモメンタムなどの極限の水準を利用する早期の買い参入のシグナルと、株式市場での平均的な上昇モメンタムよりも強いモメンタムを示唆する継続のシグナル（例えば、非常に有利な新高値・新安値比率や値上がり銘柄数・値下がり銘柄数の比率など）との間に、相乗的シグナルと確認のシグナルが生み出されるものである。複数のモデルの組み合わせによって、あなたは時機を逃すことなく株式市場に参入することが可能となるだろう。これとは別の複数のモデ

ルは、トレンドが平均以上の強さを維持するかぎり、あなたがタイムリーにポジションを維持することを可能にするだろう。こうした複数のシグナルを、長期的なサイクルパターンと、あるいは市場のムード指標（金利のトレンドやナスダック・NYSEの株価指数のレラティブストレングス）と組み合わせることで、あなたの長期と中期のタイミングモデルや投資結果に、さらなる広がりが出るのではないだろうか。

　次の章では、市場のモメンタムを測る指標としては、最も優秀とまでは言わないものの、優秀な指標のひとつとして広く評価されているMACD（移動平均収束拡散法）について解説する。この指標は、市場トレンドの転換が差し迫ると、しばしば絶妙な事前警告を出す。

第8章

高度なMACD──究極の市場タイミング指標なのか?
Advanced Moving Average Convergence-Divergence(MACD): Ultimate Market Timing Indicator?

　私が1970年代後半に開発したMACD（移動平均収束拡散法）のタイミングモデルは、最も人気のあるテクニカルツールのひとつとなり、株式、債券、その他の投資市場で短期と長期、双方の投資家に利用された。また、コンピューターベースのテクニカル取引プログラムや取引プラットフォームでも、人気の取引指標となっている。

　MACDは、すべてのシーズンで使用できる指標である。もし月間データが記録されているならば、MACDは長期トレンドの分析でも利用可能である。この分析は、より短い期間にも適用可能で、中期や短期のトレンド分析のために、週足や日足のデータを反映することも可能である。時間単位や分単位の短いタイムフレームを反映するために、日中ベースで適用することも可能で、短期のデイトレードの目的にも適している。この指標は、明確な買い参入と手仕舞いのシグナルを頻繁に示す能力がある。このシグナルの最も優れた機能のひとつとして、重要な中期的下げ相場の終了、およびこの下げ相場に続く有利な買い参入時点を特定する能力が挙げられる。

　おかしなことだが、広範な使用にもかかわらず、MACDについて、あるいはMACDパターンの追跡、アプローチ、解釈に関しての最善の方法に関する解説書は、あまり多くはない。以下の章では、それについて分析するものとする。

解説の範囲

　本書のMACDの解説は、多岐にわたっている。まず第一に、基礎となるコンセプトとMACD指標の組成について復習をしていく。復習に使うチャートは、市場の歴史の各種の期間、各種の時間、各種のMACDの組み合わせ、各種の市場環境を反映したものとなる。最善の買い参入や、維持や、売りを示すMACDパターンや、ストップロス（損失限定）注文の設定方法、そして、あなたのここまでに学んだほかの市場ツールと合わせて、MACDを適用する方法などについての説明を行う。われわれの議論は、特にMACDに焦点を当てたものだが、ここで使用されるコンセプトは、ほぼそのままほかの市場モメンタムに適用することも可能である。

MACDの基本組成

　チャート8.1は、MACDの組成と基礎となるコンセプトの基本を示したものである。
　この相場の目盛は、NYSE株価指数の日足チャートである。相場の目盛に重なって表示されているのは、12日と26日の指数平滑移動平均線である。代わりに通常の移動平均線を使用することも可能だが、指数平滑移動平均線は、継続してトレンドを追跡するのがより簡単である（必要なら第6章で、指数平滑移動平均線の組成について復習してほしい）。
　チャートで分かるように、実際の価格変動をより密接に追跡する相対的に短期の指数平滑移動平均線は、長期の指数平滑移動平均線と比較すると、価格トレンドの変化に一層敏感になっている。もし、以前のトレンドが上昇であったとすれば、この短期の移動平均線は、長期の移動平均線の上から下へ下げるものとみられる。そして、相場の下

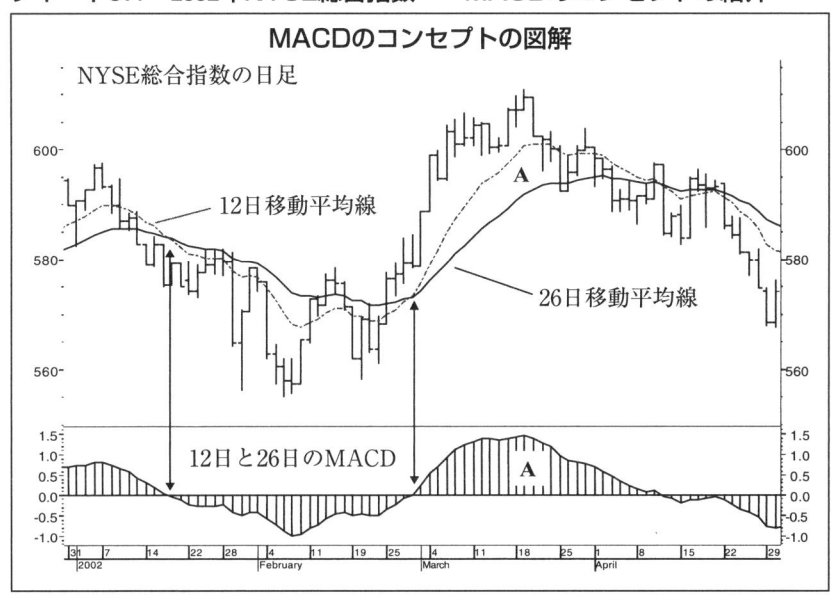

チャート8.1　2002年NYSE総合指数──MACDのコンセプトの紹介

MACDは株価の短期の指数平滑移動平均線、あるいは読者が追跡しているほかの手法から長期の指数平滑移動平均線の差を求めることで作り出される。MACDは短期のトレンドが強気を示していれば全般に上昇し、短期のトレンドが強気を失っているなら、全般に下落する。チャートの下の目盛は差を示すヒストグラムで、NYSE総合指数の12日指数平滑移動平均線と26日指数平滑移動平均線との差を示している。

落が続けば、短期の移動平均線は長期の移動平均線よりさらに下へと下落する。

　下落が終わりとなると、短期の移動平均線は、通常長期の移動平均線よりも先行して横ばいに転じ、相場の上昇に対応して上昇へと転じて、長期の移動平均線と交差して、その上へと進行する。

　MACDは、短期の指数平滑移動平均線から、長期の指数平滑移動平均線を差し引いて算出される。MACDは、チャート8.1に示されるように、一連のヒストグラムか折れ線によって表示される。短期移動平均線と長期平均線がクロスするところ、つまり両者が同じとなる水準

が、このチャートのゼロラインとなっている。この水準は、短期と長期のトレンドが一時的な均衡を示す水準であり、短期と長期のトレンドの相対的強気感の関係がしばしば逆転するのである。短期の指数平滑移動平均線と長期の指数平滑移動平均線との間のプラスの距離が大きいほど、MACDの数値はより強気となる。短期の指数平滑移動平均線と長期の指数平滑移動平均線との間のマイナスの距離（短期マイナス長期）が大きいほど、MACDの数値はより弱気となる。チャート8.1の上と下の目盛のエリアAは、価格差、即ち12日間短期移動平均線から26日間長期移動平均線を差し引いた値を示している。

基本コンセプト

●MACDは、短期の指数平滑移動平均から、長期の指数平滑移動平均を差し引いた差を示している。
●市場のトレンドが改善しているときには、短期の移動平均線は、長期の移動平均線よりも、より早く上昇する。MACDのラインも上昇に転じる。
●市場のトレンドが強気を失っているときには、短期の移動平均線が横ばいとなり、下げが続けば、最終的には、長期の移動平均線を割り込む。MACDのラインは、ゼロを下回る。
●トレンドの軟化は、MACDの方向の変化に反映される。しかし明確なトレンドの転換は、ほかの兆候（後述）が起こるまでは、確認されたとはみなされない。
●価格変動の過程で、短期の移動平均線は、長期の移動平均線に対して、離れて拡散したり、連動して収束したりする――このため、このMACDは、移動平均収束拡散法と名づけられている。

　MACDで使用する移動平均の期間は、何日がいいだろうか？　これ

に関する明確で簡単なルールはないものの、本章の図は、その有効な組み合わせを示している。一般的ルールとして、長期の移動平均線は、短期の移動平均線の２倍から３倍となる。短期移動平均線が短くなればなるほど、MACDは短期の価格変動に対してより敏感となる。チャート8.1に示した12日〜26日の組み合わせは、広く活用されているものだが、これが絶対というわけではない。この章の説明チャートは、MACDのさまざまな組み合わせを示している。

トレンドの確認

MACDのシグナルは、短期のMACDシグナルが、長期のMACDパターンに反映されるような株式市場の長期トレンドで確認されるなら、より信頼性が高まることになる。例えば、日々のMACDラインに基づいて実行した買いは、もし週足や月足のMACDパターンが有利な状態、すなわちプライマリー・マーケットサイクルの強気を示しているなら、成功する可能性が高い。また、短期の売りは、もし長期のトレンドが下げであるなら、利益を収める可能性は高い。さまざまな期間の市場サイクルを反映した、複数のMACDチャートを記録することをお勧めする。

チャート8.2は、MACDの別の構成要素である、シグナルラインを表示している。

このチャートは、ダウ工業株30種平均の19日間と39日間の指数平滑移動平均線の価格差に基づくMACDラインと、9日間の指数平滑移動平均線に基づくMACDラインによるシグナルラインを使用している。

シグナルライン

MACDの方向の変化（下落から上昇、あるいはその反対）や、MACD

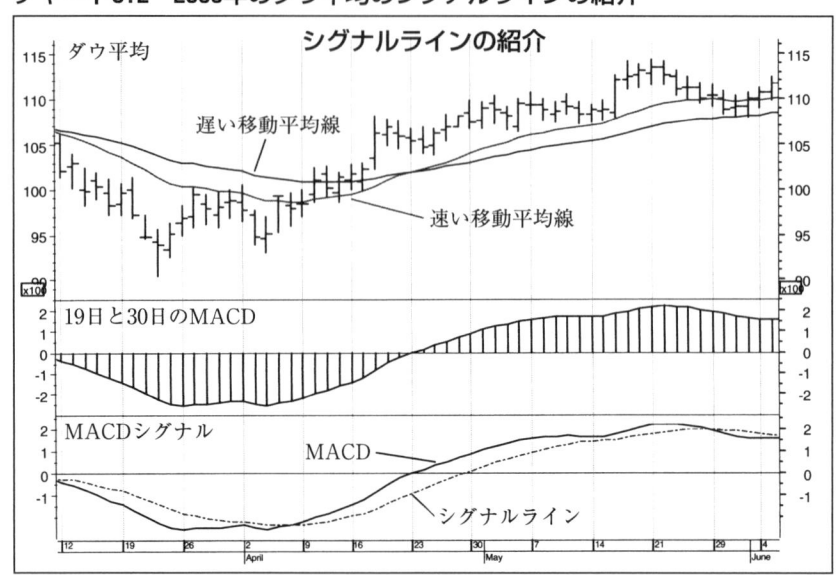

チャート8.2　2000年のダウ平均のシグナルラインの紹介

シグナルラインは複数のMACDレベルの指数平滑移動平均線であり、投資対象商品の価格や追跡している指数によるものではない。シグナルラインは通常、複数のMACDラインの3日と9日の指数平滑移動平均線を使用して作成される。この移動平均線が短いほど、シグナルラインは一層敏感となる。

のラインがゼロから上や下に向けて交差することには大きな意味があるが、MACDがシグナルライン（MACDの数値の指数平滑平均線）を上抜いたり割り込んだりした場合、その意味はより一層大きい。

　一般のルールとして、MACDがシグナルラインを下から上へと交差した場合には、MACDが方向性を下から上へと転換したときに示された当初の買いシグナルが確認されたと見ることができる。

　上に述べた買いと売りのシグナルには、いくつかの条件があるが、それは今後の説明で明らかにする。ただ、基本ルールとしては、MACDの方向の基調転換には重要な意味があり、これはMACDがシグナルラインを交差したときに確認されるものである。

　MACDの買いシグナルは、シグナルラインの交差で確認されるもの

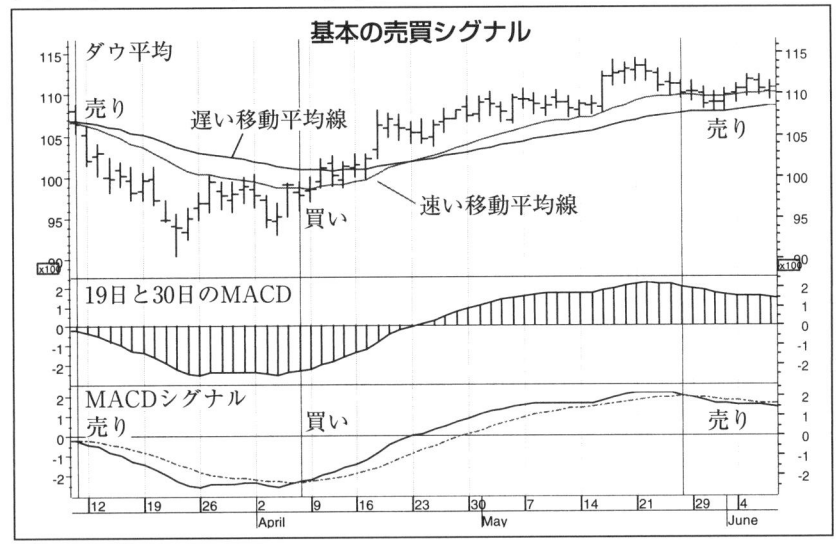

チャート8.3　2000年のダウ平均——確認された売買シグナル

基本の売買シグナル

MACDがシグナルラインを下から上へクロスしたり、上から下へクロスしたりするときに発動される基本的な売買シグナルの構造を示している。

であり、チャート8.3にはこれが示されている。シグナルラインの交差は、MACDラインが方向を転換したあとで起こるものであるが、MACDラインがゼロラインを交差する前に発生することに注目されたい。

　私の長年の研究に基づくと、最大の純利益が達成されるのは、シグナルラインの交差を使用するよりも、MACD（特に速度の遅い組み合わせ）の基調転換を利用して売買した場合である。しかし、シグナルラインの確認を用いずに、MACDの基調転換のみを使用すると売買の回数が急増し、それに伴う余分な取引費用も増加する。チャート8.3で気づかれたと思うが、表示されている期間では、シグナルラインの交差を待つのでなく、MACDの基調転換でアクションを起こせば、やや有利な買い参入と手仕舞いを確保することができたはずである。しかし、シグナルラインの交差のほうが、MACDの単なる基調転換より

も、さらに即時性の高い有効なシグナルを生み出している。

重要な補足の売買ルール

下記は、MACDの売買シグナルの基本ルール関連した、重要な補足事項である。

●買いシグナルは、直近の売りシグナルをつけたあとしばらくの期間をおいて、MACDがゼロを上から下へと交差したときには、より信頼度が高い。MACDは、買いシグナルの時点では、ゼロを下回っている必要はない。しかし、直近の下げが始まって以降しばらくの期間は、ゼロを下回っているべきである。
●売りシグナルは、直近の買いシグナルをつけたあとしばらくの期間をおいて、MACDがゼロを下から上へと交差したときには、より信頼度が高い。MACDは、売りシグナルの時点では、ゼロを上回っている必要はない。しかし、直近の上昇が始まって以降しばらくの期間は、ゼロを上回っているべきである。
●通常、強気相場の初期や最盛期など市場が極度に強気の時期では、MACDは相場の修正局面に際して、ゼロをやや上回る水準まで低下する。この場合あなたは、弱気の相場や中期的な急落の期間には、MACDがゼロ以下で天井を付ける場合には、上記のルールをやや修正することができる。ただ、多くの場合、ゼロを交差する条件は尊重するべきである。

補足ルールの論理的根拠

本章のチャートには、MACDが方向を変えたりMACDが下げを描く過程で、ゼロ以上からゼロ以下へ、そしてゼロ以下からゼロ以上へ

のシグナルラインとの上下の交差をする、などの多くの状況が示されている。このような交差は多くの場合、重要性のないものである。

一般的なルールとして、市場を売られ過ぎの水準から買われ過ぎの水準へ動かすような価格変動に追随して、ポジションを売却することが理想的である。そして、市場が売られ過ぎとなるか、ある程度下げを拡大したときに、新規のポジションを買うのが最高である。買いの場合には、MACDがゼロを割り込むのを待ち、売りの場合には、ゼロを上回るのを待つことによって、トレンドが小さな変化をするたびに売り買いを繰り返すのではなく、「弱気局面で買い」「強気局面で売り」という手順を確立することができる。

上に述べたこの補足ルールは、取引の回数（そしてそれに関係する取引コスト）を削減するだけではなく、非生産的な多くのウィップソウ（ちゃぶつき）も削減するのである。これらは、尊重すべき前提条件である。

ダイバージェンスを利用して、最も信頼できるシグナルを認識する

弱気のダイバージェンスは、投資対象商品の価格が新高値を付ける一方で、その市場の上昇モメンタムの指標が新高値水準に達しない場合に発生する。

強気のダイバージェンスは、投資対象商品の価格が同サイクルの新安値を付ける一方で、その市場の下降モメンタムの指標が新安値水準へと下げない場合に発生する。

モメンタムの指標が、相場と同時期に新たな天井や底を更新することができず、相場の新高値や新安値を確認できないことは、相場の現行の方向のスラスト（急上昇・急下降）が勢いを失っていることを示す。ダイバージェンスは、近い時期に相場の基調転換があることを示すもので、並程度の重要性をもっていることが多い。

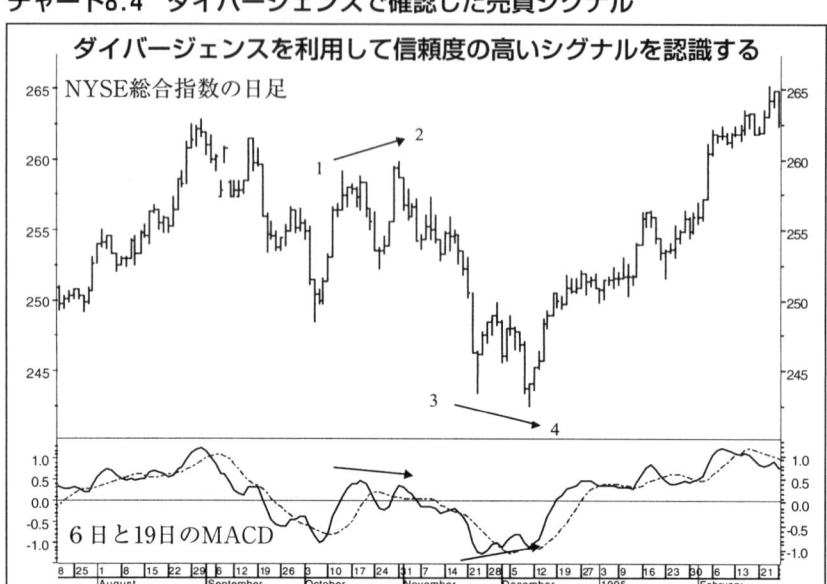

チャート8.4　ダイバージェンスで確認した売買シグナル

ダイバージェンスを利用して信頼度の高いシグナルを認識する

（NYSE総合指数の日足、6日と19日のMACD）

MACDの方向と株価トレンドの方向のダイバージェンスを伴った売買シグナルはこうしたダイバージェンスを伴わない売買シグナルよりも重要性が高い。

　チャート8.4では、10月と11月の間に、株価の天井が2つ確認できる。エリア1にある10月の最初の天井では、価格水準もMACDの水準も、同時に戻り高値を付けている。モメンタムの指標であるMACDが、価格の上昇を確認したのだった。その後、NYSE指数は、MACDと共に下落するものの、下げ幅は大きなものとはならず、素早く反発に転じる。

　しかし、エリア2ではどうなっただろう。NYSE総合指数の価格は、戻り高値を更新したものの、この価格の高値はMACDでは確認されず、MACDは価格に追随して高値を付けるのに失敗している。MACDが価格の新高値を確認するのに失敗することは、弱気のダイバージェンスとなり、より大幅な下落を暗示する。そして、実際にそのとおりになっている。

下落はエリア３まで続いた（チャートに目印をしていないものの、下落の期間の角度の変化にも注目されたい。この変化は、下げがクライマックスになったことを暗示している）。価格もモメンタムも下落して、価格がMACDで確認される新安値を付けたあと、11月末には最初の買いシグナルが現れた。株価はその後、エリア４へと反落して、NYSE総合指数の価格は新安値を付ける。では、MACDはどうなっただろうか。価格が新安値へと下げるなかで、MACDパターンは新安値を付けることはなかった。これは、強気のダイバージェンスが起こったわけで、これはより長期的な価格の回復を支持する条件となり、実際そのとおりとなった。

追加の例

　チャート8.5は、価格の動きと市場のモメンタムとの間の強気のダイバージェンスと弱気のダイバージェンスの追加の例である。
　エリア６のMACDの買いシグナルは、強気のダイバージェンスを伴うものではないので、その後の反発が不成功に終わるのは、とくに不自然ではなかった。しかし、エリア７の２番目の買いシグナルは、強気のダイバージェンスを伴うものとなっており——このエリアの価格とモメンタムの逆行トレンドに注目されたい——確認のあるものとなった。その後の反発は、買い場だったことが確認される。
　この上昇は、エリア８で実質的に終わったが、ここではMACDがタイムリーな売りのシグナルを出している。しかし、エリア９での価格によるダブルトップ（小幅ながら高値を更新）では、弱気のダイバージェンスが形成されており（MACDの天井は明らかに下げている）、相場が大幅に下げる可能性を裏付けている。ただ、この弱気のダイバージェンスの影響は、数週間後にならないと実現しなかった。弱気のダイバージェンスの潜在的な弱気は、やや時期尚早だったかもしれな

チャート8.5　ダイバージェンスの別の例

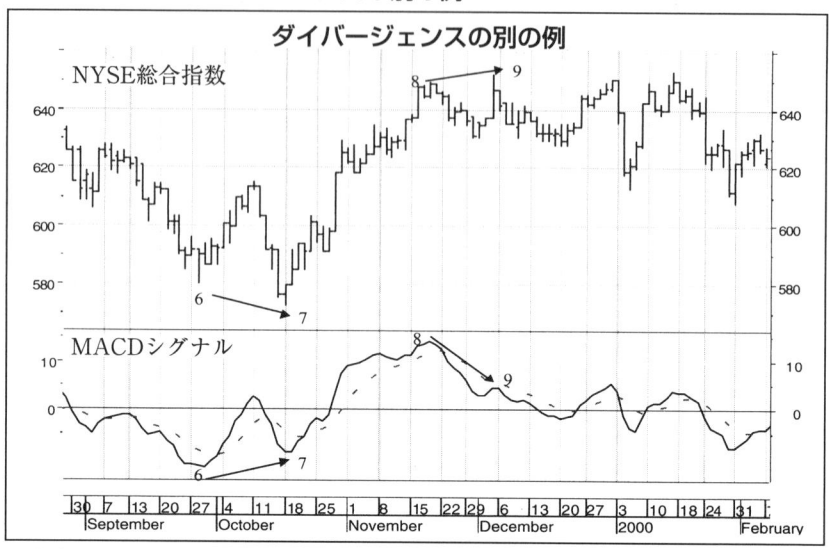

ダイバージェンスの別の例

6から7にかけてのエリアでは、MACDと株価の変動が有力な強気のダイバージェンスを示している。8から9にかけてのエリアでは、MACDと株価の変動が有力な弱気のダイバージェンスを示しており、株価の上昇の終焉を正確に予測している。ただこの場合、この直後には株価の大幅な急落は発生しなかった。このチャートでは、6日と19日のMACDが使用された（短期、中期、長期のMACDの組み合わせを示すために、この章では複数の異なるMACDパラメーターを使用している。私が守るように指示しているルールの一部とは少し矛盾するかもしれないが、一般的なルールとしては買い参入の水準と手仕舞いの水準の価格差はあまり大きなものとはならない）。

いが、その数週間後には西暦2000年の弱気相場が始まったことに留意してほしい。

売買のために異なるMACDの組み合わせを使用してMACDシグナルを改善する

２つのMACDの組み合わせはしばしばひとつよりも有効

株価の下落スピードは、上昇のときよりも早い。このため少なくと

も２種類、あるいは３種類のMACDの組み合わせを活用するのは良い方法である。異なる複数の組み合わせは、買いでも売りでも有効である。一例として、チャート8.6を見てみよう。

 チャート8.6は、このMACDの項目でまだ説明してない３つの新しい要素を適用したものである。まず、指数平滑移動平均線ではなくて、通常の50日移動平均線があり、これは市場のトレンドを明確にするために使用するものである（実際、やや客観的な分析となる）。一般的なルールとして、もし50日移動平均線が上昇しているか、横ばいとなっている場合には、現行の市場のトレンドは、少なくとも中立、おそらくは強気と判断することができる。もし50日移動平均線が明確に下落しているなら、市場のトレンドは下落と判断することができる。

 このチャートの下半分には、２つの目盛がある。上の目盛は、12日間と26日間の指数平滑移動平均の差によって構成されるMACDラインと、９日間の指数平滑移動平均によるMACDラインで作られたシグナルラインを示している。

 下の目盛は、19日間と39日間の指数平滑移動平均の差によって構成されるMACDラインを示している。このMACDは、より変動のスピードの早い12日間と26日間の組み合わせのMACDと比べると、相場の小さな変動にはあまり反応しない。

 ほかのMACDの組み合わせの使用も有効ではあるものの、私の発見では、市場の全般的な環境が強気からやや弱気の範囲内であるなら、12日間と26日間の組み合わせのMACDは買いシグナルの確認に有効であり、19日間と39日間の組み合わせのMACDは、売りシグナルの確認に有効である。

 もし、市場のトレンドが極めて強気なら、極めて敏感なMACDの組み合わせとなる、例えば６日間と19日間が買いのために利用でき、これは12日間と26日間の組み合わせよりも、より迅速な買いを指示する。19日間と39日間は、売りシグナルとして依然として使用できる。

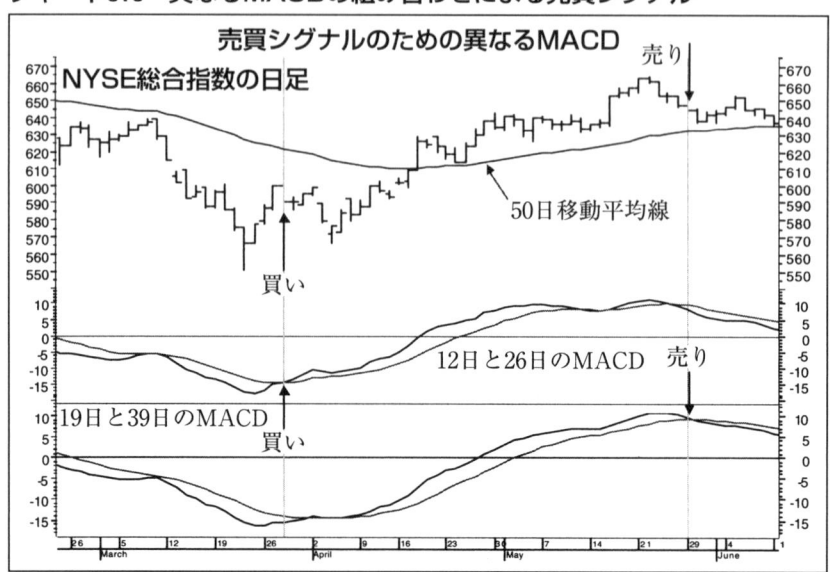

チャート8.6　異なるMACDの組み合わせによる売買シグナル

より正確なMACDの売買シグナルをより頻繁に得るために、買いの目的ではより敏感なMACDの組み合わせ、売りの目的では反応がより遅いMACDの組み合わせを使用することを示している。

　市場のトレンドが極めて弱気の場合には、12日間と26日間の組み合わせを買いで使用する一方で、同じ日数の組み合わせを売りのために使用することもできる。
　ではチャート8.6を見ながら、こうしたルールの背後の論理的根拠について分かりやすく説明したい。
　株式市場の下落によって、株価は3月には売られ過ぎの水準に下げてしまうが、その時点で12日間と26日間、19日間と39日間の両方のMACDが上昇を始める。ここでより敏感な12日間と26日間のMACDの組み合わせは、相場のダブルボトムからの上昇（強気）と、より遅い19日間と39日間のMACDに先立ってゼロラインの下から上への交差を描いていることに注目されたい。この相場のケースの場合には、買いが数日早くなっても遅くなってもあまり違いはないものの、しか

し一般的なルールとしては、相場のトレンドが有利な場合、相場の安値での買いシグナルが早ければ早いほど良くなるということになる。ただ、買いシグナルを出すためのMACDが、前回のMACDの売りシグナルのあとで、ゼロを上から下へと交差したかどうかは、必ず確認するべきである。

　５月になると、12日間と26日間の組み合わせが、５月の中旬にシグナルラインを下回り、より遅い19日間と39日間の組み合わせに比べると、まだ時期尚早の売りシグナルを出している。前回と同様に、このケースの場合も、早いシグナルも遅いシグナルも、価格の水準には大きな差は出ない。しかし、より遅い19日間と39日間の組み合わせは、相場の天井までの上昇を完全に見極めており、より有効に作用している。こうしたコンセプトを説明するために、この後にもいくつかのチャートを紹介する。ただ、忘れていけないことは、売りシグナルを出すためのMACDが、有効な売りシグナルを出す前に、ゼロを下から上へと交差したかどうかを確認することである。

　これ以外の有効な売りシグナルも、この後に説明する。
　ここで、今回のゴールデンルールをまとめる。

● ２つのMACDの組み合わせを使用すること。早い組み合わせは買いのシグナル用、遅い組み合わせは売りのシグナル用である。
● 相場のトレンドがかなり強気のときには、買いを素早くし、売りを遅くすること。買いのシグナルでは、６日間と19日間の組み合わせを使用してもいいし、より信頼度の高い12日間と26日間の組み合わせを使用してもいい。19日間と39日間の組み合わせは、売りシグナル用である。
● 相場のトレンドが中立からやや強気のときには、買いを素早くし、売りを遅くすること。買いのシグナルでは、12日間と26日間の組み合わせを使用し、19日間と39日間の組み合わせを売りシグナル用とする。

●相場のトレンドが明らかに弱気のときには、買いを素早くし、売りも素早くすること。買いと売りのシグナルの両方で、12日間と26日間の組み合わせを使用する。この場合、より遅い19日間と39日間MACDがゼロを下から上に交差する前に売ることもありうる。ただ、ストップロス注文が執行されないかぎりは、売りの前提条件として、12日間と26日間MACDラインは、ゼロを上回る上昇を示しているはずである。

強い上昇トレンドのときのMACD

チャート8.7は、1997年4月から11月までのNYSE総合指数で、MACDでたまに発生するダマシを示したものである。強く持続的な相場の上昇の過程で、複数の売りのシグナルがあまりに早く発生した場合である。これは、それほど頻繁にあるものではないものの、時折、発生するものである。

このチャートは、買いシグナルのための早いMACDの組み合わせと、売りシグナルのための遅いMACDの組み合わせといった、複数のMACDの組み合わせを利用することの効果も示している。

敏感な6日間と19日間のMACDの組み合わせは、1997年4月に見事な買い参入のシグナルを出している。これは、より遅い19日間と39日間MACDの組み合わせが出すはずだった買い参入シグナルよりもはるかに先行したものだった。しかし、この6日間と19日間の敏感な組み合わせは、すぐに複数の売りシグナルを出してしまう。より遅い19日間と39日間のMACDの組み合わせは、6月の末になるまでは、売りのシグナルはひとつも出さなかった。株式市場の上昇は、さらに7月末まで続いた。しかし（敏感な6日間と19日間のMACDの組み合わせによる）新たな買いシグナルの水準は、6月の手仕舞いの水準をやや上回る水準だった。10月の売りシグナルは絶好のタイミングで、より遅い19日間と39日間のMACDの組み合わせを売りシグナルで活用し

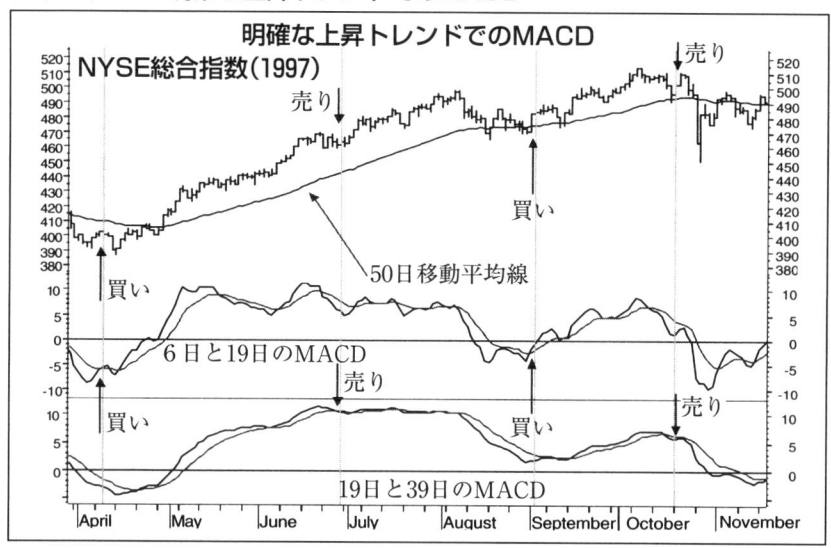

チャート8.7　明確な上昇トレンドでのMACD

```
[チャート：明確な上昇トレンドでのMACD
NYSE総合指数（1997）
売り、買い、50日移動平均線、6日と19日のMACD、19日と39日のMACD の表示]
```

MACDは優れたタイミング指標ではあるものの、完全なものではない。チャート8.7が示しているように、強気の上昇トレンドの期間ではMACDは時折、時期尚早の売りシグナルを出してしまう。ただ、速度の遅いMACDの組み合わせは、この期間の買いシグナルに適したよりも早いMACDの組み合わせを売りにも使用した場合に比べると、よりタイムリーな売りのシグナルを出したことは確認できるはずである。このチャートのシグナルラインは、MACDレベルの9日間指数平滑平均線を示したものである。

た効果が現れている。

下落トレンドのときのMACD

　チャート8.8は、下げトレンドのときのMACDのパフォーマンスを示している。この期間の買いシグナルは、トレンドに逆らう取引となり、あまり利益は出ない。その一方で、これらの買いシグナルは、深刻な損失を出すものでもなかった。逆に売りシグナル（空売りのためのシグナルとしても有効）は、利益を出すものとなった。

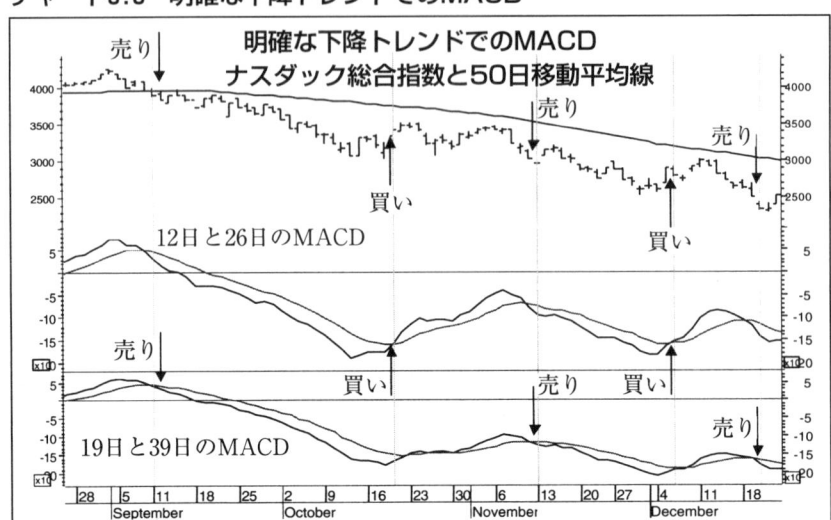

チャート8.8　明確な下降トレンドでのMACD

株価の下降トレンドの期間はMACDのシグナルによって買いで利益を出すのは難しいが、売りのシグナルはより正確になることから、売りではしばしば良好な成績を上げることが多い。

　このチャートでは、2つのMACDの組み合わせを表示している。買いシグナルのためには、12日間と26日間の組み合わせ。売りシグナルのためには、19日間と39日間の組み合わせである。相場の下げトレンドでは、より素早い手仕舞い、すなわち売りの戦略を活用することが有利となり、これは売りシグナルのために、より敏感なMACDの組み合わせを活用することで達成される。このチャートをじっくりと観察すれば、12日間と26日間のMACDの組み合わせによる、より素早い売りが、より遅れて出される19日間と39日間のMACDの組み合わせによる売りシグナルよりも、より良いパフォーマンスを示した局面を全部確認できると思う。

　下げトレンドでは、買いを遅らせ、売りを素早くするようなパラメーターを設定することが良策であることに留意されたい。

　結果として、MACDの指標は、現行の市場のトレンドに逆らって売

買した場合には、トータルすると利益も出ないし、あまり損もしないことになる。しかし、現行のトレンドの方向で売買した場合には、十分な利益を出すことが分かる。この機能によって、投資家は相場のトレンドが不利であっても損失が十分に抑制され、そして市場のトレンドが変化したときには適切なポジションを持つという一定の保証を得ながら、ポジションを建てることができるのである。

強気相場からの最大限の利益を確保するためのMACDルールの修正

すでにひとつの例で見たように、基本的な売り・買いのルールに従った場合には、MACDパターンが時期尚早の売りシグナルを出していた。市場が強気の上昇トレンドの期間にあり、素晴らしい利益確定の水準を何度も確保できるような有利な相場環境にあるときには、リスクの水準を抑制しながら、売りのルールを修正することが可能である。遅行の売りシグナルを適用する場合には、下記の条件が満たされる必要がある。

●株式市場が上昇トレンドにあり、上昇する50日移動平均線がそれを確認している。売りシグナルには、より遅いMACDの組み合わせを適用している。

●売りのMACDラインによる、シグナルラインの上から下への最初の交差が発生したときに、買いシグナルで使用しているMACDや、売りで使用しているMACDで、弱気のダイバージェンスが発生していないか確認する。

●もしダイバージェンスが見られず——すなわち、MACDラインと相場のラインが一致して変動しており——市場のトレンドが有利で、相場が50日移動平均線を上回って推移している場合には、MACDが出した最初の売りシグナルは無視してもかまわない。しかし、第二の

売りシグナルには従うべきである。
●手仕舞い戦略のバックアップとして、投資対象の価格が50日移動平均線を上から下へと交差したときが利用できる。これは、無視したMACDの売りシグナルよりも、あとに発生するだろう。

チャート8.9の確認

チャート8.9を用いて、MACDの最初の売りシグナルを無視することが可能な状況について説明する。チャートの左端は1989年7月となっており、ここでMACDが売りシグナルを出したことが確認される。米財務省証券（Tボンド）のトレンドは、全体としては有利なものであったため、買いシグナルでは6日間と19日間のMACDの組み合わせを使用し、売りシグナルでは19日間と39日間のMACDの組み合わせを使用している。

強気のダイバージェンスが買い参入を裏づけ

最初の買いシグナルが7月中旬に出現したものの、これは8月の頭に手仕舞いとなった——この買いと売りはチャート上には記載していない。第二の買いシグナルが8月の中旬に出現し、これは買いを示す6日間と19日間のMACDの強気のダイバージェンスや、同指標のダブルボトムからの上昇、そしてシグナルラインの交差、などの指標によっても裏づけられた。19日間と39日間のMACDの組み合わせも、このすこし後に、この買いシグナルを確認している。

移動平均線とMACDパターンが上昇を確認

Tボンドの相場は9月に入って上昇し、50日移動平均線も上向きと

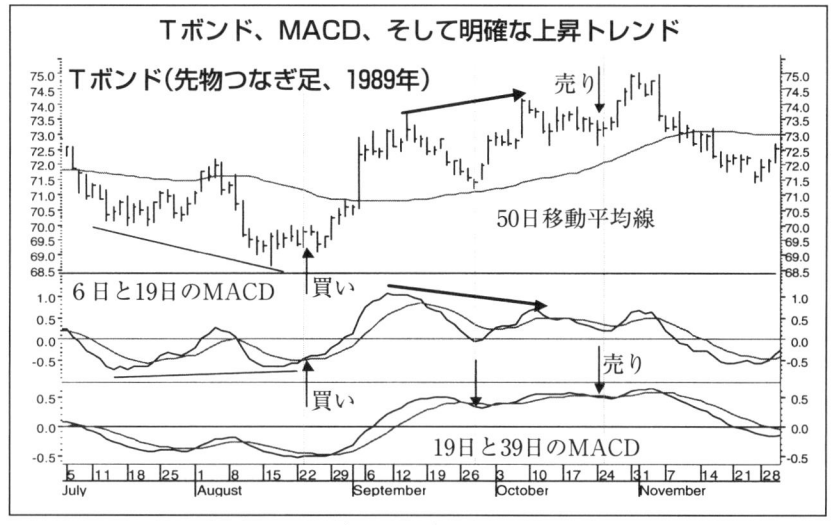

チャート8.9　Tボンド、MACD、そして明確な上昇トレンド

有利な市場環境の期間で弱気のダイバージェンスが出現していないなら、株価の上昇のあとに出現した最初の売りシグナルはしばしば無視してもいい。しかし、2番目の売りシグナルには絶対に従うべきである。上のチャートの状況ではこのルールの修正によって売りのシグナルは9月末から10月末に移動している。

なり、全体的に強気の環境を裏付けた。6日間と19日間と、19日間と39日間の組み合わせのMACDの両方は、Tボンド価格と同期に天井を付けて価格の下落に伴い下げに転じた。MACDの下げへの転換と価格の下げは、弱気のダイバージェンスを形成してはいない。この弱気のダイバージェンスは、価格の新高値がMACDによって確認されない場合にのみ発生する。

最初の売りシグナルは弱気のダイバージェンスによって裏付けられていない

この価格の下落によって、9月末にはゼロから上に上昇していた（状況を覚えておられるだろうか？）遅いMACDの組み合わせがシグナルラインを上から下へと交差し、最初の売りシグナルが発動されて

いる。しかし、これはMACDの買いの後の最初の売りシグナルであり、トレンドは依然として上昇だ。弱気のダイバージェンスも発生していない。このため、この売りシグナルも無視してよいと判断できる。

第二の売りシグナルは弱気のダイバージェンスによって確認される

その後の展開では、Tボンド相場は急速に回復し、10月には新高値を付ける。さて、この時点で状況に変化はあっただろうか？　ご覧のとおり状況は実際変わっているのである。10月の新高値は、MACDでは確認されていないのだ。MACDは、価格に追随して新高値を付けることはなかった。これは、明らかに弱気のダイバージェンスである。このため、10月のこの2番目の売りシグナルは実行されたのである（常に2番目の売りシグナルは実行するものだが）。チャートで見るように、最初の売りを遅らせたのは正解だった。この場合、その後に価格はさらに一時新高値を付けたものの、結果的には、大きな利益機会の損失にはならなかった。

移動平均線をバックアップのストップシグナルとして活用する

もし最初の売りシグナルのあとで、価格が素早く上昇しなかったらどうなるだろう。その場合には、50日移動平均線が最終的な判定を下す裁判所になる。あなたとしては、バックアップのストップロスとして、同移動平均線を割り込んだときに売っているはずで、そして新たな買い参入のトリガーとして、速い速度のMACDへと戻っているのである。

もうお分かりだと思うが、この売りルールの修正は、弱気のダイバージェンスなしで起こる売りシグナルは、弱気のダイバージェンスの後に起こる売りシグナルよりも、深刻度が低いというコンセプトを利

用している。このため、ある程度のリストの前提で、被害対策のために ストップロス戦略を依然として維持するのである。

弱気のダイバージェンスがなく、相場が全般的な上昇トレンドにある場合には、50日移動平均線が突破されたとしても、この状況での売りはあまりに高いレベルのリスクを負うことになる。

取引が不成功ならストップロス

MACDは強いタイミング指標であり、もちろん完全なものではない。ときどきMACDによる買いシグナルにもかかわらず、当該の株式市場や他の市場での追随したシグナルが続かない場合もある。

チャート8.10は、買いシグナルの後に、速度の遅い売り用のMACDがゼロを上回らない場合——ゼロを上回るのは、売りシグナルのための一般的な前提条件である——の、MACDのストップ（逆指値）を示している。

3月の初旬の買いシグナルは、有利な市場環境を示す基本的な基準に裏づけされており、その時点で上昇している50日移動平均線に併せて、買いのトリガーとして速度の極めて速い6日間と19日間の組み合わせを使用することが可能となっている。買い参入のあと、価格はゆっくりと上昇したが、19日間と39日間のMACDの組み合わせをゼロより上に押し上げるには不十分だった。3月後半の価格の下げによって、価格は支持線を割り込んでしまう（これはストップロスのシグナルと受け止められることが多いが、MACDではこれを使用することはない）。下げが続き、速度の速い6日間と19日間のMACDの組み合わせは、2月末〜3月初めの安値を割り込んでしまう。これは、この下げ局面での下げのモメンタムが、新たな高まりへと入ったことを示している。この買いのトリガーとなっているMACD指標の支持線割れ（価格による支持線割れではない）は、ストップロスの売りを発動した。

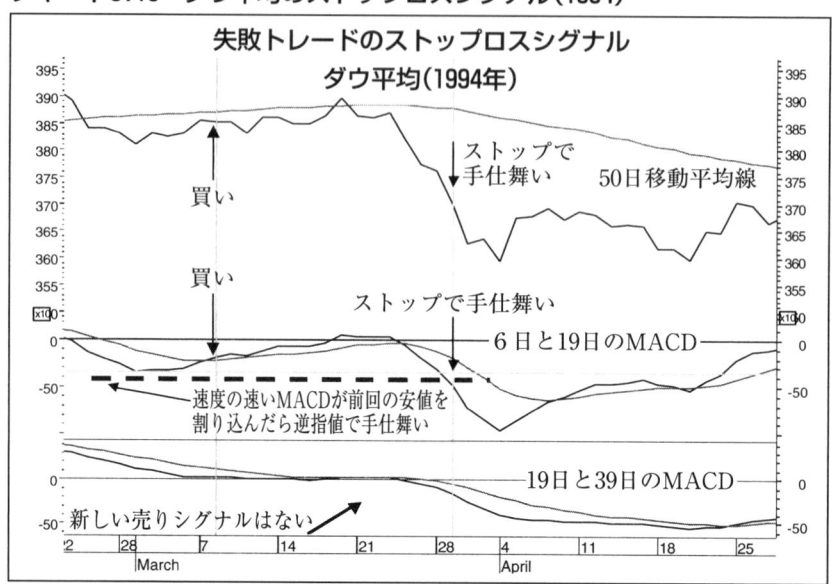

チャート8.10　ダウ平均のストップロスシグナル(1994)

売りのための19日と39日のMACDの組み合わせはゼロを上回ることはなかったことから、このMACDラインからは売りのシグナルが出されることはなかった。したがってここでは、二次的な売りルールを利用した。この二次的な売りルールは、買いのMACDの組み合わせが買いのシグナルが出たあとで、そのシグナルの前に付けていた安値を割り込んだので発動された。この逆指値での手仕舞い売りは、株価が前回の安値を割り込んだために発動されたものではない。これはモメンタムの数値（MACD）が前回の安値を割り込んだことに基づくものである。

　MACDのストップロスのシグナルによる手仕舞いのあとにMACDがかなりの急回復を示すことがある。そして、売りシグナルとほぼ同じ水準で、しばしば新たな買いのシグナルが出る可能性がある。この例では、まさにそれが示されている。

　もう一度ポイントを述べると、MACDのストップロスのシグナルは、MACDがその支持線を割り込んだときに発生するもので、価格の支持線を割り込んだときではない。通常のストップロス戦略を、こうした形で修正すれば、緩慢な底入れ局面や底値形成のときにしばしば発生するような時期尚早の売りを防止することができる。

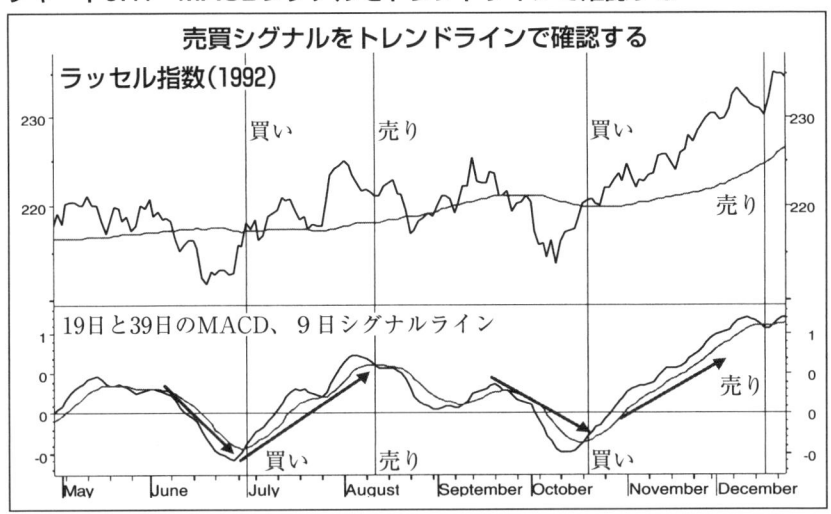

チャート8.11　MACDシグナルをトレンドラインで確認する

売買シグナルをトレンドラインで確認する
ラッセル指数（1992）

19日と39日のMACD、9日シグナルライン

このチャートのようなシグナルラインの交差がMACDラインのトレンドライン突破で確認された場合、その信頼度はかなり高いと言える。

相乗効果──ほかのテクニカルツールでMACDを確認する

　MACDパターンは、トレンドライン分析に適合することが多い。
　チャート8.11は、下げのトレンドラインが突破されたところで買いシグナルが発動した状況や、MACDがアップトレンドラインを割り込んだことで売りシグナルが確認される状況を示している。
　トレンドラインの突破と、MACDによるシグナルラインの突破を組み合わせると、これらを個別に活用するよりも、より強力なシグナルとなる。

サイクル分析によるMACDパターンの確認

　チャートの8.12とチャート8.13は、MACDの売りと買いのシグナ

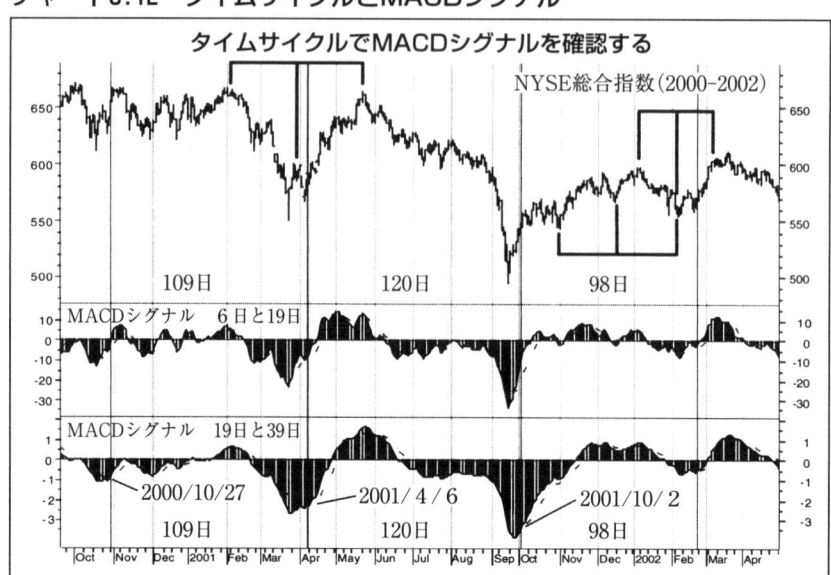

チャート8.12　タイムサイクルとMACDシグナル

ここに表示した期間では、株価は約110日の中期サイクルに基づいて変動した。MACDの買いサイクルはサイクルによる見通しとうまく一致していた。このサイクル見通しは株価ではなく、MACDなどのモメンタム指標に基づくものである。Tフォーメーションは、2001年春にはMACDの売りシグナルとうまく一致した。しかし、2001年の後半にはシグナルは時期尚早となった。

ルの確認にサイクル分析的な予想を使用している。チャートに示されているように、MACDの買いのシグナルは、1989年の場合も2000〜2002年の場合でも、サイクル分析の見通しによって、十分に確認されている。

　2001年5月の売りシグナルは、その期間のTフォーメーションに、ほぼ完全に一致している（チャート8.12を参照）。しかし、2002年3月の売りのシグナルは完全な一致とはならず、Tフォーメーションによる予想より1週間後にシグナルを出している。

　これらのチャートで確認できるように、タイミングオシレーターは、市場のサイクルをしばしば正確に反映する。

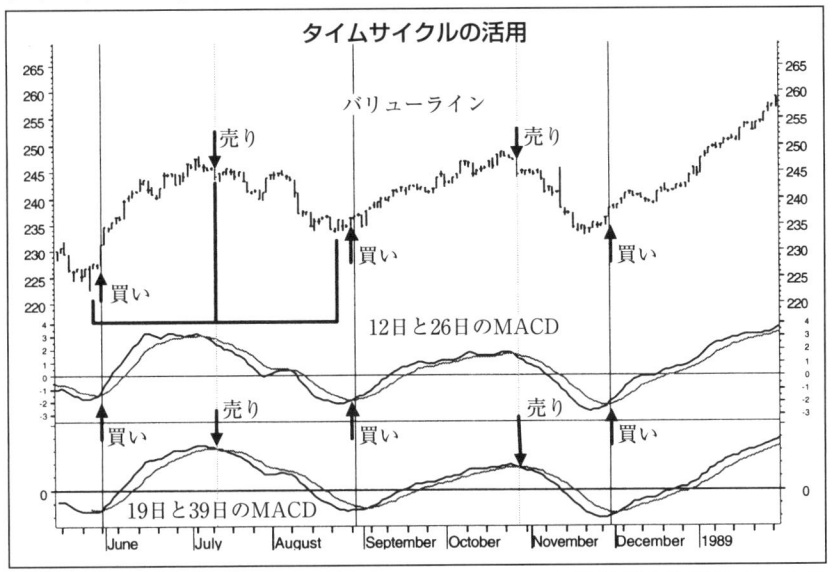

チャート8.13　タイムサイクルの活用その２（バリューライン指数──1989）

タイムサイクルの見通しとＴフォーメーションは1989年下半期の実際のMACDのシグナルを確認した。

　市場サイクルは、価格が中立で変動している期間に、見かけ上の影響力を最も発揮する。チャート8.13がこれの好例である。
　もしひとつの市場サイクルが終了するのに、通常よりも長い期間がかかったとすると、次のサイクルは、しばしばより短いものとなる。そして、これら２つのサイクルの平均が、基本的なサイクルの波動の長さを定義するものとなる。このコンセプトは、チャート8.12に示されている。４月から９月の間の比較的長いサイクルのあとに、どのように比較的短いサイクルの波動が続いているかを確認してほしい。

MACDが最もタイムリーなシグナルを出さないケース

　MACDは、極めてパワフルなタイミング指標である。しかし、ほか

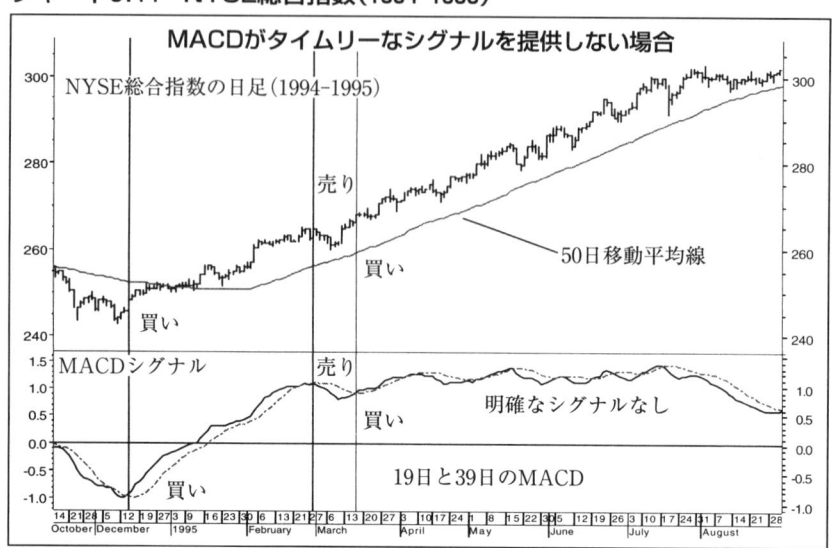

チャート8.14 NYSE総合指数(1994-1995)

MACDがタイムリーなシグナルを提供しない場合

NYSE総合指数の日足(1994-1995)

50日移動平均線

MACDシグナル

売り / 買い / 買い / 売り / 買い / 買い

明確なシグナルなし

19日と39日のMACD

MACDは1994年12月に素晴らしい買い参入のシグナルを出し、1995年3月まで買いを維持したものの、この時期にMACDはほかの複数のテクニカル指標と同様に、時期尚早の売りシグナルを出した。株価の上昇は継続したものの、MACDに基づいての公式の買い再参入の機会はなかった。

の指標と同様に、弱点も抱えている。例えば、堅調なトレンドの形成や、狭いチャネルでの上昇や下落に対する対応で、問題が発生する場合がある。

　ここに示された買いシグナルは、チャートを明確にする目的で使用した19日間と39日間のMACDの組み合わせに基づいたものである。通常であれば、この目的のためにはもう少しスピードの早いMACDの組み合わせが使用される。

　チャート8.14は、問題が生じるフォーメーションのタイプを示したものである。MACDは理想的なタイミングで、1994年の末に株式市場への買い参入を達成した。1995年2月末に出た最初の売りシグナルは無視できたかもしれない——MACDと相場の変動との間に弱気のダ

イバージェンスがなかったので——しかし、そのあとに続く売りシグナル、特に６月に出た（弱気のダイバージェンスを伴った）売りシグナルは、一般的に従うべきものだった。

　時には市場が下落しているときに、次のようなパターンとなることもある。MACDが上昇しているにもかかわらず、価格がゆっくり静かにそして着実に下落し続けるパターンである。下げのモメンタムが弱まっているというプラス材料が出ても、株式市場はそれに反応するスピードが非常に遅いのである。

　もし売買の判断をMACDパターンだけに基づくとするなら、私には、このような状況に対処するための既存の対策はなにもない。しかし皆さんは、株式市場の強さを識別し、そしてある時期に示されたデイリーベースのMACDの売りシグナルに逆反応を示すことができる多くのツールについてすでに勉強している。例えば、新高値銘柄と新安値銘柄の合計に対する新高値銘柄の10日間比率が90％を超えているかもしれないし、あるいはNYSEでの売買銘柄数に対する値上がり銘柄数の週間比率が、株式市場で生き残るための別個のシグナルを発している可能性もあるのだ。

MACD（やほかの指標）で資金管理

　株式市場は、約75％の時間では上昇を示している。短期の売りシグナルは、特に強気相場の中では、往々にして尊重されずに無視されるのが一般的だ。このことは日次ベースのMACDによる売りシグナルにも当てはまる。この売りシグナルが出ると、その後には比較的小さな市場下落が続き、その後に前回の売りシグナルのエリア内での買いの再参入のシグナルが出たりする場合が多い。

　こうした観点から、売りシグナルあるいは買いシグナルが出るたびに大掛かりなアクションを起こすのではなく、資金を株式市場に段階

的に投入したり市場から引き揚げたりするようなアプローチをとるのが、より良い資金管理の戦略と言える。株式市場は全般に上昇する傾向があることを考えると、株式市場から全面的な撤退をしたいと思われる時期は毎年、比較的少ない。特にあなたのポートフォリオが、レラティブストレングスの面で先導しているようなボラティリティの小さいミューチュアルファンドを比較的多く含むものであるなら、特にそう言える。

売りシグナルをより活発に出すMACDの構造

明確に弱気の傾向を示す、ひとつのMACDの構造がある——これはすべてのシグナルについてではなく、株式市場のヒストリカルデータを深く調査し総合的に見た場合にである。そのパラメーターは以下のようになっている。

- 19日間と39日間のMACDの組み合わせを撤退のシグナルに使う。
- 19日間と39日間のMACDが下落していること。これが上昇に転じれば、弱気の判断は取り消される。
- 19日間と39日間のMACDがゼロ以下であること。実際は株式市場にとって最も危険な時期は、19日間と39日間のMACDラインが下落を継続し、ゼロを多少上回る水準まで下落したときだが、実用面からは、ゼロラインを最も信頼度の高いMACDの売りシグナルの完了を示す重要な水準だとみなすことができる。

繰り返し述べるが、MACDの「全面的」な売りシグナルは、19日間と39日間のMACDが下落してゼロを下回ったときに生じる。MACDラインがゼロ以下の水準であっても上昇に転じれば、売りシグナルは取り消される。ただし実際に市場へ再参入する前に、よりスピードの

速いMACDの組み合わせから買いシグナルが出るのを待つ必要がある。
●上記の条件であっても、すべての下落が深刻な市場のダメージになるわけではない。だが平均的に言って、上で述べた売りシグナルが出たあとには市場はさらに下落することになり、このシグナルは尊重されるべきである。
●19日間と39日間のMACDが下落してゼロ以下になるのを待つのではなく、すべてのMACDの売りシグナルが出されるたびにそれらを尊重するなら、全体的なタイミングの結果は若干ながらより効率的となろう。ただしこれをすると取引がより頻繁となって、取引手数料やウィップソウ（ちゃぶつき）の増加によって、コストがかさむことになる。
●ひとつお勧めしたい資金管理戦略として、最初の売りシグナルが出たときに一部の買いポジションを素早く手仕舞う方法がある。ただし、全面的なMACDの売りシグナルが出るまで、少なくとも一部の買いポジションは維持する。

長年にわたるMACD──長期、短期、イントラデイ

　ここまでで、MACDの基本的な活用ルールについてかなり説明したほか、MACDパターンをほかのテクニカルツールやアプローチとどう組み合わせるかについても解説した。この部分のMACDに関する説明では、数十年にわたる株式市場の歴史の中でのMACDのパフォーマンスのほか、週間や月間のMACDパターンや、日次やイントラデイのパターンの使用についても検証する。MACDはまさに、事実上すべてのタイムフレームに適用できる指標なのである。

強気市場の始まり

　週足チャートは、株式市場の長・中期トレンドとメジャートレンド、

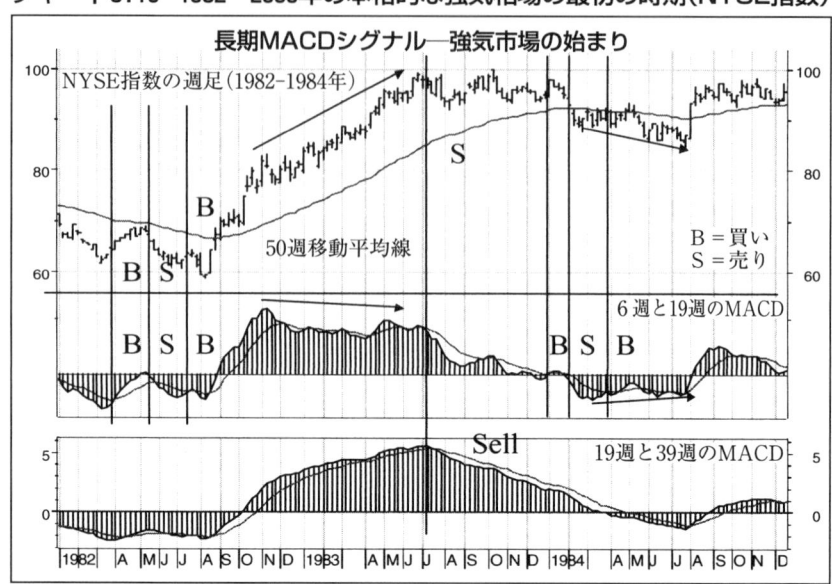

チャート8.15　1982～2000年の本格的な強気相場の最初の時期（NYSE指数）

あるいはどちらか一方のトレンドを追うのに非常に役に立つ場合が多い。チャート8.15は、1982年に始まった本格的な強気市場の最初2年間の値動きを示したものである。

　日々のデータを週間データへと変換し、以下のおなじみのパラメーターを使用している。50期間の移動平均線、買いシグナル用の6日間と19日間のMACDの組み合わせ、売りシグナル用のよりスピードの遅い19日間と39日間のMACDの組み合わせである（12日間と26日間のMACDの組み合わせも、買いのシグナル用として、この期間の異なる時期に利用できたかもしれない）。

　1982年春に、利益が乗ったものの無効となった買いシグナルが出たあと、1982年7月に週間MACDに基づいた買いのシグナルが出された。価格は8月には下落して買いの水準を下回り、と同時にMACDも前回の安値まで下落した（これは売りのシグナルと受け止めることができた）。しかし、再度素早く買いのシグナルが出現した。

1982年8月以降は、MACDは何の欠陥もないパフォーマンスを示した。短期のMACDの組み合わせと長期のMACDの組み合わせは、ともにゼロレベルを突破して上昇を続けた。弱気のダイバージェンスや、短期の6週間と19週間のMACDの組み合わせに生じたシグナルラインの上から下へのクロスは、売りのシグナルを発動はしなかった。これはよりスピードの遅い長期MACDラインが、1983年7月に売りのシグナルを生じるまでスムーズに上昇を継続したからだった。この売りシグナルは最終的に、ほぼ1年間続いた市場上昇の終わりを示唆するものだった。以上のことは買いシグナルには短期MACDの組み合わせを使い、売りのシグナルには長期MACDの組み合わせを使ったほうが有利なことを如実に表した例だった。

MACDストップロスシグナルの発動の例

　1984年のMACDのパターンと株式市場の値動きは、好例である。1984年3月に買いのシグナルが出たあと、株価は春と夏を経るなか8月初めまで下落基調をたどり新安値を付けた。だがMACDの水準は、その間に新安値を付けることはなく、結果的にストップロスの売りシグナルを妨害したのだった。これによるポジションの維持は、最終的には晩夏の市場反発によって、その正当性が証明された。

デイトレーディングの目的で使用されるMACD

　長期の週間チャートから、デイトレードに使用される30分チャートへと一気にジャンプしたものの、チャート8.16を見て分かるように、MACDのパターンは（そして、中立相場の期間に効力を発揮するTフォーメーションのパターンも）まったく変わっていない。
　このチャートでは、角度の変化が多く見られるが、すべてに目印を

チャート8.16　30分足MACDパターンとデイトレーディング

デイトレーディングツールとしてのMACDの使用

S&P500先物2002年3月限
30分足と19期間と39期間のMACD

このチャートはS&P500先物の30分足に売りと買いの両方を表示するのに使用する19期間と39期間のMACDの組み合わせを加えたものである。MACDシグナルを確認するための、Tフォーメーションの使用に注目しよう。

付けていない。あなた自身でその一部を見つけてほしい。目印を付けた2つの明確な強気のダイバージェンスは、有利な買い参入のポイントを見事に確認するものとなっている。日中の価格レンジはかなり狭くなる場合が多いため、デイトレーディングでは、ポジショントレーディングの場合よりも、できるだけ早くポジションを建てることが重要である。

MACDと主要市場トレンド

　月間MACDパターン（チャート8.17とチャート8.18）は、1960年代から1970年代、さらに1980年代にかけて株式市場で生じた俗人的な変

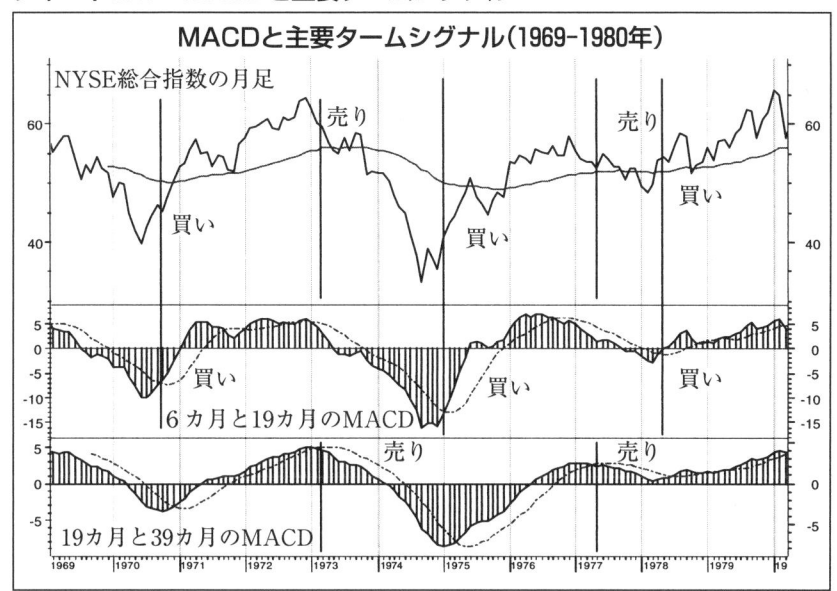

チャート8.17　MACDと主要タームシグナル

MACDと主要タームシグナル（1969-1980年）

NYSE総合指数の月足／売り／買い／6カ月と19カ月のMACD／19カ月と39カ月のMACD

月足のMACDのパターンは完全でないにしても、主要市場トレンドでの基調転換の確認について素晴らしい実績がある。一般に株価が実際に主要タームのピークと安値を付けてから約3カ月後に、売りと買いのシグナルが出されている（上記の期間の一部では、買いシグナルの発動として、図示した6カ月と19カ月のMACDの組み合わせよりも、12カ月と26カ月のMACDの組み合わせを常時使用したほうが良い場合がみられた）。

化を反映したものである。株式市場は1970年代にはメジャートレンドが基本的に中立な動きを示し、1968年の強気市場が終わりを告げた水準にかなり近い水準で1970年代の取引を終了した。1970年代の期間にはMACDパターンのピークが実際に低くなり、1974年末に株式市場が安値を付けるなかMACDも大底を付けた。

　株式市場は、1970年代の終わりから1980年代と1990年代にかけて上昇したことがはっきり示されている。この強気の高まりは、最も期間の短い月間MACDにさえ反映されており、この月間MACDは、1982年から1987年までの約6年間にわたってゼロ以上の水準で推移した。

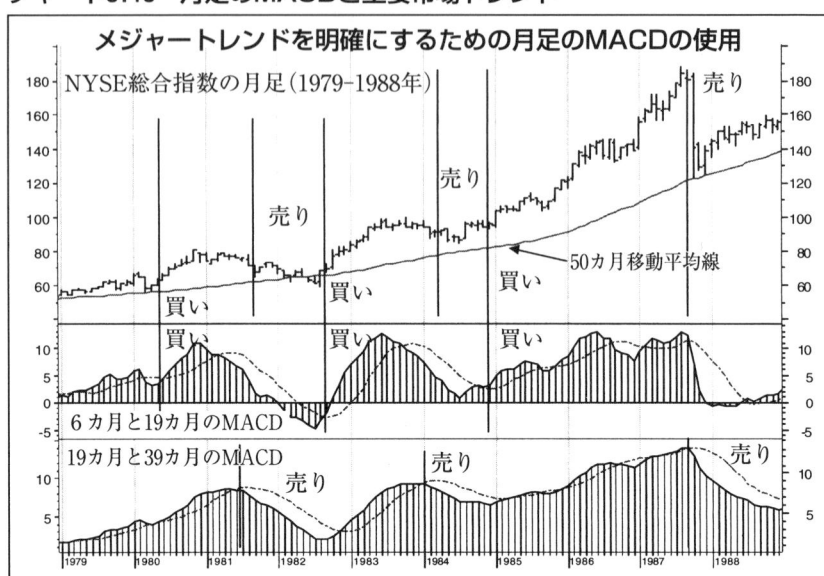

チャート8.18 月足のMACDと主要市場トレンド

メジャートレンドを明確にするための月足のMACDの使用

NYSE総合指数の月足（1979-1988年）

50カ月移動平均線

6カ月と19カ月のMACD

19カ月と39カ月のMACD

月足ベースの主要タームの株価とMACDチャートは、一般に買いが目的であれば短期のMACDの組み合わせの有効性を反映し、売りが目的であれば長期のMACDの組み合わせの有効性を反映する。19カ月と39カ月のMACDの組み合わせは、1986年末にシグナルラインを上から下へクロスした。だが短期の6カ月と19カ月のMACDにも長期の19カ月と39カ月のMACDにも弱気のダイバージェンスがなかったため、最初の下割れについては売りシグナルとして考慮されなかった模様だ。月足のMACDが1987年の株価暴落を回避できたかどうかは、一瞬のシグナルでかなり微妙だったが、週足のMACDパターンでは明確に回避できた。

　実のところ1984年の買いシグナルに関しては、ある程度の自由判断が関与している。これは、6カ月と19カ月のMACDの組み合わせが、基本的な買いシグナルの前提条件であるゼロ以下に下げるということが一度もなかったからである。

　MACDの適用に関連した一般的なルールを含めて、株式市場の指標は、矛盾したシグナルを発することもある。その場合には証拠の重要性に基づいて決定を下す必要がある。このケースでは、MACDのダブルボトムの上昇に加え、MACDラインがそのシグナルラインを上へ

とクロスしていること、ゼロラインにはかろうじて達しなかったこと、そしてこれらすべてが、上昇している50カ月移動平均線を背景にして起こっていることなどが、1984年第4四半期での株式市場への再参入を十分に正当化したものと判断される。

週間ベースのMACDパターンや月間MACDパターンは、長期の株式市場のトレンドに関して意義のある情報を提供する。また複数のタイムフレームを同時に追うのも、有益な場合が多い。さらに短期MACDと長期MACDが示す高値と安値が融合する期間は、特別な意義を持っている場合が多い。

株価急落後の主要安値ポイントを確認するMACDの驚くべき威力

MACDは、いくつかある機能のうちひとつしかなかったとしても、追随する価値のある指標である。その機能とは、深刻な中・長期的下落を経た後での市場への再参入のタイミングを特定する機能である。すでにわれわれは、相場がより長期的なトレンドに関係するなかで、月間ベースのMACDチャートが主要な弱気相場の安値を確認したことから、この機能を目の当たりにしている。チャート8.19は、MACDが高い信頼度を持って中期的な株式の下落の終了を示唆する能力を示している。私自身は、この面でMACDを超える指標の存在を知らない。

1980年冬の後半に見られた株価下落は、この好例である。1979年中ほぼ強気で推移していた株式相場は、2回連続の「10月クラッシュ」（実際には、クラッシュと呼べるほど深刻なものではなかったが）に遭遇したのである。この下落は、その後の下値固めの期間を経て、1980年2月にかけては急伸に転じた。しかし同年の2月中旬には、高金利とインフレ率の上昇に加え、貴金属市場に大量の投機筋が参入したため、株式は深刻な急落となり、いつもなら穏やかに推移しているNYSE指数市場がわずか6週間で約20％も下落したのである。

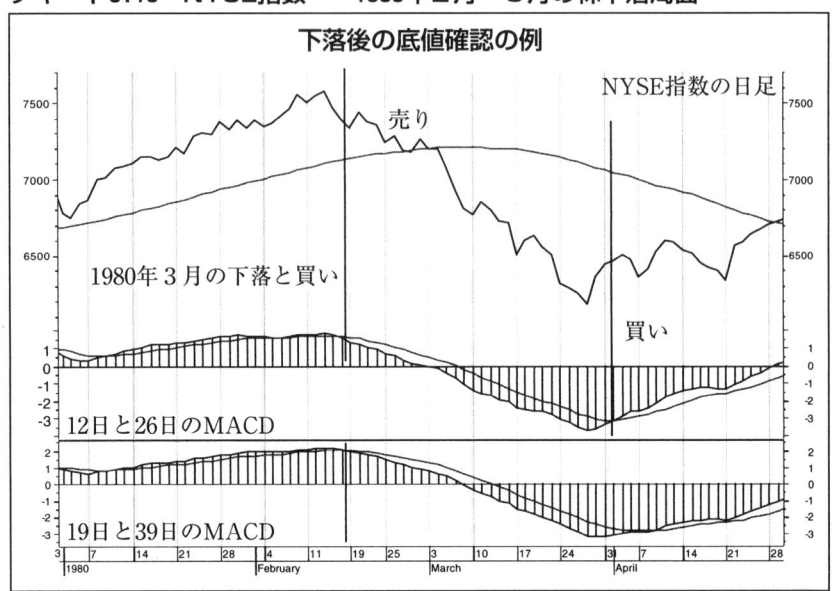

チャート8.19　NYSE指数——1980年2月～3月の株下落局面

下落後の底値確認の例

（チャート：NYSE指数の日足、1980年3月の下落と買い、12日と26日のMACD、19日と39日のMACD）

MACDは1980年2月の大天井を付けたわずか3日後に売りシグナルを出したあと、下落場面では一貫して売買シグナルを出さなかった。そして、3月末に付けた最終的な大底のわずか3日後になってようやく、買い再参入のシグナルを出した。

　さて、MACDはこの相場展開にどれだけうまく対応することができただろうか？　実際のところ、かなり首尾よく対応したのである。2月中旬の高値では、売りシグナルは出なかったが、この天井を付けたわずか3日後には売りシグナルが出たのである。これ以降、3月末まではMACDが買い参入のシグナルを出すことはなかった。最後の底値を付けたあと、相場が上昇に転じた初日にMACDラインは上向きに転じ、その3日後にはシグナルラインと交差している。

　言うまでもなく、すべての相場サイクルが、このように明確に追跡できるとは限らない。ただ、少なくとも、この2月からのサイクルにおいてMACDが成功を収めたのは、別に珍しいことではないということも指摘しておきたい。

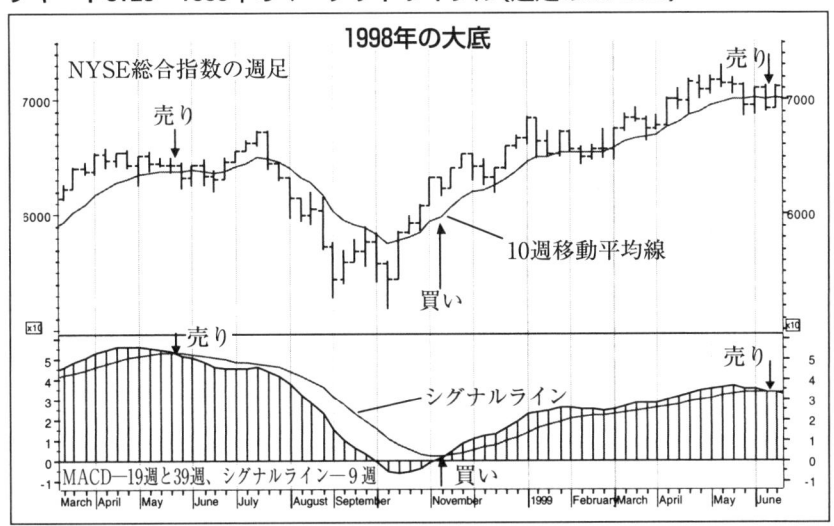

チャート8.20　1998年のマーケットサイクル（週足のMACD）

MACDのパターンと主要な相場の底

　長期の週間MACDは、1998年の主要な急落相場で最後に付けた安値から１週間後に上昇へと転じたものの、この19週間と39週間のMACDはこれらの安値を付けてから５週間後までシグナルラインとクロスしなかった。1998年５月に出た売りシグナルはやや時期尚早だったが、1999年６月の売りシグナルのタイミングはぴったりだった。

　チャート8.20は、これと別の中期市場サイクルにおける週間ベースのMACDの適用例である。このチャートは長期の19週間と39週間のMACDの組み合わせで、通常は売りシグナル用として使用される。19週間と39週間の代わりに、12週間と26週間のMACDを売りシグナル用としたなら、示されている市場再参入のタイミングよりも１週間早く再参入のシグナルが出ていたはずである。

　1998年５月のやや時期尚早だった売りシグナルのあと、19週間と39週間のMACDは、最後の上昇場面と1998年夏の急落相場では一貫して

ポジションを建てず、下落相場で安値を付けてから5週間後の11月になって、ようやく買いシグナルを出した（この期間中、日足のMACDは1998年8月にはありえないようなひどい、そして最終的にストップロスされてしまう買い注文を建てることになる買いシグナルを出したが、それ以降は、9月と10月には複数の素晴らしい買いシグナルを、いずれも最後のダブルボトムフォーメーションの安値からわずか数日後に出している。このダブルボトムは、週足チャート上でも見ることができる）。

週足MACDのパターンを使えば、投資家は7カ月間にわたり株式市場に参加し、上昇局面の最高の部分をとらえることができたのである。

1990～1991年の期間（チャート8.21）には活発な売買の機会が見られた。同チャート期間中の値動きに基づいて分析し、MACDの運用ルールを最後にもう一度復習してみよう。

年初からの相場上昇

株価は1990年1月には下落し、2月上旬には12日間と26日間のMACDによる買いシグナルが形成される。MACDのパターンは相場上昇とともに上昇し始め、短期と長期の両方のMACDの下値が切り上がった。ただ、3～4月は12日間と26日間のMACDに弱気のダイバージェンスが形成され、相場が弱気に向かい始めていると警告を発している。この弱気のダイバージェンスを受け、長期の19日間と39日間MACDによる売りシグナルがこのあと続いて4月に出現することとなる。

一時的下落とタイムリーな市場への再参入

この売りシグナルのあとは実際に、短いながらも非常に売買の妙味

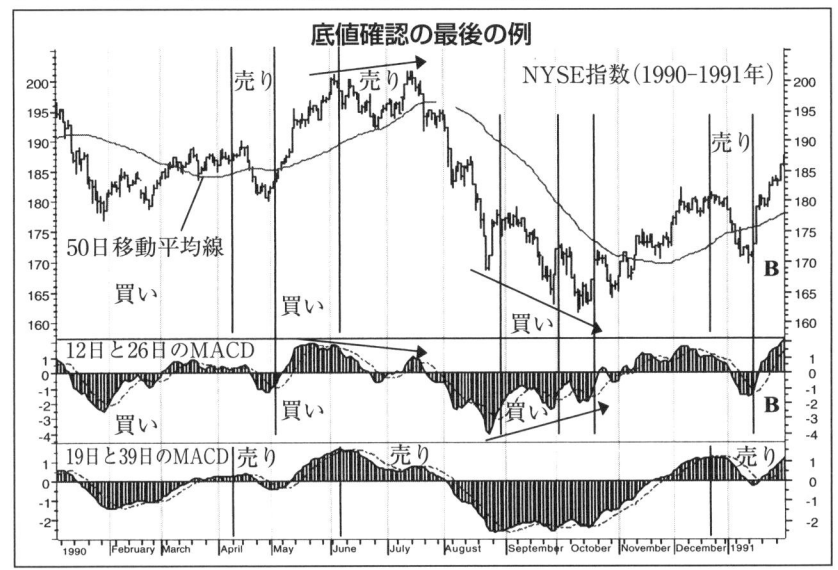

チャート8.21　底値確認の最後の例（NYSE指数）

1990年と1991年の初頭にはMACDの買いと売りのシグナルの一連の成功例が見られる。この詳しいチャートでは、強気のダイバージェンス、弱気のダイバージェンス、切り上がる底値形成、ウエッジ、Ｔフォーメーションなど、MACDの多くのコンセプトを表示している。このチャートを何枚かコピーして、記入されていないチャートフォーメーションを記入してみられるといいだろう。

ある下落場面が続いた。これは、12日間と26日間の買いMACDラインをゼロ以下に沈めるまで下げ、５月上旬に形成される新たな買いシグナルが出るための必要条件を達成した。

上昇そして天井の形成

　５月上旬の買い参入以降間もなく相場は急伸するが、５月中にモメンタムが落ち込んで、12日間と26日間のMACDで弱気のダイバージェンスが形成される。これによって、６月上旬の売りシグナルが出るための必須条件が達成された。６月中旬にはMACDによる素早い買い

参入のシグナルが出されるが（チャート上には表示していない）、7月中旬には2番目の売りシグナルが出された（チャート上には表示なし）。この時点までには、より重要な弱気のダイバージェンスがすでに形成されている（チャート上の表示あり）。

6月始めから7月中旬にかけては約7週間に及んでおり、この期間中に上昇モメンタムが失速していることは明らかだが、この時期に弱気のダイバージェンスが形成されれば、通常は重要な期間となる。株価は7月に新高値を付けているものの、7月の高値の部分の短期および長期のMACDは、6月の高値時点よりも明らかに低くなった。いずれにしても、7月中旬のMACDによる売りシグナルは、実にいいタイミングで出ていたことが実証されたのである。

急落、そして底入れのプロセス

7月の売りシグナル以後、株価は急落に転じる。MACDは8月下旬に大底を付け、これによって最初の買いシグナルが出たが、これはまだ時期尚早の買いだった。9月にかけては株価が安値を更新して下げたにもかかわらずMACDはその安値を確認しなかったことから、この買いは逆指値による手仕舞いにはならなかった。

これに続く相場展開では、株価の変動とMACDの強気の推移でかなり有利なパターンが形成された。9月から10月にかけては、株価が下降ウエッジをなぞる展開となり、強気が示唆された（あなたの手でラインが引けるかどうか試していただきたい）。これとまったく同時に、短期と長期の両方のMACDが切り上がる一連の安値をなぞっている。つまり、株価が安値を切り下げ、MACDが安値を切り上げる形で強気のダイバージェンスを形成しているのである。

結局、相場は回復し、株価は上昇に転じて底値形成の局面から脱した。

最後のふるい落としと相場回復

　12月には、12日間と26日間のMACDが弱気のダイバージェンスを形成し、より反応がゆっくりした19日間と39日間のMACDがシグナルラインを上から下へとクロスしたことから、MACDの売りシグナルが出された。

　この売りシグナルと1991年1月の新たな買いシグナルの間では、小幅の利益確保も可能であった。まず、反応が早い方の12日間と26日間のMACDがゼロを割り込んでこの事前条件を満たし、その後、上昇に転じてシグナルラインを突破した。

　総括すると、MACDは1990～1991年の期間には、概して極めて正確なシグナルを出し続けており、例外となったのは8月の買いシグナルぐらいだが、最終的にはこれさえも利益を上げていたのである。

MACDと4つのステージのマーケットサイクル

　MACDに関する最後の注意事項として、MACDのパターンが、マーケットサイクルの4つのステージ（段階）をどうやって示すのかについて見てみよう。MACDのパターンは、大半の価格指標に比べると比較的スムーズに推移するものとなっている。チャート8.22には、これに関連したコンセプトが示されている。

　よく知られていることだが、一般に買いポジションの増し玉は、第一ステージの後半か第二ステージの初めに行われる。ポジションは第二ステージから第三ステージを通じて維持されるが、この期間中、第四ステージでの株価下落を見込んで、ポジションを削減していくことになる。

　この日足チャートでは、比較的短期のマーケットサイクルが示されている。週足や月足のチャートであれば、より大きな複数のマーケッ

チャート8.22 MACDと市場サイクルの４つのステージ（NYSE総合指数、2002年）

MACDのスムーズなパターンによって、市場サイクルの４つのステージが明確に示される。

トサイクルでの複数のステージを反映することとなるだろう。

MACD指標に関連したルールと手続きの復習

このセクションで扱った内容は多岐にわたっていたため、MACDに関連したルールや手続きについての要約をすることとする。

MACD指標の作成と維持

MACDの３つの組み合わせからなる複数のMACDのセットを計算し維持する必要がある。１つは短期売買のための日足のMACD、１つ

はこれよりは長期のトレンドを見るための週足のMACD、さらに、もし必要なら、極めて長期のトレンドを反映するための月足のMACDである。このMACDの指標は、デイトレーディングにも同様に使用でき、この場合であれば、5分足、30分足、60分足によるセットが、非常に有用なものとなる可能性が高い。

　それぞれのセットは、また短期、中期、長期のMACDの組み合わせを活用するべきである。この組み合わせの例としては、6期間と19期間MACDを市況が強気の期間の素早い買いシグナル用として、12期間と26期間MACDを中立相場の期間の買いシグナル用および極めて弱気の期間の売りシグナル用として、そして、19期間と39期間MACDを売りシグナル用とするなどが考えられる。シグナルラインは通常、動きの大きな6期間と9期間のMACDの指数平滑移動平均線が採用される。シグナルラインをより短期で取れば、タイムリーなシグナルが多く出ることになるが、ダマシやウィップソウ（ちゃぶつき）も出やすくなる。

　MACDに加え、適正なトレンドを指し示す移動平均線をつけ続けることもお勧めしたい。これについては、50期間の移動平均線がうまく機能するようである。

買いシグナル

　まず50期間の移動平均線を見て、トレンドを確かめよう。
　次に、買いのためのMACD指標を使って強気のダイバージェンスがないかどうか調べる。
　3番目には、Tフォーメーションや強気のウエッジ、角度変化見通し、MACDの下降トレンドが破られる可能性などについて見て、マーケットサイクルを確かめよう。
　市場のトレンド（50期間の移動平均線の方向で測定される）が、最

低でも中立であるか、強気のダイバージェンスが形成されているか、あるいは、強気のマーケット・サイクルかチャートパターンが見られるようであれば、買い参入用としてスピードの速い6～19期間のMACDを使用するのがいいだろう。一般的に言って、中期的な長さである12日間と26日間のMACDを使用すれば、ウィップソウ（ちゃぶつき）の出現はある程度減少する可能性が高い。

市場トレンドが下降トレンドの場合、中期的なMACDが一般的に買いシグナルとして使用される。

前提条件

長期的な市場トレンドがかなり強気であったり、明確な強気のダイバージェンスが現れていたり、また重要な下降トレンドが突破されたりしないかぎりは、買いのシグナルは、買いのために使用されるMACDの組み合わせが前回の売りシグナル以降に、まずゼロを下回るまでは出されることはない。ゼロを下回るという必要条件の例外は、あまり頻繁には発生しないものである。

売りシグナル

MACDが弱気のダイバージェンスを示せば、たとえ長期トレンドが中立から強気であっても、19期間と39期間のMACDの組み合わせによって出されるシグナルに基づき売るべきである。売りのシグナルは、MACDがゼロを上回る水準から低下するときに出され、MACDラインがシグナルラインを上方から下方にクロスするときに確認される。

中期または遅いスピードのMACDの組み合わせのいずれにも弱気のダイバージェンスがない場合は、出された最初の売りシグナルを無視することができる。

このシグナルを無視する場合、逆指値として50期間の移動平均線を使用して、この移動平均線が下方に突破されたら売ればよい。また、逆指値の売りは、買いを入れたあと、買いシグナル用のMACDの水準が、ゼロを上回る付近に達してなくても、前回の安値を下回った時点で実行される。

　19期間と39期間のMACDの組み合わせから出される２番目の売りシグナルには、常に従うこと。

　長期トレンドが明確に弱気であれば、買いと同様に売りでも、12期間と26期間のMACDを使用でき、ゼロを上回る水準での下げと、シグナルラインを上方から下方へのクロスで売るのである。

　あなたのMACDのポジションをタイムリーに建てたことについて、一層の確認が得られるなら、さらに多くのポジションを建てるべきである。相乗効果のコンセプトを思い出してみるべきである。

　もちろん、私は約束を忘れたわけではない。

日々の市場の幅のスラストモデルを中期的な買い参入に変換する

　私は第６章の最後で、短期の日々の市場の幅のスラスト（急上昇や急降下）タイミングモデルを、より長期間にわたり株式市場でポジションを維持することが可能となるような、より中期的なバージョンに変更するために、MACDを利用する方法を教える、と約束していた。ついでに言えば、あなたが活用している他の短期的なタイミングモデルの有効性を延長するのにも、この方法を活用できる。そしてあなたは、ウィップソウ（ちゃぶつき）と取引費用を伴うような取引の回数を削減しながら利益を拡大しているのに気づく可能性が非常に高いのである。

　実際のところ、ルールの変更は予想以上に簡単である。これが、市場の幅のスラストの中期的なバージョンの規則となる。

買いシグナル

前に紹介したのと同様に、値上がり銘柄数÷（値上がり銘柄数＋値下がり銘柄数）比率の10日間指数平滑移動平均が61.5％以上まで上昇したときは、買いとなる。これ以外の買い参入はない。

売りシグナル

前に紹介したのと同様に、値上がり銘柄数÷（値上がり銘柄数＋値下がり銘柄数）比率の10日間指数平滑移動平均が49％以下まで低下したときは、売りとなる。

以下の前提条件で

NYSE株価の19日間と39日間のMACDは、1％を上回ってはいけない。

次の2つの条件が、必ず同時に出現すること。市場の幅のスラスト水準が49％かそれ以下で、そしてMACDは＋1％より低い水準であること。これら条件が満たされなければ、売りのシグナルは発動されない。

1％の水準は、NYSE株価指数の日々の終値によるスピードの遅い39日間指数平滑移動平均を、日々の終値のスピードの速い19日間指数平滑移動平均から差し引き、その数値を19日間指数平滑移動平均の数値で割れば算出される。

例えば、NYSE株価指数の19日間指数平滑移動平均が6500、NYSE株価指数の39日間指数平滑移動平均は6400の場合、最初に6500から6400（6500－6400）を差し引いて、＋100を算出する。

それから、100を6500で割れば（100÷6500）、＋0.0154が得られる。

この数値を100倍してパーセンテージで表示すれば、+1.54％になる。MACDは1％を上回る水準なので、この時点では売りシグナルは出ない。市場の幅のスラストの数値が、その時点で49％以下になっているかぎりは、MACDが1％を下回った後でようやく売りを出せるのである。

繰り返すが、双方の条件は同時に出現していなければならない。

表8.1 市場の幅スラストのMACDフィルターバージョン──NYSE指数（1970〜2004年。2002年12月31日時点で、NYSE指数の水準を算出する方法が変更された。2002年末以前のデータは、現在の算出手法に合わせて換算し直されている）

買いの日	価格	売りの日	価格	利益／損失
70/12/29	530	71/05/18	587	10.7%
71/12/03	565	72/04/28	634	12.2
73/09/21	610	73/11/06	595	-2.5
74/01/03	562	74/01/10	523	-6.9
74/10/10	388	74/01/10	392	1.0
75/01/03	394	75/07/28	502	27.4
76/01/02	507	76/04/14	564	11.2
76/12/09	594	77/01/27	586	-1.3
77/11/10	549	77/12/06	542	-1.3
78/04/17	557	78/06/27	564	1.3
78/08/02	611	78/09/26	611	0
79/01/05	585	79/02/08	578	-1.2
82/08/20	683	83/07/19	1009	47.7
84/08/02	936	84/10/09	989	5.7
85/01/14	1040	85/03/25	1089	4.7
85/05/20	1160	85/08/05	1165	0.4
85/11/11	1203	86/05/19	1423	18.3
87/01/12	1578	87/04/20	1714	8.6
91/01/30	1966	91/05/15	2136	8.6
91/12/27	2365	92/03/04	2396	1.3
97/05/05	4561	97/10/27	4897	7.4

03/05/30	5435	03/08/04	5516	1.5
03/12/30	6444	04/03/15	6445	0
04/05/25	6429	04/06/14	6465	0.6

結果のまとめ

24回の取引のうち18回（75％）は利益が出て、1回は損益がなかった。勝ちトレードの平均利益率は9.4％で、負けトレードの平均損失率は－2.6％だった。総利益率は、総損失率の12.76倍となった。このモデルでは、全体の期間のわずか18.3％の投資期間で、年間の利益率にすると＋4.23％になった。これは、この期間にNYSEで100％の期間投資して得られる総利益の半分以上に相当する。これには、配当金の支払額とキャッシュポジションの期間の利息は含まれていない。

ナスダック総合指数に適用されたMACDのフィルターを使用した市場の幅のスラスト

ナスダック総合指数は、1971年2月5日から取引が始まった。以下の要約は、1971年5月からのデータに基づいている。最初の買いシグナルは、1971年12月3日に出された。このモデルは、NYSE株価指数のデータに基づいて、ナスダック総合指数に適用されたが、最初の部分の取引は別として、表8.1で示されたのと同じ日付になっている。

表8.2　市場の幅スラストのMACDフィルターバージョン——ナスダック総合指数（1971〜2004年）

買いの日	価格	売りの日	価格	利益／損失
71/12/03	107.26	72/04/28	131.33	22.44%
73/09/21	109.46	73/11/06	106.29	-2.90
74/01/03	94.18	74/01/10	91.42	-2.93
74/10/10	58.54	74/01/10	62.60	6.94

75/01/03	61.23	75/07/28	83.09	35.70
76/01/02	78.06	76/04/14	88.75	13.70
76/12/09	94.10	77/01/27	96.04	2.06
77/11/10	99.98	77/12/06	102.97	2.99
78/04/17	111.93	78/06/27	119.18	6.48
78/08/02	128.16	78/09/26	132.92	3.71
79/01/05	122.05	79/02/08	123.41	1.11
82/08/20	166.96	83/07/19	311.17	86.37
84/08/02	238.87	84/10/09	244.09	2.19
85/01/14	255.46	85/03/25	276.26	8.14
85/05/20	294.48	85/08/05	302.14	2.60
85/11/11	302.31	86/05/19	383.74	26.94
87/01/12	385.46	87/04/20	417.73	8.37
91/01/30	408.53	91/05/15	478.08	17.02
91/12/27	565.71	92/03/04	630.29	11.42
97/05/05	1339.24	97/10/27	1535.09	14.62
03/05/30	1595.91	03/08/04	1714.06	7.40
03/12/30	2009.88	04/03/15	1939.20	-3.52
04/05/25	1964.65	04/06/14	1969.99	0.27

　23回の取引のうち20回（87％）は、利益が出た。勝ちトレードの平均利益率は14％で、負けトレードの平均損失率は－3.1％だった。利益率の合計は＋280.47％で、損失率の合計は－9.35％となった。利益／損失比率の総パーセンテージは非常に高く、30.0対１となっている。このモデルで１％損失するごとに、30％の利益が生まれる計算だ。このMACDフィルターの市場の幅スラストモデルでの投資期間は全体の期間の17.2％となり、投資中に年率換算で41.53％の利益率が得られた。このモデルが強気のときにかぎり投資した場合、年間の利益率は7.19％となり、これにキャッシュポジション時の利息が加算される。ただし、繰り返すが、投資時間は全体の間のわずか17.2％である。
　過去の運用成績がけっして、将来の運用成績を保証しないことは言

うまでもない。タイミングモデルの多くは過去数年間で、隅に押しやられた。さまざまな期間では良好なパフォーマンスを示したが、その後は効果を失ったのだった。市場の幅のスラストモデルは、その短期・中期的な形態で、30年以上にわたって効果を維持しているとみられ、株式市場が大幅上昇する始まりを確認する優れた実績を残している。過去の株式市場の推移の研究家や、数十年にわたり株式市場にかかわってきたわれわれのような者は、例えば、1971年12月、1975年1月、1976年1月、1982年8月、1985年11月、1991年1月に形成された市場が上昇する発射台の重要性を認識するだろう。しかし、このモデルが2003年の株式市場に関しては、参入が通常よりも幾分遅れてしまった。

第9章

移動平均トレーディングチャネル―前日の値動きから明日の転換を予測する
Moving Average Trading Channels : Using Yesterday's Action to Call Tomorrow's Turns

　このテクニカル分析のガイドブックが、あなたにとって実用的かつ有益なものとなっているものと希望している。私とそのスタッフは、ここで解説したツールを毎日の売買決定や投資決定に活用している。第9章では、意思決定のための武器庫のなかにある実用的なパワーツールのなかでも、最も実用的だと考えられるもののひとつ、移動平均トレーディングチャネルを紹介する。MACD（移動平均収束拡散法）と同様、お気に入りの実用的手段である移動平均トレーディングチャネルは、デイトレードから長期投資まで、実質的にどんな時間枠にも適用することが可能である。

　これまでと同じように、この章も、実際に見られるチャートパターンを解釈するうえで、一連のコンセプトやルールのなかに必要なデータとチャートをどう構築するかという方法で進めていく。基本コンセプトは、実際には非常に明快で、これまでの章ですでに説明してきたコンセプトに沿ったものとなっている。当然ながら、移動平均トレーディングチャネルの分析には主観的な要素も含まれている。チャートを解釈するときには、統計に基づいたタイミングモデルとは違い、主観的な判断が必要となる場合が多い。ただし移動平均トレーディングチャネルの場合は、主観的要素はしばしば詳しい情報が得られる。MACDと共に、移動平均トレーディングチャネル（もしくはバンド）は私が非常に信頼しているテクニカルツールなのである。

移動平均トレーディングチャネルは短期から長期まで、どの時間枠にも適用することが可能である。チャネル内の相場パターンが以下の判断に役立つ。

●市場の強さが増してきているのか、あるいは上昇モメンタムが失われつつあるのか。
●手前に下値支持線や上値抵抗線が形成される可能性が高いかどうか。
●最初に上値模索を試みた場合にまとまった追随の買いが入る可能性が高いかどうか。
●安全に安値で買えるのはいつか。
●修正がどの水準でいつ起きる可能性が高いか。またその後、上昇する確率が高いかどうか。

移動平均トレーディングチャネルの基本要素

　移動平均線は、自分が適用しているタイムフレームの株価のトレンドを反映する。長期と短期のタイムフレームとトレンドを反映する複数のチャネルを追跡することにも、明確な利点があることもある。
　すでにお分かりのとおり、移動平均線は価格の動きを滑らかにする方法で、短期的な価格の変動に伴うノイズ（ぶれ）を排除することで基調となる市場トレンドの方向性と強さを明確化するものである。移動平均線の期間が長ければ長いほど、反映するトレンドの期間も長くなり、移動平均線の方向はより平滑でより緩やかに変化することになる。
　移動平均トレーディングチャネルに適用される移動平均線の期間は、株価指数もしくは個別株式、債券、商品の５分足チャートに基づく５～50ユニットから、日足、週足、さらに長い月足チャートに基づく50ユニット以上の移動平均線までさまざまだ。21日間の移動平均線は、移動平均線に適用された期間の約２倍に相当する、７～８週間の市場

サイクルに基づく市場のトレンドを反映する傾向がある。10日移動平均線は短期トレンドを反映し、3～4週間の市場サイクルを反映する傾向がある。

　活用する移動平均線を選定するうえでの厳密で明快な決まりはおそらくない。このため移動平均線は、市場の状況だけでなく、あなたが追跡している特定の投資商品のボラティリティによっても変えることがある。私としては21～51日間（あるいはより長期のチャートでは、21～51週間）の移動平均線が非常に有用であることを発見した。

　復習してみよう。移動平均線は、追跡したい日数分の直近の終値を加算し、それを数値の日数で割ることで構築される。例えば、ナスダック総合指数の10日移動平均線を構築したい場合は、一番直近の10日間の終値の合計を算出し、それを10で割るのである。11日目になれば、11日目の終値を加え、合計から第1日目の終値を引いた合計を10で割るのである。こうすることで常に最新の10日間の終値の平均を算出することになる。テクニカル分析に関連したほとんどすべてのコンピューター プログラムには、さまざまな期間の移動平均線や、移動平均トレーディングチャネルの上下のラインを表示する機能が含まれているだろう。

　繰り返すが、移動平均線は、期間が短いほど、より短期間の相場の値動きをより厳密に追うことになる。移動平均線の期間が長いほど追跡するトレンドの期間は長くなる。この章では、さまざまな期間の移動平均線を反映したチャートを見ることになる。ただ、12日間の平均の代わりに10日間の平均を適用したとしても、おそらく大差はない。そして、その逆も然りである。

　短期と長期のトレンド間の相互作用を分析するにあたっては、より長期の移動平均線を中心に、長期トレンドを反映したチャネルを作成し、より短期の移動平均線を中心に、短期トレンドを反映したチャネルをサクセスするのが得策だ。

チャネルの作成

あなたが活用している移動平均線を中心とし、上下に特定のパーセンテージ分離れた補正値（オフセット）の線を引くことで、移動平均線の周りにチャネルを作成してみる。作成されたこの2本の線は、自分の移動平均チャネルの上限と下限となる。移動平均線そのものを示す線はチャネルのセンターラインとなる。

例えば、S&P500株価指数の終値の21日移動平均線が1000で、移動平均線の上下4％を枠とするチャネルを作成したいとする（実際、この指数にとっては極めて標準的な設定である）。21日間平均の1000がチャネルの中心となる。そして21日間平均を4％上回る水準（1000＋1000の4％＝1040）が21日間チャネルの上限に、21日間平均を4％下回る水準（1000－（1000×4％）＝960）が21日間チャネルの下限となる。

どれぐらいの幅を補正値として使用すべきか？

移動平均トレーディングチャネルの作成に使用する補正値（オフセット）の数値を決定するときには、明確なパーセンテージの価格を取り込むために、数学的な方程式を使うことができる。ただ、実用目的では、用いられた補正値の正確な数値はおそらく重要ではない。

対象となっている原市場の変動が激しいほど、チャネルの幅はより広くなるべきで、任意の期間の移動平均線に対する補正値も大きくなる。原則として、自分が追跡している相場の値動きの約85～90％がチャネルの枠内に収まるように、移動平均線には補正値を用いるほうが良い。正確なパーセンテージは重要ではない。さまざまなチャネルの幅を試すことができるようなコンピュータープログラムがあれば、その補正幅はたいていは画面上で設定することができる。

一部のアナリストらは、値動きの95％がチャネルの幅内に収まるように上下限を設定すべきだと提言する。私自身は、もう少し頻繁に移動平均チャネルの外に相場がはみ出すほうが実用的だと考えているが、このことが、大きな違いとなることがほとんどないことは間違いない。

　移動平均線からの補正値の幅は２つの要素に影響される。自分が追跡している株価指数やその他の投資商品のボラティリティと、移動平均線の期間である。相場のボラティリティが大きければ大きいほど、変動が激しいということになり、移動平均チャネルも幅広くなる。また相場の値動きは長期のほうが短期よりも幅広くなるため、移動平均線の期間が長ければ長いほどチャネルの幅が広くなる。あなたが、コンピューターのテクニカル分析プログラムにアクセスできるなら、検証を行ったうえで、自分自身の投資商品に最適だと考えられるチャネルを設定することができる。

　移動平均トレーディングチャネルを活用する多くのユーザーは、変化するボラティリティを追跡するために、さまざまな期間の標準偏差などの統計手法を使って、市場のボラティリティの変動に伴ってチャネルの幅を調節する。市場のボラティリティが低下するとチャネルの幅は狭まり、ボラティリティが上昇すると拡大する。ジョン・ボリンジャー氏は、この目的のためにボリンジャーバンドを発明し、このボリンジャーバンドは常に一定の有益な情報を提供してくれる。しかし私としては、自分が最も実用的だと思う形態で特定の情報を提供してくれる、一定の幅の移動平均トレーディングチャネルを好んでいる。ボリンジャーバンドの活用法については、ジョン・ボリンジャー氏のウエブサイト、http://www.bolingerbands.com を検索してみるとよいだろう。

　相乗効果を忘れてはいけない。自分のトレーディングチャネルを支持する指標とタイムサイクルの確認を続けること。強気や弱気のチャートフォーメーションを見逃さないこと。移動平均トレーディングチ

※参考文献　ジョン・ボリンジャー著『ボリンジャーバンド入門』（パンローリング）

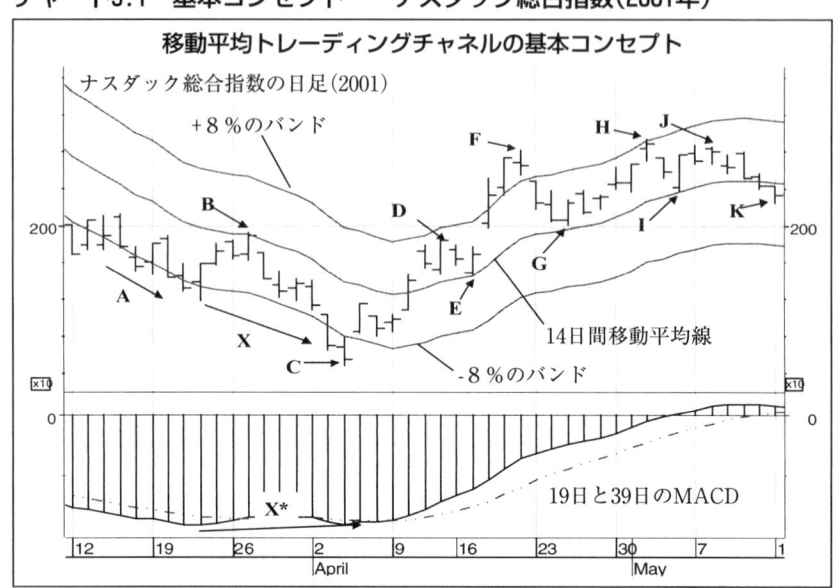

チャート9.1　基本コンセプト──ナスダック総合指数(2001年)

これは株価の変動が特に激しかった2001年春のナスダック総合指数の変動を日足で表したものである。14日移動平均線が中心線で、移動平均線から上下8％離れた水準に上限と下限のラインが引かれている。この時期の株価の変動が激しかったため、中心からの距離は通常よりも大きく設定した。

ャネルは、それだけでも力強いツールではあるが、MACDと同じく、外部からの確認が可能なときは、それによってさらに恩恵を享受するものである。

機能している移動平均トレーディングチャネル

　上のチャートは、14日移動平均線に、その移動平均線を中心とする上下枠（移動平均線の8％上と8％下）を加えたものと、19日間と39日間のMACD指標を表示している。このMACDのパターンは、日足のナスダック総合指数とその移動平均トレーディングチャネルの関係から認められるパターンと相互作用を示している。

エリアA──チャートは市場の下降トレンドの時点で開始

　チャート9.1の始点となっている2001年3月には、深刻な株価の下降トレンドがすでに進行中だった。ナスダック総合指数の価格は下落し、移動平均トレーディングチャネルの下限のラインの後を追っていた。もちろんチャネルそのものも明白な下降トレンドをたどっていた。さらに価格トレンドとチャネルの方向性の下降は、19日間と39日間のMACD指標によっても、シグナルラインを下回り、ゼロを割り込むという最も弱気の形で確認することができた。弱気の価格トレンド、長期移動平均線の弱気トレンド、弱気のMACDパターンが合流していることは、価格の先安を示していたのである。

　しかし、チャート上のエリアAでは、価格は下落するのに伴い、移動平均トレーディングチャネルの下限をまたいで推移しており、株式市場が売られ過ぎの状態にあることを反映している。つまり下落のモメンタムが強いということである。原則として、**ルール1──株式市場は通常（必ずではない）、有効な移動平均トレーディングチャネルの下限を株価が割り込んだとき、少なくとも短期的な回復場面で買うことができる。**価格がこれほどの低水準まで下落したときには、価格がある程度回復する可能性は高い。実際、日足の価格レンジのすべてがチャネル下限を割り込んでいる時期である、このチャートの左側の時点で買いを入れるのは時期尚早であることは明らかだが、下降トレンドをたどっている移動平均の水準まで株価が戻したエリアBでは、若干の利益を確定できるか、トントンでポジションを手仕舞うことができた可能性がある。

　しかし一般的には、すべてのトレンドや価格のモメンタム指標のほとんどすべてが下落基調を維持しているときには、このような小幅の利食いの試みは避けることが賢明だ。通常は、テクニカルの状態がある程度改善するまで待つことが得策と言える。

エリアB──最初の修正高

最初の修正の反発はエリアBで出現しており、ここでは移動平均トレーディングチャネルに関する2つ目の取引ルールについて勉強しよう。

ルール2　原則として、移動平均トレーディングチャネルの下限を割り込むような下落のあとの最初の上昇は失敗する可能性が高く、しばしばチャネルの中心にある移動平均線で頭打ちとなる場合が多い。これは移動平均線は通常、かなり売られ過ぎの領域からの最初の上昇時に抵抗線として作用するためである。

トレーディングチャネル下限を割り込み、これを大幅に下回った場合、例えば移動平均トレーディングチャネル幅の半分に相当する幅で割り込んだような場合は、チャネルの中心にある移動平均線よりも先に、チャネル下限が最初の抵抗水準となることもある。

実際、エリアBのナスダック総合指数はトレーディングチャネルの中心にある14日移動平均線まで回復し、予想されていたとおり、そこが抵抗となって頭打ちとなった。これは、移動平均トレーディングチャネルの下限を何度も割り込んだあとの、初めて本腰を入れた回復の試みで、ルール2にあるように、チャネル中心で頭打ちとなることは予想されていた。

エリアX──テクニカル見通しの改善

価格はC点で再びトレーディングチャネルの下限を割り込んでいる。しかし複数の指標に明白な変化が現れており、テクニカル見通しが改善していることを示唆している。

まずひとつ目は、MACDがもはや低下しておらず、強気のダイバージェンス、すなわち価格は下落する一方で、MACDは上昇し始めてい

る状況にある。エリアＸではＭＡＣＤのダブルボトムが形成されている。さらにＢ点からＣ点への下落パターンは、下降ウエッジという強含みの形を形成している（Ｂ－Ｃをつなぐ下降線とＡ－Ｃをつなぐ下降線は一点に集まっている）。

　こうした展開を踏まえれば、積極的な投資家が、価格がトレーディングチャネルの下限上、もしくは下限を割り込んでいるエリアＣの辺りで買い建てようと考えるのは当然なのかもしれない（ルール１を思い出していただきたい）。全体のパターンは、今回のチャネル下限からの回復が、一度目ではなく二度目の試みであることから、少なくともトレーディングチャネル中間までの回復を示し、さらにはチャネル上限を試す可能性も十分にあることになる。

エリアＤ──トレーディングチャネル上限に到達

　結果的に、価格はトレーディングチャネルの中心を突破して上限（エリアＤ）まで上昇した。それでは、移動平均トレーディングチャネルのルール３に移ろう。

　ルール３　移動平均トレーディングチャネルの下限を始点とする上昇は通常、中心にある移動平均線で抵抗に遭う。特にその上昇が、チャネル下限の達成後初めての上昇である場合は、その傾向が強い。しかし、チャネルのセンターラインを突破した場合は、次は移動平均トレーディングチャネルの上限が抵抗水準となることが多い。

エリアＥ──価格がチャネル中心まで下落

　エリアＤで価格は移動平均トレーディングチャネルの上限に達し、その後、トレーディングチャネルのセンターラインのあるＥまで下落した。

ルール４　価格がトレーディングチャネルの上限に達した場合、テクニカル要因が著しく弱気でないかぎり、最初の下方修正時の直近の支持水準はチャネルのセンターライン、つまり移動平均線となる可能性が高い。

　再び価格は上昇し、トレーディングチャネル上限に達した。テクニカル指標は改善している。MACDは上昇に転じ、シグナルラインを上回った。移動平均チャネル自体も上向きに転じた。MACDはステージ１（底値形成）からステージ２（上昇）へと移行した。株価が強さを増していることは明白に示されているが、それでも移動平均トレーディングチャネルの上限付近、または上限を上回る水準で買いを入れるのは危険が伴う。通常は、価格が最初の支持線であるチャネルの移動平均線まで後退するのを待つのが、より安全だと言える。この領域は、上昇の最初の局面で買いを逃してしまったときや、増し玉したいときには、最高の買い場を提供してくれる。チャネル上限（Ｄ）からの最初の修正案では、チャネルのセンターライン（Ｅ）が支持線となる。

エリアＦ──市場モメンタムの改善を確認

　株価は再び上昇する。今回はエリアＥからトレーディングチャネル上限まで上昇するだけでなく、上限を突破する。

強気指標

　ＣからＤへの上昇の角度と（チャート9.1参照）、ＥからＦへの上昇の角度を比較してみると、ＥからＦへの上昇のほうが傾斜が急で、上昇ムードが強まっていることを示している。これは強気である！　移動平均チャネルも勢いを増しながら上昇している。これも強気である！　MACDの上昇も同じように角度を上げている。

向上する傾斜角度、上昇するMACD、チャネル上限の突破、これらはすべて強気の指標である。次の修正安場面では、移動平均トレーディングチャネルのセンターラインを割り込まずに、価格が下げ止まる可能性が高い。

エリアG──移動平均トレーディングチャネルのセンターライン

　予想どおり価格は移動平均トレーディングチャネルのセンターラインのあるG点で支援された。売買の勢いは若干衰えたものの、上昇モメンタムは依然として拡大中で、Gからの下落場面は、比較的低いリスクで株式市場に参入できる買い場のひとつとなる。

エリアH──警戒信号

　価格はチャネル上限（H）まで上昇したが、警戒信号が現れ始める。GからHへの上昇の角度は、EからFへの上昇の角度に比べると緩やかになった。上昇の勢いが薄れつつある。
　H点では、価格はF点のときのようにチャネル上限を突破することができなかった。これもモメンタムが弱まっている兆候であり、ここで次のルールの出番となる。
　ルール５　今回の上昇でも、前回と同じように移動平均トレーディングチャネルの上限を大きく超えるか、チャネル上限に接近することができなければ、それは市場のモメンタムが後退している兆候であり、市場が弱っている兆しである。
　移動平均チャネルの理論から言えば、チャネル上限を大きく突破する、あるいは上限に接近することができなければ、たとえ価格が新たな戻り高値を付けたとしても、それは弱気を示唆する弱気のダイバージェンスを示すことになる。

エリアⅠからJへ——最後の試みも失敗

　株価には最後にもう一度だけ移動平均チャネル（Ⅰ）のセンターラインで下げ止まる力が残されており、そこからJ点に向けて最後の上昇を試みた。しかしながら今回はトレーディングチャネルの上限に届かず頭打ちとなった。

　ここまでに3回のピークを付けているが、その価格水準は、移動平均トレーディングチャネルの上限との関係で、徐々に低下しているのが分かる。つまりH点のピークの実際の価格水準はF点のピークよりも高いものの、移動平均トレーディングチャネルの上限との比較では、H点のほうがF点よりも低いということになる。F、H、Jと徐々に高値が低下していくことは、株式市場が弱まっていることを示唆している。

　Hで移動平均トレーディングチャネルの上限を突破できなかったという事実は、市場の勢いが弱まりつつあることを警告している。短期上昇場面、例えばH点付近や、もっと明確なところではエリアJなどでポジションを減らしたトレーダーらは、賢明だと言える。

　（ピークというものが、実際に到達した時点よりも、それを過ぎてからのほうが明白であるのは言うまでもない。J点の場合は、H－Ⅰ－Jでマイナーなフォーメーションが形成されていることが役立ったかもしれない。このTフォーメーションは、徐々に傾斜が緩やかとなるⅠからJへの上昇によって形成され、ピークのJは最終的に、日足ベースで翌日の高値と安値がそれぞれの前日の値を下回ったときに確認される。知ってのとおり、テクニカル分析には常にある程度の主観が入り込む）

　その後のK点に向けての下落で、価格は、E、G、Ⅰの時点では維持することのできた移動平均のセンターラインを割り込んだ。

ルール6　上昇場面でトレーディングチャネルの上限に達すること

ができなかった場合、次の下落ではおそらく、移動平均線か、中心の支持線を割り込むことになる。

基本コンセプト

　株式市場（やその他の市場）がスイングを示すたびに、その衝撃の力をその直前のスイングの衝撃の力と比較されたい。価格が下落していれば、関連する問題を調べて確認したほうがいいだろう。MACDは下落のモメンタムを失いつつあるのか、それともモメンタムを増しつつあるのか。価格の下落は、移動平均線や移動平均トレーディングチャネルの下限と照らし合わせて、相対的に下落しているのか。下落の傾斜の角度は急になっているのか、それとも緩やかになっているのか。チャネル自体はモメンタムを増しながら下降しているのか、それともモメンタムを弱めながら下降しているのか。

　価格の上昇では、そのスイングごとに先ほどとは逆の質問をしてみよう。上昇スイングはモメンタムを増しつつあるのか、それとも失いつつあるのか。傾斜はどうか。MACDのパターンはどうか。価格と移動平均トレーディングチャネル上限との関係はどうか。現在と過去を比較することで頻繁に、今後の展開に関する洞察を得ることができるようになるだろう。

移動平均トレーディングチャネル内での局面展開

主要な強気相場に終止符を打つ典型的な天井形成

　当然ながら、1990年代の投機的な強気相場が1999年から2000年の期間に終焉に近づくにつれて、危険の前兆を示す多くのシグナルが出現した。われわれはこの期間中に生じた市場の幅の失速を見直してみた。

配当性向、収益、株価に対する簿価などのファンダメンタルズ要因は、株価がかなり割高すぎることを示していた。投資家は、素人もプロもかなり投機的になっており、テクノロジー関連株とインターネット関連株に関心が集中していた。大半とまではいかなくとも、株式市場の多数の参加者はその日の取引の過熱に気づいていたが、多くは早めに宴会を去るだけの勇気もなかった。

しかし移動平均トレーディングチャネルは、この騒動から抜け出すことを示す優れたシグナルを出した。数々の脱出の警告は、私たちがこれ以上は期待できないというほど素晴らしいものだった。それではチャート9.2を見てみよう。

チャート9.2──構成要素

チャート9.2にはナスダック総合指数の14日移動平均線と、その上下6％の幅の移動平均トレーディングチャネルが描かれている。相場と移動平均線のチャートの下には、市場のセンチメントを示す14日間RSI（相対力指数）のチャートがある。さらにその下には、これまで何度も売りの目的で活用している19日間と39日間のMACD指数が描かれている。

株価の変動と移動平均トレーディングチャネルの動きの関連性を検証するほかに、価格、移動平均トレーディングチャネル、市場のセンチメントを測る最も一般的な指数のRSIとMACDの、これら4つの関連性についても考えてみよう。RSIはウエルズ・ワイルダー（『ワイルダーのテクニカル分析入門──オシレーターの売買シグナルによるトレード実践法』［パンローリング］の著者）によって1970年代終盤に考案されたテクニカル分析法で、現在でも最も有名なテクニカル指標のひとつである。

2000年最初の数カ月間に関するわれわれの分析は、トレーディング

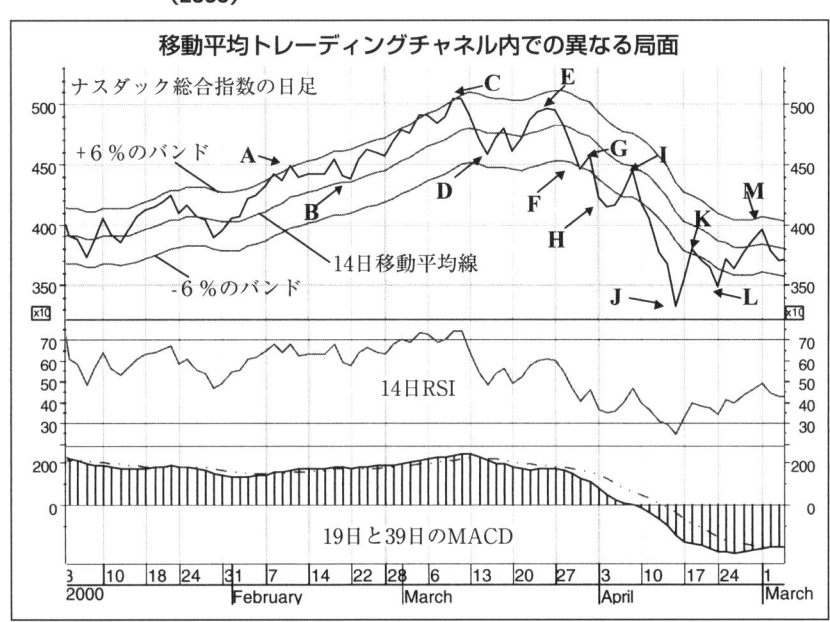

チャート9.2　ナスダック総合指数の強気相場から弱気相場への最終転換（2000）

ナスダック総合指数は2000年3月に強気相場が劇的に転換するのに伴い、古典的な天井形成パターンを描いた。

チャネルに関する新たなルールから始まる。

　ルール7　移動平均トレーディングチャネル内の価格動向によって示された高値や安値が、補佐的なテクニカル指標によって確認された場合、トレンドが反転する確率は高まる。トレーディングチャネルへの相乗的なアプローチが役立つことは間違いない。

　それでは、このルールの用途を見てみることにしよう。

2000年1月──ナスダック総合指数の強気相場が着実に進行

　ナスダック総合指数は静かだが着実な上昇トレンドを形成しながら、

2000年を開始した。価格はトレーディングチャネルの上限に達することも、チャネル下限に達することもなく、静かなる上昇を続けた。移動平均そのものも上昇トレンドをたどり、それを裏付ける複数のテクニカル指標もナスダック総合指数の物静かな強さを反映していた。RSIは強気の領域を示す50（中立）から70（強い上昇気運）の間を推移。MACDのパターンは横ばいだったが、プラスを維持し、明確にゼロ以上で推移していた。

　２月に入ると市場は強さを増した。価格はトレーディングチャネルの上限に達し（エリアＡ）、このことはRSIとMACDの双方が向上したことにも反映されている。案の定、Ａ点からの下落は移動平均トレーディングチャネルのセンターラインのＢ点で歯止めがかかり（ルール４）、再び上昇を再開した。

　最終的なピークであるＣ点への上昇は極めて緩やかではあったが、着実だった。

　Ｂ点からＣ点への上昇の傾斜は緩やかだったものの、最終的な高値（Ｃ）はRSIとMACDの双方によって確認され、その直後の下落に対する明確な警告はまったく発せられなかった。この最初の下落で、価格は移動平均トレーディングチャネル中心の移動平均線を割り込むＤ点を付けた。これはチャネル下限には届かなかったものの、センターラインの移動平均を割り込んだということは、状況の変化を警告するシグナルであった。

エリアＥ——強気市場の楽しい取引の終えん

　価格はダブルボトムを形成したあとに再び上昇し、Ｅ点で頭打ちとなった。このＥ点は移動平均トレーディングチャネルの上限に近いが、そこに達してはいない。ナスダック総合指数が、Ｃ点では到達することのできた移動平均トレーディングチャネルの上限に、Ｅ点では届く

ことができなかったということは、問題が発生することを示す重大な警告だった。

　ルール８　価格の高値が前回の高値と同じ水準に達しなかった場合、次の下落では、この２つの高値の間に付けた安値水準を割り込む確率が高い。その安値が前回の安値を下回った場合、次の上昇時の高値が、その２つの安値の間に付けた高値水準に届く可能性は低い。

　さらに、ルール７にあるように、裏付けとなるテクニカル指標は初期の問題発生を警告するサインをここで再び出している。例えばRSIは、Ｅ点で最近の高値を達成することができず、上昇モメンタムが減速しつつあることを示唆している。価格とRSIがダイバージェンスを示し始めていることに留意されたい。Ｅ点での価格水準はＣ点の高値に非常に接近している。しかし、RSIの水準がＣからＥの間に低下していることは明らかだ。同様にMACDのパターンも、３月初めに価格が高値に接近しているにもかかわらず、下降に転じている。19日間と39日間のMACDはシグナルラインを割り込み、株価がエリアＥから下落するのに伴って、下降するダブルトップを形成している。

　エリアＤの安値を割り込み、場合によってはトレーディングチャネルの下限まで下落、おそらく大きなトレンド転換が起きるということは、下記に挙げた理由から予測することができる。

●Ｅへの上昇時にはＣの高値に届かなかった。これは、そのあとで起こる下落がエリアＤの安値、つまりＣの高値達成後の安値を下回ることを示唆している（ルール８）。
●裏づけとなる２つのテクニカル指標（RSIとMACD）は双方とも、高値の切り下げを示している（ルール７）。
●ナスダック総合指数の価格水準、RSI、MACD、このすべてが３月の第３週目に下降に転じていることから、売りのシグナルは表れており、執行されていた。

エリアF——トレンドの転換が確認され完了する

　ナスダック総合指数は実際にエリアDを下回り、移動平均トレーディングチャネル下限のエリアFまで下落した。この下落によって、少なくとも中期のトレンド転換が起きたことが確認された。高値はCからEへと水準を切り下げ、安値もDからFへと水準を切り下げている。
　ルール2とルール3に従えば、ここで移動平均トレーディングチャネルのセンターラインまでの回復を期待することもできたはずだが、FからGへの回復場面では実際にはほとんどまったくと言ってよいほど上値を伸ばすことができず、その後は下落に転じて移動平均トレーディングチャネルの下限を割り込み、さらに下限を大幅に下回るエリアHに達した。これは下降モメンタムが高まっていることを示している。
　価格はエリアHで短期的に上昇し（ルール1）、予想どおり移動平均トレーディングチャネルのセンターラインで頭打ちとなった。この展開は、おそらく積極的な短期トレーダーたちにとっては売買を仕掛けるに十分だが、本格的な下降トレンドからの反転を確認するには十分とは言い難いものだったと思われる。
　センターラインまでの短期的な回復（I）が終わると、次に価格はエリアJへと下落。これは移動平均トレーディングチャネルの下限を大きく割り込んだ。価格と移動平均の関係（価格は移動平均を大きく下回っている）を考えるかぎりでは、この下落でRSI（30はかなり売られ過ぎの領域を示す）とMACD（すでにマイナスの領域に大きく入り込んでいる）は、かなりの売られ過ぎを示す数値となった。ところが下落のモメンタムはその後も衰えることがなかった。

底値形成の展開

　ナスダック総合指数は最終的にエリアJで支えられて、急速にKま

で戻したが、ここでは移動平均トレーディングチャネルの下限が抵抗となった（ルール２）。

　価格はエリアＫからエリアＬまでの小幅な押しを作ったものの、テクニカル指標はその間に回復している。ＪとＬの間に、RSIは強気を示す右肩上がりのダブルボトムを形成した。MACDとシグナルラインのギャップはこの間に縮小し、MACDは価格がエリアＬから上昇するのに伴って上向きに転じている。それまで急速な下降トレンドをたどっていた移動平均チャネルの傾斜は緩やかになり、下落のモメンタムが弱まっていることを確認している。最終的にナスダック総合指数の価格自体はＬで下げ止まり、Ｊの時点ほどには移動平均チャネルの下限を大幅に割り込むことはなかった。

　エリアＬがエリアＪよりも高水準であることを踏まえると、ＬからＭへの上昇で、Ｊからの上昇の高値であるエリアＫを上回ることは当然だった。ＪからＬへ安値が切り上がり、ＫからＭへ高値が切り上がるというパターンが形成され、これまでの中期の下落パターンが転換した。

　この展開はチャート9.2から学ぶことができる。

●前回の価格の転換点と移動平均トレーディングチャネルとの位置関係が、その後の価格動向のロードマップとなることは多い。
●一般的なルールとして、価格が移動平均トレーディングチャネル上限へと上昇、あるいは上限を突破して上昇した場合、その後の下落では移動平均トレーディングチャネルのセンターラインが支持線となる可能性が高い。
●同様に、移動平均トレーディングチャネルの下限へと下落、あるいは下限を大幅に割り込んで下落した場合は、移動平均チャネルのセンターラインが最初の抵抗となる可能性が高い。
●移動平均トレーディングチャネル上限を大幅に上回って上昇した場

合は、その上限が支持線に、あるいはチャネル下限を大幅に下回って下落した場合は、その下限が抵抗線となることがある。
●チャネルのセンターラインを上下どちらの方向に突破した場合でも、少なくとも価格はそのままチャネルの上下限まで進む可能性が十分にある。
●移動平均チャネルのパターンを、ほかのテクニカル指標で確認すること。

移動平均チャネルとメジャートレンド

　MACDと同じく、移動平均トレーディングチャネルはメジャートレンドだけでなく、中期や短期のトレンドを反映する手段として用いることもできる。月足のチャートがこの目的に使われることがある。
　S&P500指数やNYSE指数（チャート9.3参照。集計方法の変更を反映するように調整済み）などの市場指数は、1995年から1999年初期にかけて上昇した。チャート9.3に示されている主要な値動きを追ってみよう。

1996～1998年──力強い強気の上昇スラスト

　株式市場は1996年から1998年半ばにかけて、力強い上昇トレンドをたどっていた。価格は21カ月移動平均トレーディングチャネルの上限を大きく上回る推移を続け、下落してもチャネル上限が支持線となり、エリアAの最後にダブルトップを形成するまでは強さを増し続けていた。

最初の修正安はチャネルのセンターラインで歯止め

　1998年夏にやや本格的な修正が行われた。大変興味深いことに、下

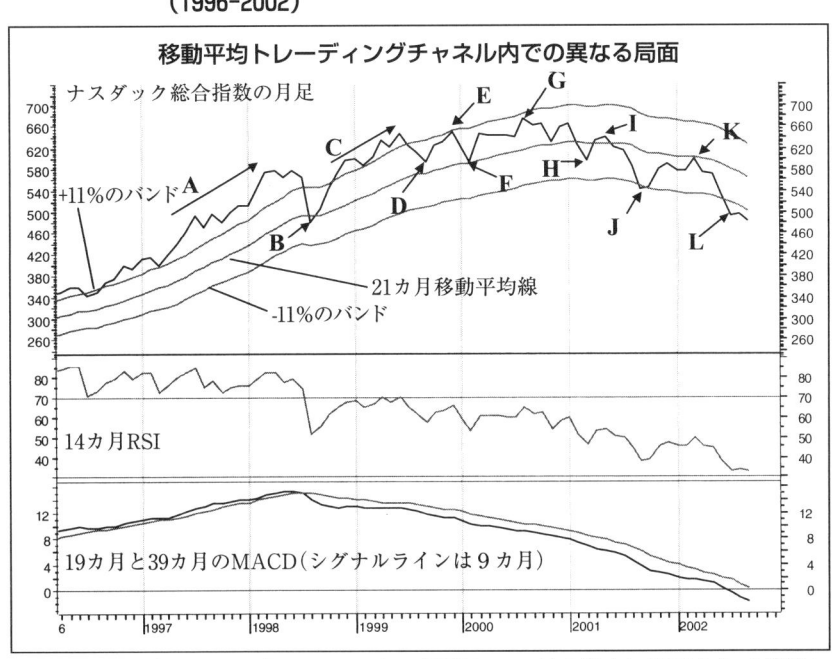

チャート9.3 NYSE指数月足の長期移動平均トレーディングチャネル (1996-2002)

移動平均チャネルは1996年から2002年の長期トレンドの特定に素晴らしく機能した。このチャートには21カ月移動平均線が使われており、上下限は移動平均の上下11％に設定されている。また14カ月RSIと19カ月と39カ月のMACDがメジャートレンドの確認に使用されている。

落はこの主要期間チャートのチャネルのセンターライン（B）でぴったり下げ止まった。これは、短期の移動平均チャネルと同じく、長期の移動平均チャネルの値とチャートを保存しておくことのメリットを示す一例となっている。

再度の上昇

価格はチャネルのセンターラインのBから回復してCへと達し、移動平均トレーディングチャネルの上限を上回る水準での推移を再開し

た。ただしエリアAの水準ほどには、チャネル上限から離れていない。前回と同じく、最初の下落はチャネル上限に支持され、1999年終盤の下落ではチャネルのセンターライン（D）で支持された。

テクニカル要因の警告が出される

価格はエリアCで新高値を達成したものの、弱気のダイバージェンスが多数発生し、主要な上昇トレンドの危機が高まっていることを示唆した。

●エリアCにおけるNYSE指数の価格水準は、エリアAのときほどには移動平均トレーディングチャネルの上限から離れていない。この高値更新の失敗により移動平均トレーディングチャネルの弱気のダイバージェンスを形成した。
●14カ月間のRSIはエリアCの進展に伴って、下降するダブルトップを形成した。これは価格の上昇モメンタムが弱まっていることを反映している。
●19カ月間と39カ月間のMACDも価格の新高値を確認しなかった。全体図は、価格の上昇が天井を形成しつつあり、第三ステージのディストリビューションの時期が始まることを示唆している。

天井形成が進む

エリアCからの下落は、21カ月移動平均線（D）で再び支持されている。その後価格はチャネル上限のEへと上昇し、再度チャネルのセンターラインのFまで下落。次の反発ではGで頭打ちとなり、チャネル上限には届かなかった。

株価がチャネル上限に届かなかったということは、次の下落はセン

ターラインあるいはチャネル中心を割り込むことを示しており、その後のGからHへの下落局面でそれは現実となった。

メジャーな下降トレンドが本格的に始まる

　長期移動平均トレーディングチャネルは、弱気相場の兆候をさまざまなかたちで投資家に警告していた。
　エリアA、C、E、Gの高値は、NYSE指数の価格水準と移動平均トレーディングチャネル上限との距離を基準とした場合、すべてがそれぞれの前回の高値を下回っている。D、F、Hの安値は、価格水準そのものが徐々に切り下がっているうえに、チャネルのセンターラインとの距離も徐々に拡大している。RSIとMACDは、双方とも明白な下降トレンドを形成しており、最終的にはマイナスの領域へ低下した。

チャートのパターンは買いポジションの段階的な縮小を示す

　エリアCの形成に伴い、移動平均トレーディングチャネルのパターンが徐々に弱気へと傾き、さらにはMACDの下降とRSIのモメンタムの減退が重なっていることが、初期の警告となっており、これはさらに、高値Eそして特にGで、市場の勢力を示す指標が下降していることによって確認されている。
　このような種類のパターンが出現した場合は、買いポジションを徐々に減らし、既存のポジションに対する逆指値の水準を引き付け、弱気相場を示す初期の警告が確認されると同時に売りを増やす、といった売買戦略が一般的である。
　われわれは、買いポジションすべてを1日で手仕舞うためのサインを模索しているのではなく、むしろ、株価が第三ステージ（天井）から第四ステージ（下落）の始まりへ移行するように、戦略の重要性が

買いから保持へ、そして段階的な売りへと移行していく全体的な領域を模索しているのである。

顕著な下落が確認される

エリアHに達するまでに、NYSE指数は相次いで高値水準を切り下げ、安値水準を切り下げてきた（GからHの間）。株価がチャネルのセンターラインを大きく上回ることができなかった（I）という事実が単純に、すでに発せられていた警告サインを確認した。

NYSE指数がIから移動平均トレーディングチャネル下限のJへと下落し、第三ステージのディストリビューションの時期は第四ステージの下降期に移行した。この過程で移動平均チャネル自体も明白に下向きへと転じた。

予想したように、チャネル下限からの最初の上昇はチャネルのセンターライン（K）で抵抗に遭い、再びLへと下落し、移動平均トレーディングチャネルの下限を割り込んだ。

株式市場は最終的には2002年終盤に支持水準を見つけ、第四ステージの下降期から新たな第一ステージの蓄積期へと移行した。

価格は必ずしも、これまでに挙げた実例ほど正確に、移動平均トレーディングチャネルのルールに従って動くわけではないが、価格動向が移動平均トレーディングチャネルのパターンの示唆に従うケースを多々目にするのは確実だ。

価格と移動平均の差のオシレーター構築方法

移動平均トレーディングチャネル内で示された価格パターンは、それ独自の展望を明らかにしてくれるが、移動平均トレーディングチャネルに反映されるデータを、より馴染みのあるオシレーターの形式に

チャート9.4 ナスダック総合指数の移動平均価格オシレーターの構築（2000/1-4）

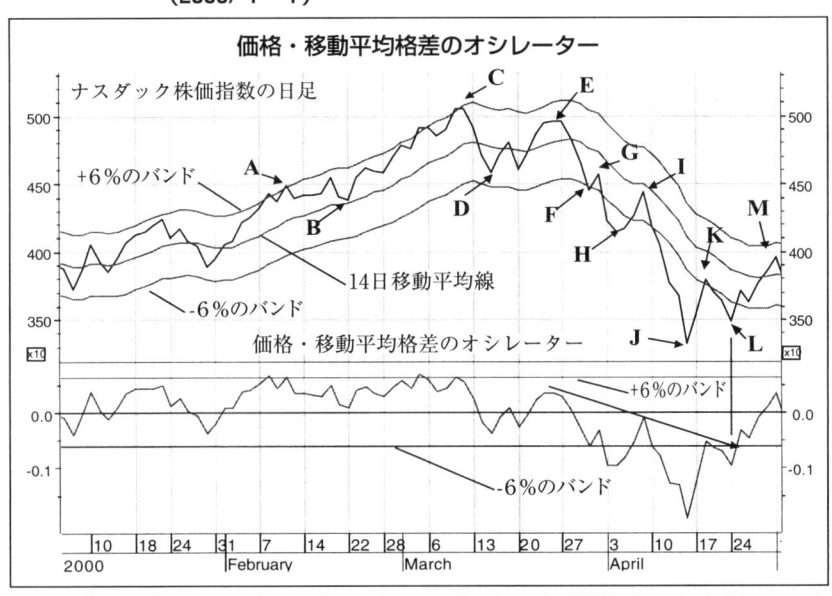

これは移動平均トレーディングチャネルのデータをより馴染みのあるオシレーターチャートに転換したもの。

転換すれば、価格と移動平均の関係が一層明白になる場合がある。

チャート9.4では、すでに転換されたデータが示されている。このチャートには、ナスダック総合指数（日足）と14日移動平均線、移動平均線の上下6％のチャネルも記されている。

チャートの下の目盛はオシレーターのチャートで、これは移動平均チャネルのデータから作成することが可能である。オシレーターのチャートのゼロのラインは14日移動平均線の水準を反映しており、その移動平均線の価格水準自体は関係がない。オシレーターの上のラインはチャネル上限を表し、移動平均線であるゼロから6％上に引かれている。オシレーターの下のラインはチャネル下限を表し、移動平均線のゼロから6％下に引かれている。オシレーターへの転換は毎日行わ

れ、価格の終値と移動平均線との差が反映される。

オシレーターは、2000年2月から3月上旬にかけてのナスダック総合指数の継続的な強さを示している。ナスダックの価格は移動平均トレーディングチャネルのセンターラインと上限の間を、オシレーターはゼロから＋6.00の間を推移している。

価格がCで天井を打ったあと市場のモメンタムが徐々に弱まっていることは、オシレーターに反映されている。ナスダック総合指数がまずは頭打ちとなり、その後下落するのに伴い、このオシレーターは高値と安値の両方の水準を徐々に切り下げた。

オシレーターは4月下旬に下降トレンドラインを上抜いており、ナスダック総合指数がエリアLで中期的な底値を確定し、移動平均トレーディングチャネルのパターンが改善したという強気のサインを確認した。

移動平均トレーディングチャネル取引に関する主な原則のまとめ

　株価のメジャートレンド、中期トレンド、短期トレンドをそれぞれ反映したさまざまな移動平均の期間とタイムフレームを用いた、複数の移動平均トレーディングチャネルを計算して、追跡すること。この上下限は、株価の値動きの約85〜90％が含まれるように設定する。

●一般ルールとして、価格が移動平均トレーディングチャネルの下限を割り込んだとき、そう遠くない将来に価格がその時点での水準を回復し、さらに上値を伸ばす可能性があることが期待できるならば、その時点で買いを入れることは安全である。

●一般ルールとして、価格が移動平均トレーディングチャネル下限を割り込んだあとの最初の上昇は、抵抗線として作用する移動平均で頭打ちとなる。チャネル下限を大幅に割り込んだ場合は、最初の上昇時にはチャネル下限で上昇に歯止めがかかる場合もある。

●移動平均トレーディングチャネル下限から始まる上昇は、チャネルのセンターラインが抵抗となる場合が多い。チャネルのセンターラインを上回った場合は、トレーディングチャネルの上限が次の抵抗線となる可能性が高い。

●価格がチャネル上限に達し、複数の確認指標が強気だった場合、通常は最初の支持線がチャネルのセンターライン、つまり移動平均線以下となることはない。

●上昇場面の高値が移動平均線を上回ったときの差が、前回の上昇時に移動平均を上回ったときの差を上回ることができなかった場合、これは上昇モメンタムが弱まっていることを示すシグナルであり、株価が軟化する可能性を示している。また、このパターンは価格が比較的近い将来に下落に転じることを示唆している。逆に価格の下落時にこれと逆のパターンが形成されれば、それは近い将来に上昇に転じることを示している。

●高値がトレーディングチャネル上限に届かなかった場合、次の下落時にはおそらくチャネルのセンターラインを割り込むと考えられる。

●移動平均トレーディングチャネルのパターンが示す価格の天井（あるいは底）が、複数のテクニカル指標によっても確認された場合、トレンド転換が起きる確率は高まる。

●価格の高値が前回の高値水準に届かなかった場合、その後の下落では、前の2つの高値の間にある安値を割り込む可能性が高い。前回の安値を下回る安値を付けた場合、その直後の上昇では、前の2つの安値の間にある高値を超えられないと考えられる。

第10章

すべてを統合する──あなたの取引戦略を構築
Putting It All Together : Organizing Your Market Strategies

　あなたはもう、実用的なパワーツールをすべて手に入れたはずである。いよいよ、あなたの取引の武器を組織して、株式市場投資のための銘柄選びとタイミングに秩序だったアプローチをするときがやってきた。余計なことはこれぐらいにして、そのプロセスに入ろう。

第一ステップ──株式市場のメジャートレンドと主要期間サイクルを判断しよう

　トレンド判断ツール──株式市場の有力トレンドの判断のために、下記のツールと手順を活用しよう。

●この目的のためには、主要な期間移動平均線（40週間、約200日移動平均線）が極めて有用となる。方向だけではなくて、移動平均線の傾斜の変化も考慮すること。価格そのものが移動平均線を上回っているか下回っているかは、それほど重要ではない。移動平均線に対する価格の相関性のトレンドのほうが重要である（第3章参照）。
●長期移動平均線チャネルの方向とチャネル内の価格の値動きパターンを検証すること（第9章参照）。
●日足に加えて、月足や週足のMACDチャートを付け続けること（第8章参照）。月足や週足のMACDのパターンを、長期市場トレンドの

強さを示す指標として見ること。
● これまでに説明したツールを活用して、株式相場を４つのステージで定義付けし、ポジションの構築を試みること。４つの局面とは、第一段階——底値形成と蓄積、第二段階——上昇期、もっとも明確にダイナミックな局面、第三段階——天井形成とディストリビューション、第四段階——ダイナミックな下落期、最も弱気な局面（第３章と８章を参照）。
● 主要な期間の市場の安値の期間の定義で、過去に良好なトラックレコードを記録した長期指標の動向を追跡すること。例えば、メジャーターム・ボラティリティモデル（第７章、第６章参照）、TRIN（第７章参照）、株式市場の主要な底値形成を確認することである。
● 株式市場の時間的サイクルと政治的サイクルを忘れないこと。過去数十年間にわたり、株式市場では48カ月ないし約４年間のサイクルが重要となっている（第５章参照）。私のお気に入りはこれである！ 1931年以降に４年サイクルは19回あるが、そのうちの16回は選挙前の年にS&P500種株価指数が上昇しているのだ。1931年と1939年の２年だけは、選挙前の年でもS&P500が下落し、1947年は収支がトントンとなった。1951年から2003年の間は、14回連続で選挙前の年に株価が上昇した（第５章参照）。

第二ステップ——市場のセンチメント指標と季節サイクルを確認しよう

● ナスダック・NYSEのレラティブストレングスのデータを入手し、追跡し続けること（第２章参照）。ナスダック総合指数がレラティブストレングスでNYSE株価指数に先行している期間は、株式市場は一般的にほぼすべての市場セクターでかなりの利益率を生み出した。第２章で説明した、この指標のポジションを判断するというオーソドックスなテクニックに加えて、週足ベースでこのレラティブストレング

スのMACDの値や移動平均トレーディングチャネルを記録してもいいかもしれない。
●第２章で説明した中期の金融フィルターを記録し追跡すること。これは、ナスダック・NYSE株価指数のレラティブストレングスと同様、株価が急成長する確率の非常に高い時期の投資環境と、全般的に比較的小幅な上昇にとどまる時期の投資環境とを区別するために活用することができる。
●サイクル的な要素と同じく季節的要因も（第５章参照）、独自の市場のセンチメント指標となる。私のお気に入りはこれである！　11月から１月までの３カ月間は上昇する傾向が強い。歴史的に10月は底入れの月となりやすい。

第三ステップ――現行の中期トレンドの方向と強さを確認し、次の中期的な基調転換が起きる時期と価格水準を予測してみよう

この目的のために有用なツールは次のとおり。

●**MACD（第８章）**　週足と日足のMACDの値を記録すること。MACDのトレンド、強気のダイバージェンスや弱気のダイバージェンス、MACDの上昇や下落の傾斜、特に移動平均線の傾斜がトレンドラインが超えているかを確認すること。スローなMACDは、この目的には極めて有効だと言える。

●**移動平均トレーディングチャネル（第９章）**　これはMACDと併用すると非常に有効だが、それだけでも、短期や長期トレンドはもちろん、中期トレンドの分析に有効である。

●**変化率**　10日間変化率や21日間変化率など（第３章参照）は、トレンドがモメンタムを増しているのは、あるいは失いつつあるのかについて洞察を与えてくれる。市場センチメントと価格の間の強気のダイ

バージェンスや弱気のダイバージェンスは、株式市場が基調転換をするという初期の兆候として受け止めること。

●**市場の幅の指標**　主要取引所の騰落ラインや、新高値・新安値銘柄の数(第6章参照)は、株価の上昇時や下降時の市場の幅の強さを示す指標として注目すべきである。市場の幅が強気で拡大している期間には、株価が急落するようなことはあまり見られない。新高値の銘柄が新安値の銘柄よりも多くなるのは、市場の下落が終わる前触れであり、この反対ならば、下落が始まることの初期の警告であると判断すること。

　転換点の有望なタイムフレームと水準を予測するためには、次のツールを活用すること。

●中期のタイムサイクルとTフォーメーション(第5章参照)。
●チャートのパターン——傾斜の変化、基調転換のフォーメーション、ウエッジ、トレンドライン支持線、抵抗水準(第4章参照)。
●季節要因。
●ボラティリティ指数(VIX)などのセンチメント指標(第7章参照)。

　中級のトレーダーには、次の特別な統計的タイミングモデルが有用である。

●トリプル・モメンタム・ナスダック総合指数トレーディングモデル(第4章参照)は、統計的に導き出された買いサインと売りサインを出し、純粋に客観的ベースで追随することが可能である。
●MACDのフィルターを使用した市場の幅のインパルス(衝撃)モデル(第8章参照)は、MACDの水準と数値の複数のトレンドを組み合わせており、これは強力な中期的な買いサインや売りサインを出現さ

せる大変強い市場の幅のインパルスを特定するものである。
- 90-80新高値・新安値指標と週間インパルス継続シグナルはともに、市場の強さが平均以上の期間を示す。この指標が有利な領域で推移しているかぎりは、株式市場は少なくとも買いポジションを維持してよいと判断することができる（第6章参照）。

第四ステップ──あなたの中期的分析を、短期の日単位──もしくは時間単位──の市場データに基づく分析で微調整しよう

　下記のツールと戦略は、たとえあなたが中期トレーダーだとしても、仕掛けと手仕舞いのより具体的な手順構築に役立つはずである。

- 短期的なトレンドとモメンタムを判断するためには、デイリーと時間ごとのデータ、またはその一方を確認すること。MACD、変化率、チャートのパターン、短期の時間足と日足、またはその一方の市場サイクルが有用だと考えられる。
- 特別な短期売買タイミングモデルを紹介しよう。短期バージョンのデイリーの市場の幅のインパルスシグナルは、短期的で勢力の強い上昇を示すモデルとして、頻度は低いが、非常に信頼できるサインを出す。この指標にはMACDを売りのフィルターとして併用することができ、その場合は、完全な中期ポジション保持指標へと変化することになる（第6章と第8章参照）。

お気に入りのミューチュアルファンド選択戦略を忘れないこと！

　当然ながら、実態価値や現在のモメンタムを計る多くの指標やその他のツールが、何に投資するかの選択肢を決定する場合もあるだろうが、これに関しては私のテクニカル分析ツールの研究の範囲外である。

レラティブストレングスに基づくミューチュアルファンドの選択方法（第1章参照）は、読者の投資先を選択して運用するときの、われわれのお気に入りの戦略のひとつである。この手法の特徴は、レラティブストレングスに関連したコンセプトと、低いボラティリティと実態価値の恩恵を、その内部に含んでいることである。私はこれを強く推奨している。

私が40年間のトレーダー人生で学んだ教訓について

これらの教訓はオリジナルとは言い難いが、それでも有効であることに変わりはない。お気づきかもしれないが、ほとんどとは言えないまでも、その多くは、株式市場に関連しているというよりもむしろ、われわれ自身のトレーダーとしての姿勢にかかわっている。残念なことに、大半の投資家は長年をかけて、教訓を学ぶための代償を何かしらの形で支払っている。私も確かに、苦い経験という代償を支払って多くを学んだ。もしかするとあなたは、この本の代金を自分の代償と考えて購入し、ここから直接始めることで、資金を節約できるかもしれない。以下がその教訓である。順序は特に関係ない。

●株式市況のテレビ番組を含め、ニュースメディアは一番最後に状況を知る傾向にあり、ほとんどの場合は、株式市場のトレンドを先行するよりも、それに追随しがちである。一般規則として、大衆紙や主要新聞の1面に弱気相場や投資家の失望ムードを取り扱う記事が掲載されたときが、株を買うタイミングなのである。同様の流れで、株式市場のニュースレターやアドバイスサービスは、市場を予測するという意味では過去にあまり芳しい成績を上げていない。偉大なる「教祖様」がほかより正しいということは滅多にないのである。

●トレーディング戦術や投資に関する講義、会議、テクニカル分析の

授業に参加することで、大きなメリットを得ることもあるが、おそらく一番良いのは、実際の売買決定を自分ひとりで下して実行し、自分の中で、悪い売買の責任を負い、うまい売買の功績を認める、という方法だろう。
●同様に、自分の運用成績やパフォーマンスは秘密にしておくことが賢明だ。自分の成功を自慢したいという誘惑や、失敗を報告することへの恐れが、あなたのパフォーマンスに役立たないことはほぼ間違いない。
●人間性というものが、良いトレーディングの実行の妨げになる。私たちは得することを楽しいと思い、損をすることが嫌いだ。その結果、最強のポジションを早く手仕舞いすぎ（利益確定を早まり）、「私が損切るまでは損ではない」と最悪のポジションを長く持ちすぎることが多く、最強のポジションをそのまま維持したり、最悪のポジションをわずかな損失で手仕舞うことができないのである。

　最高のタイミングモデルでさえも、ほとんどは、ある特定の期間にしか利益を出すことができないが、それでも平均すれば、勝ちトレード数は負けトレード数をはるかに上回るということを忘れずにいただきたい。

●肝心なのは、自分が割いた時間と資金に対して十分な（しかし不当に高額ではない）利益を得ることにあり、「頭が良い」と感じることではない。1999年から2000年へ年が変わったとき、株式市場での自分の喜びを過剰に誇張していた人々を、私は非常にたくさん知っている。それは彼らが株式市場の危険に気付かなかったためではなく、強気相場のなかで自分を賢いと感じることが楽しすぎて、そこを離れたくなかったためである。
●上昇中の株価イコール金融の天才と混同しないこと。

●たいていの人にとって、短期売買は、熟考された中期売買に比べて収益性が低くなるだろう。デイトレードや超短期取引の場合、委託手数料や売り気配と買い気配のスプレッドにかかるコストが増えるため、これを切り抜けるのは容易なことではない。とはいえ、この道で成功しているトレーダーもいることは確かだ。

●損を出すよりも利益を失うほうがよい。この件に関しては第1章をおさらいすること。

●ほとんどの場合、寄り付きではトレードを行わないほうが得策だと思われる。日中に小休止の時間があり、たいていは米東部時間の午前10時30分前後と午後1時15分～1時30分の間で、この時間帯は商いが比較的静かなため、比較的落ち着いて取引することが可能である。

●手仕舞いの計画を立てずに仕掛けることを絶対にしないこと。

●気楽にリスクを冒せる状態よりも、これ以上余分の資金がないという状態でトレードするほうがずっとよい。

●1回トレードに成功すると爽快な気分になる。2回連続でトレードに成功すると、自分が非常に賢くなった気がする。3回連続で成功すると、自分が天才かのように感じる。足元をすくわれるのは、その時であることをお忘れなく。

●損失を出した売買を書き留めておくこと。感情的な理由で売買や投資の原則を無視してはいないだろうか。損は必ずあるはずだから。

　損を出したトレードすべてが間違いによるものというわけではない。株式市場は所詮、確率のゲームなのである。

●最後になるが、本書では最も有益な市場の投資環境を判断するのに役立つ多くのテクニックやツールを概説してきた。常に株式市場に投資している必要はまったくない。問題が不明瞭なときや、読者がいつもより不確かだと感じたときは（もちろん株に関して確かなものは何

もないが)、単純に問題が明確になるまで取引を見送ること。

お薦めの文献と情報源

下記のリストに有用な文献がすべて含まれているわけではけっしてないが、私が推薦する資料の多くが含まれている。

チャート情報源

Metastock　Equies International, 90 South 400 West, Suite 620, Salt Lake City, UT, 84101（http://www.equis.com/）
　このテクニカルチャート情報サービス社は、ダウンロードで入手可能なヒストリカルデータを提供するだけでなく、価格や各種指標、サイクルデータを含む長期と短期のチャートを作成できる機能も提供する。著書のチャートの大半は、このプログラムで作成された。

TradeStation　TradeStation Securities, Inc., TradeStation Building, 8050 SW 10th Street, Suite 2000, Plantation, Fl, 33324
　この会社は、あるブローカー会社が提供するリアルタイムのオンライン相場情報サービス社で、日中の株式市場の動向や銘柄別の株価の動向を追うことができる。また、1981年以降のヒストリカルデータも提供しており、内蔵されたプログラムと言語を通じてチャート作成や分析を行うことができる。ほかの多くの会社に比べると、比較的安価でチャートを入手することができる。ここのブローカー会社の顧客になれば、料金はさらに値引きされる。

調査情報源

Formula Research, by Nelson F. Freeburg, Editor, 4646 Poplar Avenue, Suite 401, memphis, TN, 38117（1-800-720-8607）

　高い評価を受けている調査情報源で、株、債券、その他の商品に関連するタイミングモデルを提供している。分析調査は、通常は長期のヒストリカルデータの統計的分析に基づいて行われ、その予測や説明は客観的で道理にかなっている。ここでの数学的な基礎はある程度の統計的な知識を必要とするが、それ以上の知識は必要とはされない。ここでは――編集者が現実的すぎるため――金持ちになる方法は見つけられず、むしろ株式市場の全般的な動向パターンや具体的なタイミングモデルについて学ぶことになるだろう。

Technical Analysis of Stocks & Commodities, 4757 California Ave. S.W., Seattle, WA, 98116（http://www.traders.com/）

　月に一度発行されるこの出版物には、株式市場や商品市場のチャート作成、調査、売買戦略、資金管理、その他のトピックに関連して、非常に洗練された記事が掲載されることが多い。記事を読みこなすには、高等な数学的概念やコンピュータープログラミングの知識が必要とされる場合が少なくない。調査重視のテクニカルアナリストの間では人気があり、比較的経験の浅いテクニカルアナリストにとっても、十分に興味深い内容だと言える。

テクニカル分析に関連する書籍

アレキサンダー・エルダー著『投資苑』（パンローリング）
　この書籍は、トレードに関する問題の有名な教育者であり精神科医でもあるアレキサンダー・エルダー博士の手によるもので、テクニカ

ル分析、投資心理、資金管理についての総合的入門書として最適である。同じくエルダー博士による『投資苑2』（パンローリング）もお勧めである。こちらのほうは同じテーマをより詳しく扱った内容となっており、パンローリングから出版されている。エルダー博士は、特別投資家セミナーで、株式市場での売買に関する教育プログラムを提供している。詳しくは、http://www.elder.com/を参照のこと。

ジョン・ボリンジャー著『ボリンジャーバンド入門――相対性原理が解き明かすマーケットの仕組み』（パンローリング）

　この本は、ジョン・ボリンジャー氏による、市場のボラティリティに合わせて調節した移動平均トレーディングチャネルの構築方法と活用法が記された決定版である。トレーディングチャネルの活用に関するさまざまなアドバイスや、一般的なテクニカル分析への教育も含まれている。この本には、移動平均トレーディングチャネルを議題としている本書第9章の補足説明として最適である。

イェール・ヒルシュ著『ストック・トレーダーズ・アルマナック（The Stock Trader's Almanac）』

　1966年以降の年次刊行物で、当初はイェール・ヒルシュ氏によって編集されていたが、現在はジェフリヘ・ヒルシュ氏の編集による。また、もともとはヒルシュ・オーガニゼーションによって配布されていたが、現在はワイリーから出版されている。最高の季刊出版物で、一般的な株式投資に関する記事や、特に株式市場に対する季節性の影響についての記事が掲載されている。イェール・ヒルシュ氏は、季節要因に基づく投資の開拓者としてよく知られている。また、本書には豊富な過去のデータや、季節性やトレンドの変化に関するリポートも含まれている。

リチャード・W・アームズ・ジュニア著『相場心理を読み解く出来高分析入門』（パンローリング）

ウエルズ・ワイルダー・ジュニア著『ワイルダーのテクニカル分析入門――オシレーターの売買シグナルによるトレード実践法』（パンローリング）

投資ニュースレター

NoLoad Fund*X, 235 Montgomery St., Suite 1049, San Francisco, CA, 94104（http://www.fundx.com）

　この投資ニュースレターは、本書第1章で説明した、レラティブストレングスに基づくミューチュアルファンドのポートフォリオ管理に関連する戦略にふさわしいミューチュアルファンド・ポートフォリオを維持し、推奨している。ハルバート・フィナンシャル・ダイジェストは、このニュースレターの長年にわたるパフォーマンスを高く評価している。

The Value Line Investment Survey, 220 E. 42nd St., New York, NY, 10017（http://www.valueline.com）

　この由緒あるニュースレターは、1700銘柄以上の株をモニターし、適時性と安全性に基づきランク付けしたうえで、厳選した株で構成されるポートフォリオを運用し、数十年にわたり平均以上のパフォーマンスを維持してきた。このニュースレターは、短期的なトレーダーよりも投資家に向いている。最良の結果を出すには、分散ポートフォリオを支持するための十分な資産が必要とされる。このニュースレターのパフォーマンスを追跡しているハルバート・フィナンシャル・ダイジェストは、このリポートを高く評価している。

The Chartist, P.O. Box 758, Seal Beach, CA, 90740

　1969年に第1号が発行された「ザ・チャーチスト」は、ダン・サリバン氏の編集によるもので、ロングセラーの投資家ニュースレターのひとつである。1988年には「チャーチスト・ミューチュアルファンド・レター（The Chartist Mutual Fund Letter）」も発行された。これはテクニカル分析を中心としたニュースレターで、中期トレンドに最大の焦点が置かれており、売買は相対的に少ない。このニュースレターのなかで推奨されているポートフォリオは、編集者によって、実際に資金を投じてリアルタイムで運用されている。

Ned Davis Research Investment Strategy, 2100 RiverEdge Parkway, Suite 750, Atlanta, GA, 30328（www.ndr.com）

　高い評価を受けており、機関投資家、ポートフォリオマネジャー、マネーマネジャーらによって幅広く活用されている。経済統計、テクニカル指標、タイミングモデル、業界ニュース、銘柄別株価分析、市場展望、などが盛り込まれたリポートが、印刷物やオンラインを通じてさまざまなかたちで配布されている。出版物を補うために、定期購読者に対しては、ときどき会議も開催される。

最後に一言

　あなたにとって多数の有益かつ実用的なパワーツールになるだろう、と私が信じているものをすべてお教えした。あなたがここまでたどり着いたなら、意志の力があると確信する。勝者になる人もいるだろう。そして敗者となる人もいるはずだ。勝者となることを望みつつ、敗者となった場合に備えよう。根気よく頑張ることが大切だ。あなたの素晴らしいトレードを願いつつ。

　　　　　　　　　　　　　　　　　　　　　　　ジェラルド・アペル

■著者紹介
ジェラルド・アペル（Gerald Appel）
1973年以来、優れたテクニカル分析の定期出版物「システム・アンド・フォーキャスト」を発行。テクニカル分析やマーケットタイミングの研究では伝説的な人物であり、その成果にはこの分野で最も多用されている分析ツールのひとつであるMACDの発明も含まれる。アペル氏の経営するシグナラート・コーポレーションとその関連企業は現在、5億5000万ドル以上の民間資金を運用している。世界的に高い評価を得ているテープ、セミナー、ワークブックを通じて、多くのトレーダーを育成してきた。アペル氏は最近、4日間にわたる一連の国際的なマスタークラスで投資とトレーディング戦略に関する講義を行った。著書に『ウイニング・マーケット・システム（Winning Market Systems：83 Ways to Beat the Market）』など多数。
ウェブサイト http://www.TechnicalAnalysisByGeraldAppel.com/

■監修者紹介
長尾慎太郎（ながお・しんたろう）
東京大学工学部原子力工学科卒。日米の銀行、投資顧問会社などを経て、現在はヘッジファンドマネジャー。訳書に『魔術師リンダ・ラリーの短期売買入門』『タートルズの秘密』『新マーケットの魔術師』『マーケットの魔術師【株式編】』『デマークのチャート分析テクニック』（いずれもパンローリング、共訳）、監修に『ワイルダーのテクニカル分析入門』『ゲイリー・スミスの短期売買入門』『ロスフックトレーディング』『間違いだらけの投資法選び』『私は株で200万ドル儲けた』『バーンスタインのデイトレード入門』『究極のトレーディングガイド』『投資苑2』『投資苑2 Q&A』『ワイルダーのアダムセオリー』『マーケットのテクニカル秘録』『マーケットのテクニカル百科　入門編・実践編』『市場間分析入門』『投資家のためのリスクマネジメント』『投資家のためのマネーマネジメント』（いずれもパンローリング）など、多数。

■訳者紹介
株式会社オーバルネクスト　翻訳グループ
商品先物・金融分野の相場・市況・分析を提供し、また商品取引員向けのバックオフィスなどのシステム開発も行う総合情報ベンダー。1981年設立。東京（本社）、ニューヨーク、シカゴ、福岡に拠点。翻訳グループは、専門分野の知識を生かしての通信社の市況翻訳や、外部依頼の翻訳などを担当する翻訳専門部門。
〒103-0026　東京都中央区日本橋兜町13-2　兜町借成ビル8F
TEL：03-3665-2441　FAX：03-5641-5781
ウェブサイト http://www.ovalnext.co.jp/

2006年6月3日	初版第1刷発行
2019年1月5日	第4刷発行

ウィザードブックシリーズ ⑩3

アペル流テクニカル売買のコツ
MACD開発者が明かす勝利の方程式

著　者	ジェラルド・アペル
監　修	長尾慎太郎
訳　者	株式会社オーバルネクスト　翻訳グループ
発行者	後藤康徳
発行所	パンローリング株式会社
	〒160-0023　東京都新宿区西新宿 7-9-18-6F
	TEL 03-5386-7391　FAX 03-5386-7393
	http://www.panrolling.com/
	E-mail　info@panrolling.com
装　丁	パンローリング株式会社　装丁室
組　版	大橋幸二
印刷・製本	株式会社シナノ

ISBN978-4-7759-7069-0

落丁・乱丁本はお取り替えします。
また、本書の全部、または一部を複写・複製・転訳載、および磁気・光記録媒体に
入力することなどは、著作権法上の例外を除き禁じられています。

©Oval Next Corp. 2006　Printed in Japan

ボリンジャーバンド入門
ジョン・A・ボリンジャー【著】

定価 本体5,800円+税　ISBN：9784939103537

相対性原理が解き明かすマーケットの仕組み
開発者によるボリンジャーバンド(標準偏差バンド)の解説書。巷では平均値への回帰を前提とした逆張りに利用されることがあるが、むしろ著者はボラティリティ・ブレイクアウトなどの順張りに活用している。開発者本人から学べることは想像以上に多い。

ボリンジャーバンドとMACDによるデイトレード
マルクス・ヘイトコッター【著】

定価 本体2,800円+税　ISBN：9784775972014

投資の達人と同じように投資できる！
「シンプル戦略」とは、だれでもできる非常に強力なトレンドフォローによるデイトレード戦略である。この「シンプル戦略」で必要なのは、日中に現れる超短期のトレンドだけである。ただ、トレンドは市場全体の20％くらいしか形成されない。その1日に数回しか現れないトレード機会を、ボリンジャーバンドとMACDで確実にとらえようとするものだ。

出来高・価格分析の完全ガイド
アナ・クーリング【著】

定価 本体3,800円+税　ISBN：9784775971918

FXトレーダーとしての成功への第一歩は出来高だった！
本書には、あなたのトレードにVPA(Volume Price Analysis。出来高・価格分析)を適用するために知らなければならないことがすべて書かれている。それぞれの章は前の章を踏まえて成り立つものだ。価格と出来高の原理に始まり、そのあと簡単な例を使って2つを1つにまとめる。本書を読み込んでいくと、突然、VPAがあなたに伝えようとする本質を理解できるようになる。

マーケットのテクニカル分析
ジョン・J・マーフィー【著】

定価 本体5,800円+税　ISBN：9784775972267

世界的権威が著したテクニカル分析の決定版！
本書は各要点を分かりやすくするために400もの生きたチャートを付け、解説をより明快にしている。初心者から上級者までのあらゆるレベルのトレーダーにとって有益な本書のテクニカル分析の解説を読むことで、チャートの基本的な初級から上級までの応用から最新のコンピューター技術と分析システムの最前線までを一気に知ることができるだろう。